위험
증폭
사회

위험
증폭
사회

수많은 불안과 공포가
시시각각 덤벼드는
위험사회 대한민국의 현주소

안종주 지음

저자 서문

 문민정부라고 일컫던 시절 수많은 인명피해를 가져다준 대형 사고가 잇따라 발생해 정권이 휘청거린 것은 물론 사회 전체가 혼란과 불안에 빠진 적이 있다. 총체적 위험 사회라고 해도 좋았을 그때 사건 사고들을 아직도 생생하게 기억하는 사람이 많을 것이다. 구포 열차 탈선 사고, 목포 아시아나 항공기 추락 사고, 전북 부안 위도 서해 페리호 침몰 사고, 성수대교와 삼풍백화점 붕괴 참사, 충주호 유람선 화재 사고, 서울 아현동 도시가스 폭발 사고, 대구지하철 공사장 가스 폭발 사고, 씨프린스호 전남 여천 기름 유출 사고 등등. 이런 사고들은 비행기나 선박, 열차 등의 대형 교통수단, 대형 건물과 구조물 그리고 도시 유지에 필수적인 가스나 전기 등 현대문명을 떠받치는 과학기술이 선사한 혜택을 누리다 생긴 것이다. 좀더 깊이 그 뿌리를 파헤치다 보면 유래를 찾아볼 수 없을 만큼 빠른 속도로 성장한 한국 사회, 그 압축된 성장 안에 팽배한 물신주의, 정경유착, 부패 등의 폐해가 숨어 있다.

이 때문에 개인의 생명과 안전이 위협받는 것은 물론 사회 전체가 총체적 위험불감증에 내몰렸다. 오로지 성장과 돈이 개인과 기업은 물론 정부의 최고 목표가 되다 보니 비용이 많이 들어가는 안전장치 마련에 대해서는 모르쇠로 일관하고, 언론의 위해보도 또한 그 질적 수준이 매우 낮은 실정이다. 안전에 대해 무신경한 사회적 분위기나 안전장치가 소홀한 제도 탓도 있지만, '설마 나에게 사고가 생기겠는가'라는 개개인의 안이한 생각도 문제다.

우리 사회의 이런 물신숭배와 위험불감증은 21세기에도 여전히 현재진행형이다. 2012년 9월 27일 일어난 경북 구미 휴브글로벌 불산 누출 재난이 이를 여실히 방증해주고 있다. 이 사건은 개인의 안전의식 소홀, 회사의 안전교육 부재, 정부의 관리감독 부재와 허술한 제도적 장치가 한 데 어우러져 터져나온 것이다. 2011년에는 굵직굵직한 환경보건 위해 사건이 국내외에서 잇따라 터졌다. 3월에는 이웃나라 일본에서 핵발전소 역사상 최악의 사고로 자리매김한 후쿠시마 원전 대참사가 벌어졌다. 같은 해 11월 우리나라에서는 일본의 참사와는 그 성격이 완전히 다르기는 하지만, 서울 노원구 주택가 아스팔트 도로에서 방사능 물질이 검출돼 시민들을 놀라게 했다. 그리고 2011년 5월에는 의문의 폐 질환으로 잇따라 병원에서 숨졌던 갓난아기와 임산부들의 사망 원인이 가습기 살균제로 드러나 충격을 주었다. 그 사망자가 최소 100여 명에 이르고 드러난 피해자만 수백 명 규모다. 알게 모르게 건강을 해친 잠재적 피해자들까지 더하면 수천수만 명에 이를 것으로 추정되는 이 사건은 우리에게 새로운 유형의 재난으로 다가왔다. 한편 세계적인 기업인 삼성전자 반도체 공장에서는 2008년부터 백혈병을 비롯한 혈액암과 재생불량성 빈혈, 유방암, 폐암 등 각종 암에 걸린 젊은 여성 노동자들이 잇따라 발견되고 있다. 2012년 11월 현재까지 피해자 수는 160여 명에 이르고 그 가운데 3분의 1가량이 생을 마감해야 했다.

대한민국은 위험 사회를 넘어 위험 증폭 사회로 치닫고 있다. 치안은 물론 각종 재난과 사고, 그리고 유해화학물질 노출, 중독, 생활습관병, 암, 환경병, 직업병 등이 언제 어디서 나타날지 몰라 불안에 떠는 사람이 많다. 하지만 여전히 우리는 위험에 관한 교육이나 소통을 위해 적극적으로 투자하려는 의지가 부족하다. 이 때문에 한 번 발생한 재난이나 사고가 얼마 뒤 비슷한 유형으로 반복된다. 앞서 발생한 재난과 사고에서 교훈을 얻지 못하고 그 당시에만 언론과 사회, 정치권이 요란하게 떠들다가 시간이 지나면서 언제 그런 일이 있었느냐는 듯이 무관심해지는 탓이다.

그렇다면 '위험 증폭 사회' 대한민국에서 살아가는 우리는 무엇을 알아야 하고, 어떤 준비를 해야 하며, 어떻게 대처해야 할까. 이 책은 그러한 질문들에 대한 답이자 제안이다. 비록 완벽한 모범답안은 아닐지라도 우리가 함께 고민하고 토론할 수 있는 안전 관련 문제들의 실마리를 풀어가고자 했다.

지난 2년여 동안 '위험 소통가(리스크 커뮤니케이터)'로 대중매체에 우리 사회의 위험의 성격과 특징, 위해 사건의 전말과 교훈 등에 대해 글을 쓰고, 대학 및 정부기관 등에서 대학(원)생과 공무원 등을 대상으로 강연을 해오면서 나는 배우고 느낀 바가 많았다. 우리 삶 곳곳에 도사리고 있는 크고 작은 환경보건 위험의 실상을 제대로 아는 이가 드물었고, 방사성물질과 같은 각종 위험 요소에 대한 안내나 설명이 전문가적 수준에만 머무르고 있어 일반인들이 쉽게 이해하기 어려운 내용이 적지 않았다. 그래서 이 책에서는 일반인도 쉽고 유익하게 위험 요소와 원인을 살펴볼 수 있도록 하는 데 주안점을 두고 위험과 관련해 제대로 된 쌍방향 소통이 가능하도록 애썼다.

최근 몇 년간 벌어졌던 환경보건 위해 사건을 비롯해 우리가 새롭게 경계할 위험과 앞으로 개인과 사회의 건강을 좀먹게 할 각종 중독 현상, 그리고 생활 주변에서 흔히 볼 수 있지만 모르고 지나치거나 아직 별로 신경을 쓰지 않는 위험들의 실체와 그에 대처하는 요령까지 자세히 설명하고자 했다. 또한 위험에 대한 정확한 정보를 아는 것도 중요하지만, 위험 관리기관이나 전문가와 일반대중 사이의 소통이 무엇보다 중요하기에 위험 인지에 관여하는 요인과 위험 인지가 효과적인 위험 소통을 하는 데 왜 중요한지, 제대로 된 위험 관리를 위해 무엇이 필요한지 등을 함께 다루었다. 우리를 위협하는 각종 위험들을 둘러싼 과학 논쟁, 위험을 양산하는 제도와 정치, 전문가와 일반인 간의 위험 소통의 문제 등을 살펴보면서 위험의 실체를 파악하고 그것에 대비하는 개인과 공동체의 자세를 점검할 수 있기를 바란다.

이 책이 세상에 나올 수 있게 된 것은 프레시안 박인규 대표가 '안종주의 위험 사회'라는 타이틀로 2010년부터 2년 가까이 연재를 할 수 있도록 기회를 준 덕분이다. 연재 때 열심히 칼럼 작업을 보조해준 프레시안 강양구 기자에게도 고마움을 전하고 싶다. 무엇보다 필자가 이 칼럼을 장기 연재하고, 또 단행본으로까지 펴낼 수 있었던 것은 독자들의 피드백과 격려가 있었기 때문임을 잘 알고 있다. 지난 1년여 간의 단행본 작업을 통해 기존 연재 원고를 수정 보완하고, 연재 때 다루지 못했던 소재와 내용들을 추가하여 원고를 새로이 구성할 수 있었던 것도 그들 덕분이다.

그리고 내 글에 관심을 갖고 책으로 펴내자고 제안해준 궁리출판과 책의 전반에 대한 기획과 관련해 꼼꼼하게 지적해준 편집부 변효현 팀장의 노력으로 먹음직한 열매가 맺어졌다. 덧붙여 자료사진을 흔쾌히 제공해준 환경보건시민센터 최예용 소장님에게도 고마움의 인사를 전한다.

  이 책의 출판을 계기로 앞으로 우리 사회의 다양한 위험에 대해 더 깊이 있는 소통을 해나갈 것을 약속한다. 나아가 우리 사회가 안전과 위험에 관한 실질적이고 효율적인 대화와 토론의 장으로 무르익어가는 길에 이 책이 작은 불씨가 되기를 희망한다.

2012년 11월

광교산 자락 서봉마을에서

안종주

차례

- 저자 서문 | 5
- 들어가며 : 대한민국은 위험 증폭 사회, 얼마나 안전해야 정말 안전한가 | 15

먹을거리

소주가 다네? 당신은 '달콤한 유혹'에 넘어갔다! - 인공 감미료의 위험학 · 27
커피, 발암물질인가? 항암물질인가? - 커피의 두 얼굴 · 37
카드뮴 낙지, 아무나 '막' 먹어도 되는가? - 위험에 '평균'은 없다 · 50

생활환경

휴대폰 쇼크, 세계보건기구 '뇌암 경고'의 진실은? - 휴대전화 전자파의 위험학 · 63
송전선로 가까이 있으면 얼마나 위험한가? - 전자기장의 위험학 · 71
자외선은 무조건 피해야 할까? - 자외선의 건강학 · 85
대한민국을 공포로 몰아넣은 가습기 살균제의 진실은? - 세계 최초의 바이오사이드 사건 · 94
석면, 마법의 광물에서 죽음의 섬유로 추락하다! - 석면의 안전학 · 110
'검은 민들레' 피는 대한민국의 미래는? - 공해병의 위험학 · 131
'러브 캐널'의 비극에서 고엽제 사건의 내일을 보다 - 칠곡 고엽제 불법 매립 사건 · 139

의료

'박주아의 비극', 당신도 덮칠 수 있다! – 의료 사고 예방법 · **153**
한국인의 두통약 '게보린'의 정체는? – 약 위험불감증의 실태 · **163**

자살

자살 공화국에서 생명 공화국으로 – 자살에 대한 오해와 진실 · **175**
우울증, 당신도 예외가 아니다! – 자살과 우울증의 관계 · **183**

음주

술, 담배, 게임… 한 번 중독자는 영원한 중독자? – 중독의 위험학 · **195**
술 맛있습니까? 술도 '독약'입니다! – 음주의 건강학 · **205**
노숙인으로 전락한 A씨, 치명적 유혹에 넘어가서… – 알코올 중독은 또 다른 질병 · **211**
효리야, 이젠 제발 '위험하다' 말해줘! – 술의 위험에 관한 모든 것 · **217**

흡연

'흡연자=간접살인자' 동의 못하는 당신은? – 가장 두려워해야 할 위험 · **231**
간접흡연으로 해마다 3,000명이 죽는다! – 간접흡연의 위험학 · **237**

도박/게임

연 5조 원 '대박' 터뜨린 진짜 '타짜'는? – 도박의 치명적 유혹 · **263**
한국의 미래를 좀먹는 게임 중독의 나락 – 게임이 사람을 공격한다 ① · **277**
게임 중독자 부모의 경고, "당신 아이도 위험해!" – 게임이 사람을 공격한다 ② · **284**

산업재해

노동자가 아프면 시민도 아프다 – 산업재해의 위험학 · **295**
삼류 기업으로 전락하는 삼성, 왕회장은 뭐하나! – 위기의 산업현장 · **300**
삼성 백혈병, 그것은 빙산의 일각이다! – 감춰진 산업재해의 비극 · **309**
"나 요즘 월경을 안 해", 떠도는 공장의 유령들 – 반복되는 비극, 막을 수 없는가 · **318**
구미 불산가스 누출 재난은, 한국판 인도 보팔 사건 – 보통 사람들의 위험과 불안 · **327**
야근과 밤샘 작업이 암을 유발한다? – 야간 작업자, 이것만은 알아두자 · **345**

핵(원자력)

'제2의 체르노빌' 터져도 한국은 안전하다고? - 우리가 핵을 무서워하는 이유 · **357**
미량의 방사선은 과연 몸에 이로운가? - 방사선의 위험학 · **366**
'후쿠시마'보다 더 위험한 당신 옆의 살인자! - 라돈의 역습 · **374**
노원구 방사능! 그것보다 더 위험한 문제는? - 공포 부추기는 정부 · **383**

■ 부록 _ 안전생활 체크리스트
　　　58, 69, 92, 108, 125, 162, 170, 189,
　　　225, 254, 275, 290, 343, 353, 382

들어가며

대한민국은 위험 증폭 사회,
얼마나 안전해야 정말 안전한가

전화 한 통이 걸려왔다.

"우리 아파트 옥상에서 지붕 공사를 하는데 여기에 석면이 들어 있는 것 같아 불안합니다. 해체한 자재를 엘리베이터로 운반하는데 석면에 노출될까봐 걱정입니다."

"아파트 옥상에 석면을 사용했을 가능성은 매우 희박하기 때문에 크게 염려하실 필요는 없습니다. 그렇게 불안하시면 조각을 떼어내 분석기관에 맡기는 방법 외에는 없습니다."

이렇게 안심을 시켰는데도 그는 자신의 집에 석면이 들어 있는 것은 아닌지 불안해 하루 종일 그 생각만 하고 있다며 하루 뒤 또 전화를 걸어왔다. 일종의 '위험염려증후군' 증세를 보이는 사람이었다.

2011년 열린 서울시 석면자문위원단 회의에서도 이와 비슷한 전화를 받았다고 환경부 석면 담당 사무관이 말했다. 그가 나뿐 아니라 여러 석면 관련기관에 전화를 하는 것이 아닌가 하는 생각이 들었다. 실제로 이런 부류의 사람이 우리 사회에서 많지는 않지만 분명 존재한다.

한편 이런 일도 있었다. 내가 사회부장으로 있던 1998년 한 가정주부가 신문사로 찾아왔다. 부원들과 회사 인근 식당에서 저녁을 먹는데 편집국을 찾아온 여성이 나를 꼭 만나야겠다고 기다리고 있다고 했다.

"무슨 일로 오셨습니까?"

"실은 제가 서점에서 선생님이 쓰신 에이즈 책을 읽어보았는데 최근 제 몸에서 책에서 본 내용과 거의 같은 증상이 나타나 제가…… 에이즈에 걸렸는지 여부에 관한 이야기를 들으려고 찾아왔습니다."

그의 사생활을 존중해 곧바로 회사 바로 옆, 손님이 거의 없는 조용한 다방 한구석으로 데려가 자초지종을 들었다.

"왜 그런 생각을 하게 됐습니까?"

"지난 주말 친구와 함께 서울 근교에 나들이를 갔다가 잘 모르는 남자와 만나 콘돔 없이 성관계를 갖게 됐는데 며칠 뒤부터 약간의 오한과 미열이 나고 손에 자그마한 붉은 반점이 생겨 에이즈에 걸린 게 아닌가 하고 불안해지기 시작했습니다. 혹시 아이들이나 남편에게 옮기는 것은 아닌지 요즘 잠을 이룰 수 없습니다."

"별로 염려하시지 않아도 될 것 같습니다. 그 사람이 에이즈 감염인 또는 환자일 가능성은 매우 희박하고 만에 하나 그가 감염인이라 하더라도 성관계로 남자에게서 여자에게로 바이러스가 전파될 가능성은 수백분의 1 확률이기 때문에 실제 에이즈에 감염될 가능성은 수백만분 내지 수천만분의 1 확률에 지나지 않습니다. 그리고 피부에 반점이 나타난다고 해서 무조건 에이즈라고 할 수 없습니다. 그렇게 염려가 된다면 병원이나 보건소를 찾아가 혈액 검사를 한번 받아보시기 바랍니다."

이렇게 한참을 설명하고 진정을 시켜서 돌려보냈다.

현대 사회에서는 이처럼 위험에 대해 극도로 민감한 부류의 사람들이 있다. 특히 잘 모르는 위험이나 새로운 위험에 대해서는 더욱 그렇다.

위험에 대해 민감한 집단과는 반대로 둔감한 집단도 있다. 불에 탄 고기도 "그것 먹는다고 죽는 것 아니다"며 먹는 사람이 있다. 술과 담배를 억지로 권하는 사람도 있다. "석면 슬레이트 위에 고기를 구워먹었어도 아직 멀쩡하다"며 "석면 그거 별것 아냐"라고 말하는 사람도 있다. 페인트나 니스 칠, 용접 작업 때 위험하거나 해로우므로 장갑이나 마스크 등의 보호장비를 갖추고 작업하라고 아무리 이야기해도 번거롭다며 맨손, 맨몸으로 일하는 근로자들도 많다.

이들 두 부류의 사람 모두 문제가 있다. 위험 소통, 즉 리스크 커뮤니케이션과 관련해 오래전부터 화두가 돼온 것이 '얼마나 안전해야 정말 안전한가?'라는 문제다. 이 문제는 특히 제로 위험을 좇는 사람들과 밀접한 주제다. 위해성을 느끼는 정도는 사람에 따라 천차만별이다. 대체적으로 전문가는 확률적으로 보고 절대적인 위험의 크기를 이야기한다. 반면 대중은 위험을 직관적으로 보고 제로 위험을 원한다.

그래서 내가 먹는 야채에는 농약이 전혀 들어 있지 않아야 한다, 내가 먹는 식품에는 발암물질이나 유해물질, 병원성 미생물이 전혀 들어 있어서는 안 된다고 생각한다. 어떤 이는 먹는 물에는 병원성 미생물은 물론이고 일반 세균조차 단 한 마리라도 들어 있으면 큰일이 생기는 것으로 여긴다.

하지만 현대 사회에서 '제로 위험'은 불가능하다. 우리 주변에는 각종 유해물질이 넘쳐나고 있기 때문이다. 아무리 자주 손을 씻고 텔레비전 리모컨이나 컴퓨터 마우스, 자판, 휴대폰 액정판이나 글자판을 자주 소독한다고 해도 세균은 우리 몸과 주변 환경 곳곳에 늘 존재한다. 미생물 제로의 사회는 존재할 수 없다. 우리가 마시는 공기에도 석면을 비롯한 여러 유해물질이 늘 존재한다. 물과 음식물에도 마찬가지다. 우리는 일상적으로 간접흡연과 3차 흡연에 시달린다.

위험은 피할 수 없으니 체념하라거나 둔감해지라는 말을 하려고 이런 이야기를 하는 것은 결코 아니다. 사회학자 니콜라스 루만은 현대 사회에서 위험은 피할 수 있는 것이 아니므로 현명하게 받아들이는 것이 중요하다고 말한다. 일반대중들이 알게 모르게 원하는 위험 제로 사회의 문제는 적절한 위험 소통 전략을 통해 해결할 수 있다고 그는 강조한다.

과거 언론이, 전문가가, 시민 단체가, 이웃이 여러분에게 말했던 위험이 지금은 어떠한지를 곰곰이 생각해보라. 우리나라에서 문제가 됐던 위험 사건 가운데 대부분이 현실에서 사라진 것이 아니라 언제 그랬느냐는 듯이 지금도 버젓이 우리 곁에 있다. 라면도, 통조림도, 분유도, 우유도, 두부도, 소주 등도 잘 팔리고 있다. 이들 식품에는 여전히 유전자 변형 농산물이 섞여 있고 농약, 산화된 기름, 환경호르몬, 포름알데히드 따위의 각종 유해성분이 들어 있다. 이외에도 각종 첨가물과 산화방지제, 인공 색소, 인공 향료, 인공 감미료, 표백제, 합성보존료(방부제), 조미료 등이 들어 있다. 이들 물질 가운데 상당수는 인체에 심각한 해를 주지는 않는다 할지라도 과다 섭취하면 건강에 해를 끼칠 가능성이 있는 것들이다.

위험을 감수하면서 어쩔 수 없이 우리가 받아들이는 대표적인 것이 약이다. 모든 약은 독이라고 말해도 크게 틀린 말은 아니다. 하지만 우리는 이를 알면서도 먹는다. 이유는 단 한 가지다. 약을 복용하는 것이 복용하지 않는 것보다 더 낫기 때문이다. 결국 사람은 알게 모르게 위해성과 편익을 저울질해 편익이 더 크다고 느끼면 그 행위를 하거나, 기술을 받아들이거나, 마시거나 먹는 것이다. 엑스레이와 CT 등의 방사선 촬영과 핵발전소, 농약, 살충제, 방부제 따위도 우리가 어쩔 수 없이 받아들이는 위험으로 꼽을 수 있다. 엑스레이가 되었건, 위내시경이나 대장내시경 촬영이 되었건, 수혈이 되었건 대부분의 의학적 검사나 의료 처치에는 위험이 함께 따른다.

현대인들은 과거보다 더 위험한 사회에 살고 있는가. 대한민국 국민은 과거보다 더 위험한 사회에 살고 있는가. 이러한 질문에 답하기란 쉽지 않다.

만약 평균수명만 놓고 본다면 덜 위험한 사회에서 살고 있다고 해야겠다. 한국인의 평균수명은 남녀 모두 계속 큰 폭으로 늘어나고 있기 때문이다. 현대 과학기술과 산업의 발달은 과거 인간이 매우 위험하다고 느낀 많은 것들을 위험하지 않게 만드는 데 크게 기여했다. 예를 들어 우리 조상들은 장티푸스, 콜레라와 두창(천연두), 소아마비 등과 같은 각종 전염병의 희생물이 됐다. 이러한 역병은 그 원인을 알 수 없어 때론 괴질로 불리며 공동체를 파괴했다. 중세 유럽을 휩쓴 흑사병도 당시 유럽 인구의 3분의 1을 몰살시켰다고 하니, 목숨이 붙어 있던 사람들이라 할지라도 절망과 불안 속에 하루하루를 보내야만 했을 것이다. 과거에는 가뭄 등 자연재해로 사람들이 굶어죽는 일도 잦았다. 그러다 과학기술의 발전으로 페니실린 등 항생제가 개발되어 각종 세균 감염증을 치료할 수 있는 길이 열렸다. 수확량이 많은 농작물의 개량으로 식량 증산을 할 수도 있었다. 이런 것들이 모이고 모여 오늘날 우리는 조상들보다 더 편리한 환경에서 훨씬 더 오래 살고 있기는 하다.

하지만 현대 과학기술과 산업의 발달은 사회의 위험을 줄이는 데만 기여한 것이 아니다. 새로운 위험과 재앙을 만들어냈다. 자연재해와 전염병 등 기존의 전통적 위험이 사라지지 않은 상태에서 과학기술 발달과 새로운 화학물질 사용 증가, 산업화와 도시화에 따른 비인간화, 소외, 경쟁 현상 등

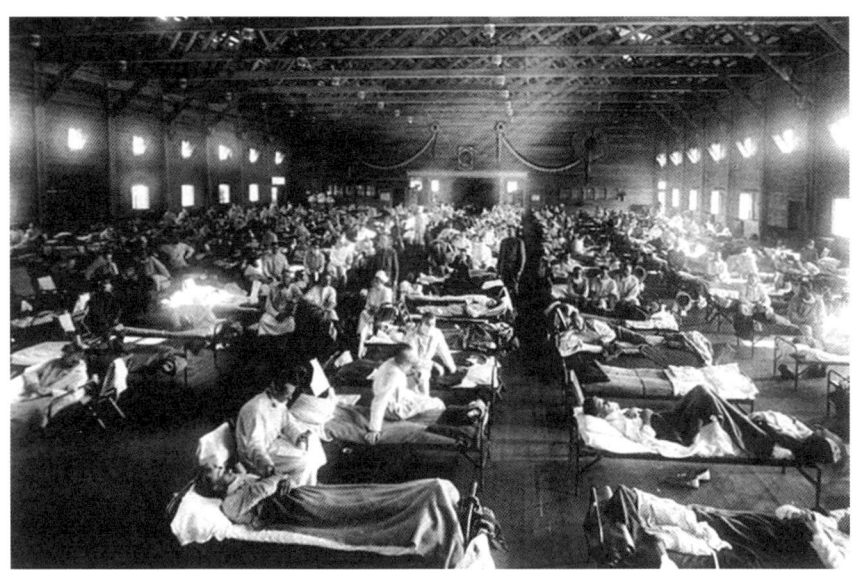

1918~1920년 지구촌을 강타해 5,000만 명가량의 목숨을 앗아간 스페인 독감. 유행 당시 임시로 마련된 병동에서 수많은 환자들이 치료를 받고 있다. 이런 전염병의 위험은 21세기에 들어서도 사라지지 않고 있다.

2010년 1월 아이티를 강타한 초대형 지진으로 붕괴된 건물 잔해 현장에서 구조요원들이 콘크리트 더미에 깔린 한 여성을 구하고 있다. 통신의 발달로 이런 위험을 실시간으로 생생히 접할 수 있는 지구촌 사람들은 지진 위험에 대해 더욱 심각하게 느끼게 된다.

과 관련한 신종 위험들이 공존하고 있는 것이다. 때문에 오늘날 개개인이 느끼는 위험 체감지수는 날로 높아만 간다. 증가하는 암, 교통사고, 유해식품, 산업재해와 직업병, 환경오염, 농약과 살충제, 실내공기 오염, 사이코패스와 연쇄살인범죄, 아동 성폭행을 포함한 성범죄의 증가, 우울증, 자살, 테러, 술과 담배 및 게임 중독, 신종플루와 같은 새로운 전염병의 등장과 확산 등은 우리로 하여금 매우 위험한 사회에 살고 있음을 순간순간 절감하게 한다.

그렇다면 과거보다 훨씬 더 오래 더 풍요롭게 살면서도 더 위험한 사회에 살고 있다고 느끼는 것은 무슨 연유일까? 이는 현대 사회의 위험들이 대부분 복잡하게 얽혀 서로 영향을 끼치기 때문에 예측이 불가능하고, 수많은 위험들이 일상생활 속에서 자신의 의사와는 관계없이 무차별적으로 발생하는 까닭이다. 또 한 곳에서 발생한 위험이 발달한 교통과 활발한 지역 간 국가 간 교류로 삽시간에 퍼져나가고, 그 피해상황이 대중매체를 통해 실시간으로 생생히 전파되는 등 위험과 안전에 대한 불안 의식이 사회적으로 증폭되기 때문이기도 하다. 이는 몇 년 전 지구촌을 두려움에 떨게 만들었던 사스(SARS, 중증급성호흡기증후군)와 2009년 맹위를 떨쳤던 신종플루, 인도네시아와 일본의 쓰나미 같은 자연재해, 그리고 미국 수입 쇠고기 인간광우병 위험 문제를 둘러싼 2008년과 2012년의 촛불집회 등을 보아도 잘 알 수 있다.

현대 사회의 위험은 우리가 인지하지 못하는 매순간 조금씩 혹은 부지불식간에 점점 더 그 세력을 키워가며 증폭되고 있다. 모든 위험을 없애는 것도 위험으로부터 완전히 달아나는 것도 불가능한 것이 현실이다. 안전하고 건강한 삶을 위해 우리가 할 수 있는 최선은 더 늦기 전에 위험을 직면하는 것이다. 우리 사회 곳곳에 도사리고 있는 위험의 실체를 제대로 파악하고 현명하게 받아들일 수 있어야 한다. 현대 사회의 위험에는 어떤 것들이 있는지, 한국 사회에서 정말 위험한 것은 무엇인지, 이런 위험을 사전에 예방하기 위해서는 어떤 시스템을 만들어야 하는지, 또 어떤 사고방식과 생활양식을 가져야 하는지를 이어지는 본문에서 자세히 살펴보기로 하자.

먹을거리

인간은 물론 뭇 생명체는 영양분을 섭취해야, 즉 먹어야 산다. 생존에 가장 기초적인 것이 먹는 것이다. 하지만 때론 해로운 먹을거리를 먹고 건강을 해치거나 목숨을 잃기도 한다. 먹을거리 가운데에는 인체에 즉각 악영향을 끼치는 식중독균이나 바이러스가 있을 수 있고 독소들도 들어 있을 수 있다. 수은, 납, 카드뮴 등 유해중금속과 농약, 살충제, 환경호르몬 등도 있을 수 있다. 어떤 유해성분은 조금씩 우리 몸에 들어와 쌓여 나중에 치명적인 작용을 한다. 중금속이나 환경호르몬 등이 대표적이다.

또 현대인들은 그 자리에서 수확한 먹을거리를 바로 요리해 먹는 것이 아니라 식품공장에서 대량 생산해 유통하는 가공식품을 먹는 것에 익숙하다. 식품회사는 오랫동안 유통해도 제품이 변질되거나 부패하지 않도록, 맛과 냄새가 좋도록 각종 방부제(식품보존료)나 색소, 향료, 감미료 등의 다양한 인공 또는 자연 식품첨가물을 사용한다. 이 가운데 어떤 것들은 인체에 해로운 것이 아니냐는 의심을 받기도 한다.

이제 커피는 삼시 세끼 먹는 밥과 같이 우리와 떼려야 뗄 수 없는 기호식품이 되었다. 그런데 종종 커피가 몸에 좋다는 소식과 함께 몸에 나쁘다는 소식도 들려온다. 어떤 말이 맞는 것인가 정말 궁금하다. 많은 사람들이 즐겨 먹는 주꾸미와 낙지, 그리고 이들의 먹물에 인체에 치명적인 카드뮴이 다량 들어 있다는 뉴스도 우리를 놀라게 한다. 과연 이들에 들어 있는 카드뮴은 인체에 해를 끼칠 정도인가. 카드뮴이 인체에 어떤 영향을 끼치는가도 궁금하다. 우리 먹을거리에서 당분은 필수불가결한 것처럼 친숙하다. 단무지나 간장 등 조미료뿐만 아니라 각종 가공식품에도 고강도 감미료를 사용하고 있다. 심지어는 소주나 막걸리 등 술에도 인공 감미료가 들어간다. 인공 감미료의 대명사인 사카린을 여전히 발암물질로 알고 있는 사람이 많은 상황에서 그 유해성 또한 관심을 끄는 주제이다.

소주가 다네?
당신은 '달콤한 유혹'에 넘어갔다!
인공 감미료의 위험학

내가 초등학교를 다니던 시절인 1960년대에는 무상급식으로 나온 노란 강냉이(옥수수) 죽과 강냉이 빵으로 점심을 때우곤 했다. 그 시절 서민들에게 설탕은 그림의 떡이었으며 사치품이었다.

단맛을 내기 위해 주로 사용한 것은 '신화당'이나 '뉴슈가'(사카린 5퍼센트+포도당 95퍼센트)였다. 당시는 어려서 이 감미료에 사카린이 들어 있다는 사실을 모르고 부엌에 들어가서 엄마 몰래 손에 묻혀 단맛을 보곤 했다. 여름이면 단단한 얼음에 이 감미료를 넣은 '아이스케키'를 맛있게 빨아먹었던 기억도 새록새록 난다.

40여 년 전인 1960년대에는 대부분이 못살았다. 당시 사카린의 인기가 치솟자 돈에 눈먼 삼성은 1966년 그 원료를 밀수로 들여오다 적발돼 이른바 한국비료 사카린 밀수 사건까지 일으키게 된다. 나중에 사카린이 유해한 발암물질이란 소문이 돌았다. 그리고 세월이 흐르고 흘러 살림살이가 나아지기 시작하면서 설탕이 서서히 집집마다 없어서는 안 될 생활필수품으로 자리 잡았다. 1970년대 들어서는 집에 손님이라도 올라치면 토마토를 썰어 접시에 담고 그 위에 설탕을 듬뿍 쳐서 달달하게 먹도록 배려하곤 했다.

설탕과 사카린이 공존을 하다 어느 날부터인가 설탕이 감미료의 대명사로 자리 잡았다. 그리고 대부분의 가정에서 인공 감미료는 자취를 감추기 시작했다. 그렇다고 인공 감미료가 완전히 사라진 것은 아니었다. 그 뒤에도 사카린은 각종 절임식품이나 단맛을 내기 위한 식재료에 계속 사용됐다. 주로 식품공장이나 식당에서였다.

1980년대 들어서는 아스파탐이라는 새로운 인공 감미료가 나왔다. 발암물질이라는 누명을 쓰고 있던 사카린을 대체하기 안성맞춤인 이 감미료는 설탕을 기피하는 당뇨병 환자와 살찔까봐 신경을 쓰는 사람, 비만인에게 인기였다. 다방이나 커피숍에는 늘 두 종류의 감미료가 등장했다. 일회용 설탕과 화인스위트 등의 상품명을 단 일회용 아스파탐 막대봉지가 테이블 위에 제공돼 손님들의 선택을 기다렸다. 이런 모습은 아직도 찾아볼 수 있다.

인공 감미료도 한 종류가 아니라 여러 종류가 다양하게 시장에 나와 먹을거리 속을 파고들고 있다. 과거 인공 감미료는 몇몇 음식에만 사용됐지만 이제는 소주, 막걸리, 찐 옥수수 등 많은 음료수와 술, 그리고 먹을거리 안에 들어간다.

그동안 사카린이 몸에 해롭다거나 발암물질이라는 사실에 신경을 쓰며 이를 피하려 했던 사람들이 있을 것이다. 하지만 종종 길거리에서 파는 달달한 찐 옥수수를 먹었다면, 통닭집에서 통닭과 함께 배달돼온 하얀 깍두기를 먹었다면, 중국집에서 자장면과 같이 단무지를 먹은 사람이 있다면, 그는 이미 상당한 양의 사카린을 먹어왔다고 볼 수 있다.

사카린을 포함해 인공 감미료의 유해성에 민감한 사람은 막걸리도, 소주도, 김밥도, 뻥튀기도, 청량음료도 먹지 말아야 한다. 하지만 인공 감미료는 그것이 사카린이 되었든 스테비오사이드가 되었든, 아스파탐이 되었든 유해성을 문제 삼아 기피할 필요는 없다. 맛이나 다른 이유에서라면 몰라도 말이다.

오랫동안 인공 감미료 유해성과 발암물질의 대명사처럼 여겨졌던 사카린이 이제 유해성 논란에서 완전히 벗어났다. 미국 환경청(EPA)이 2011년 사카린을 유해물질 목록에서 삭제한 것이다. 사카린이 인공 감미료로 사용되기 시작한 지는 이미 100여 년이 되었지만, 사카린이 걸어온 길은 그리 평탄하지 않다. 1957년 식품 첨가제로 미국에서 공인되자 청량음료에도 사카린 사용이 급증했다. 1980년대 래트(rat, 시궁쥐의 일종)를 대상으로 한 실험에서 방광암을 일으킬 수 있다는 보고가 나온 뒤 사카린은 기피대상이 됐고, 제한적인 식품에 한정해 매우 제한적인 양을 사용하도록 허가됐다. 그 뒤 1990년대 후반 미국 독성물질관리프로그램(NTP)과 세계보건기구(WHO) 산하 국제암연구소(IARC)의 연구 결과 사카린이 인체 발암물질이 아닌 것으로 판명됐다. 토끼와 원숭이 등 계속된 동물실험 연구에서 사카린은 과량 투여한 결과에서도 방광암은 물론 그 어떤 암도 일으키지 않았다. 심지어 같은 래트에서도 수컷만 방광암이 생겼을 뿐 암컷은 암이 생기지 않았다.

하지만 그동안 대중에게 사카린은 발암물질이라는 인식이 워낙 깊게 각인돼 있어 유해물질 목록에 그대로 두었다. 사카린은 대중들에게는 발암물질로 알려졌지만 실제로는 다이어트콜라를 비롯한

'뉴슈가'라는 상품으로 널리 알려진 사카린은 인공 감미료의 대명사였다. 사카린은 최근 발암물질이라는 불명예에서 완전히 벗어났다.

각종 청량음료용 감미료로, 또 주스나 젤리, 씹는 껌, 구강 세척액, 약물 코팅(당의정), 단무지 등에 사용되어왔다.

인공 감미료는 대개 설탕보다 몇십 배에서 몇백 배나 더 단맛을 낸다. 사카린이나 아스파탐과 같이 실험실에서 인공 합성을 하는 경우도 있으며 스테비오사이드처럼 천연식물에서 고강도 감미료 성분을 추출해 상품화하기도 한다.

많은 발명이나 발견들이 우연한 기회에 이루어진다. 사실 여부가 확실치는 않지만 고대 그리스 때 아르키메데스가 금관에 들어간 금이 진짜인지 가짜인지를 가려내도록 한, 히에론 왕의 명령을 완수하기 위해 고민하다 우연히 목욕탕 속에 들어가 물이 넘치는 것을 보고 이를 해결하기 위한 해법(비중의 원리)이 갑자기 생각이 나 벌거벗은 채로 거리에 뛰쳐나와 집으로 달려가면서 "유레카(찾았다)"를 외쳤다는 일화는 매우 유명하다. 이 밖에도 플레밍이 페니실린을 발견한 것이라든지, 일본인 과학자가 실험실에서 다른 것을 연구하다 초전도성고분자를 합성하는 데 성공해 노벨상을 받은 사실이라든지, 과학계에는 우연이 빚어낸 뛰어난 과학적 업적들이 많다. 사카린도 이런 부류에 속한다.

사카린은 1879년생이다. 당시 미국 존스홉킨스 대학의 화학 교수였던 렘센 밑에서 일하던 팔버그라는 학생이 유기화학반응에 관한 연구를 하다 우연히 발견한 물질이다. 어느 날 저녁 팔버그는 연구실 일을 끝내고 집에 돌아와 저녁을 먹다가 그날따라 빵맛이 유난히 단 것이 이상했다. 여기저기 핥아본 후 그 단맛이 자기 손과 팔에 묻어 있음을 알아낸 그는 급히 실험실로 돌아가 그 단맛을 내는 것이 무엇인지 찾았다. 그 엄청난 단맛은 자기가 새로 만든 화합물에서 나는 것이었다. 팔버그와 지도 교수 렘센은 곧 이 사실을 발표했고 이 화합물을 '사카린'이라고 불렀다. 그 후 사카린은 1884년부터 시판되기 시작했다.

사카린은 체내에 흡수되지 못해 칼로리가 제로다. 이 때문에 다이어트 식품첨가물로 인기가 높다. 설탕보다 300배나 달며 엄청나게 묽게 해도 단맛을 느낄 수 있다. 사카린 한 숟갈을 물 10만 리터에 녹여도 단맛을 느낄 수 있을 정도다. 그러나 사카린은 뒷맛이 쓰다. 이를 보완하기 위해 향긋한 맛을 주는 아미노산인 글리신을 종종 첨가하기도 한다. 요즘처럼 체중 조절에 너도나도 신경 쓰고 있는 한 사카린의 소비는 줄어들 기세가 아니다.

한때 사이클라메이트라는 인공 감미료도 인기가 높았다. 이 감미료도 발암성 논란에 휩싸여 1969년 이후 사용이 금지되고 있다. 사이클라메이트도 사카린처럼 황과 질소를 포함하는 유기 화합물이다. 이 화합물이 고강도의 감미를 지니고 있다는 사실이 발견된 것도 사카린 이야기와 비슷하다. 미국 뒤퐁의 연구원이던 스베다는 어느 날 피우던 담배를 우연히 실험 테이블에 놓았다. 이 담배를 다시 집어 물어보니 뜻밖에 입술에 쓴맛이 아닌 단맛이 확 밀려왔다. 1937년의 일이다.

사카린과 달리 쓴맛이 없어 사이클라메이트는 대단한 인기를 끌었으며 1960년대 세계 시장을 휩쓸게 되었다. 그러다 사이클라메이트가 동물에게 유해하다는 보고 때문에 사용이 금지되었다. 1984년 미국 식품의약청(FDA)과 국립과학아카데미가 그 보고는 잘못된 것이라고 정정 발표를 했지만 이미 소비자들에게 외면당한 사이클라메이트는 다시 살아나지 못했다.

우리나라에서 시판되고 있는 인공 감미료 아스파탐은 아스파르트산과 페닐알라닌 메틸에스테르를 반응시켜 만들어낸 화합물로 사카린보다 물에 녹는 양이 적으며, 설탕보다 약 180배 달다. 아스파탐은 1983년 식품의약청의 승인을 얻어 세계적으로 청량음료 제조에 널리 이용되고 있다.

그러나 아스파탐이 들어 있는 음식을 먹을 때 "이 제품에는 페닐알라닌이 들어 있습니다"라는 주의를 읽어야 한다. 아스파탐은 체내에서 분해되어 아스파르트산, 페닐알라닌과 메탄올이 된다. 페닐케톤뇨증(PKU)이라는 선천성 희귀 유전대사 질환에 걸리는 환자가 있다. 이들은 페닐알라닌을 티로신으로 변화시키는 페닐알라닌 수산화 효소의 활성이 일반인에 비하여 선천적으로 저하되어 있어, 결국 지능 장애, 연한 담갈색 피부와 모발, 경련 등이 발생하게 된다. 이들은 페닐알라닌이 많은 육류와 계란, 치즈, 요구르트, 초콜릿을 너무 많이 먹지 말아야 한다.

사람은 태어나면서부터 단맛을 좋아하는 본능적 욕구를 지니고 있다. 단맛은 우리 몸의 세포가 살아 움직이도록 해주는 에너지를 공급해주는 포도당의 맛이다. 꿀, 설탕, 과일, 밥의 단맛이 모두 포도당과 관련된 화학물질에서 비롯되는 것이다. 우리에게 단맛은 곧 에너지를 상징한다. 다시 말해 생명과 관련이 있다. 그래서 우리는 진화를 해오면서 단맛을 내는 음식에는 포도당이 들어 있을 것으로 믿게 됐다.

과거 자연에서 단맛을 내는 먹을거리를 구하는 일은 쉽지 않았다. 자연에서 생산되는 가장 단 먹을거리는 꿀이다. 하지만 이는 워낙 귀해서 옛날에는 귀족이나 먹을 수 있었다. 20세기 들어 사탕수수와 사탕무를 가공해서 만든 설탕이 등장하면서 사정이 나아졌지만, 문제가 완전히 해결된 것은 아니었다. 20세기 중반부터 비만, 당뇨병, 충치, 심장병 등의 질환 등이 현대인의 건강을 위협하면서 설탕을 대체할 감미료가 필요하게 됐다. 사카린과 같은 고강도 인공 감미료가 환영을 받게 된 것도 그런 이유 때문이다. 인공 감미료의 등장은 당뇨나 비만 때문에 고민하는 사람들에게는 더없이 좋은 소식이기도 했다. 사카린은 체내에서 소화되지 않은 상태로 배설이 되기 때문에 영양학적으로 아무런 효과가 없고, 혈중 포도당 농도에도 영향을 주지 않기 때문이다.

천연 고강도 감미료인 스테비오사이드도 사카린만큼은 아니지만 유해성 논란이 종종 제기됐다. 2010년 정기국회에서 국회 보건복지위원회 추미애 의원이 스테비오사이드와 아스파탐 등 소주의 맛을 내기 위한 감미료로 사용되는 첨가물에 대한 표시를 의무화해야 한다고 주장했다.

그는 "단맛을 내기 위해 예전에는 소주에 주로 사카린을 사용했는데 유해성 논란으로 인해 1980년대 후반에 사카린의 사용을 금지시켰다"며 "하지만 현재 사용 중인 스테비오사이드와 아스파탐 역시 사카린 못지않게 유해성 여부가 크게 논란이 되고 있다"고 말했다.

그가 말한 소주 스테비오사이드 유해 논란은 내가 보건복지부를 세 번째 맡아 취재하던 시절 벌어졌던 사건이었다. 1994년 호주 보건부는 호주 전역의 한국 음식점과 동양 식품 도매상에서 수입 판매하고 있던 진로 '그린소주' 수십만 병을 전량 폐기처분했다. 당시 호주 정부는 스테비오사이드는 인체에 해로운 물질로서 식품에 사용할 수 없을 뿐만 아니라 알코올에는 절대 넣으면 안 되는 물질이라고 밝혔다. 이와 관련해 재미있는 사실은 일본, 한국, 중국, 동남아시아 국가에서는 스테비오사이드를 사용하고 있는 반면 미국, 유럽연합국가, 캐나다 등에서는 식품첨가물로 넣지 않는다는 것이다. 국내 소주 업계에서는 이런 사실을 잘 모르고 호주에 수출을 하다 제동이 걸린 것이다.

이와 관련해 흥미 있는 주장을 제기하는 학자들도 있다. 스테비오사이드 사용을 미국과 서구에서 늦추고 있는 것은 스테비오사이드와 경쟁관계에 있는 사카린과 아스파탐을 서구와 미국 기업이 개발해 전 세계에 판매하기 때문에 자국 산업을 보호하기 위해서라는 것이다. 그 증거로 스테비오사이드보다 독성 관련 자료가 훨씬 더 불충분한 감미료에 대해서도 사용을 승인한 사실을 꼽고 있다.

호주의 스테비오사이드 소주 전량 폐기 사건은 1년여가 지난 뒤 1995년 국내의 한 월간지가 이를 폭로하면서 알려졌다. 이 월간지는 일반인들이 별로 읽지 않는 무명에 가까운 잡지였으나 몇 달 뒤 서울지검이 그 진상을 조사하고 국회 보건복지부, 한국소비자보호원에 대한 국정 감사에서 문제가 제기되면서 많은 이들이 그 사건을 알게 되었다. 당시 보건복지부는 스테비오사이드가 안전한 물질이라고 주장했다.

하지만 1996년 국회 재정경제위원회는 소주에 스테비오사이드의 사용을 금지시킬 것을 재정경제원에 권고하는 한편 마침내 이와 관련한 주세법 개정안까지 입법 예고하기에 이르렀다. 하지만 반대 여론이 만만치 않아 결국 이 개정안은 처리되지 않았다. 그렇게 잠잠해졌던 스테비오사이드 논란이 추미애 의원의 표기 의무화 제기로 14년 만에 다시 수면 위로 떠올랐다. 그러나 그의 문제 제기 역시 사회적 별 반향 없이 슬그머니 사라지고 말았다.

미국 하버드대학의 위해성분석센터는 48가지의 각종 위해성 논란 물질에 대한 분석 결과를 『위험(RISK)』이란 책을 통해 발표하면서, 인공 감미료의 위해성을 극히 낮은 것으로 분류했다. 인공 감미료의 위해성은 카페인보다 노출 가능성이 매우 낮고 위중도나 피해자의 수도 아주 적은 것으로 평가됐다.

전문가들은 인공 감미료가 위해성이 없거나 거의 없는 수준이기는 하지만 어린아이나 임산부 등은 이를 과량 섭취하는 것을 삼가는 것이 좋다고 조언한다.

미국이나 유럽 국가에서는 식품첨가물에 대해서 매우 까다로운 규정을 두고 있다. 반면 우리나라는 상대적으로 상당히 느슨하다. 각종 첨가물이 마구 사용되고 있어 정말 이들 첨가물을 많이 먹어도 건강에 이상이 없는

우리나라 식품공정상 사카린 사용 허용 식품과 허용량

김치 및 절임 식품	1.0g/kg 이하. (단, 김치류는 0.2g/kg 이하)
음료류(발효 음료류 제외)	0.2g/kg 이하. (단, 5배 이상 희석하여 사용하는 것은 1.0g/kg 이하)
어육 가공품	0.1g/kg 이하.
영양 보충용 제품, 특수 의료 용도 등 식품, 체중 조절용 조제 식품 및 시리얼류	1.2g/kg 이하.
뻥튀기	0.5g/kg 이하.

지 의심이 들 때가 종종 있다.

첨가물 홍수 시대, 특히 인공 감미료 보편화 시대를 사는 현대인들은 이들 감미료 없이도 당을 충분히 섭취할 수 있기 때문에 굳이 감미료가 들어 있는 술이나 식품들을 즐겨 섭취할 필요가 없다. 이는 의식적으로 단맛을 피하면 되는 일이다. 최근 이런 흐름을 알아차려서인지 일부 막걸리 제조업체가 아스파탐을 첨가하지 않은 막걸리를 내놓고 있다.

내가 대학 다니던 1970년대 식품 발효 전공이었던 은사님은 인공 감미료를 전혀 사용하지 않고도 맛있는 쌀막걸리를 만들어 맛을 종종 보여주셨다. 그 맛이 정말 기가 막혔다. 1960~1970년대 우리 집에서도 기제사를 모시던 때 늘 쌀막걸리를 빚어 제사상에 올리고 이를 가족들이 맛있게 마시기도 했다. 이처럼 인공 감미료를 사용하지 않고도 정성만 기울이면 얼마든지 맛있는 술과 음식을 만들 수 있다.

아스파탐이나 스테비오사이드, 사카린 등의 인공 감미료와 올리고당, 액상과당, 구연산, MSG 등 맛을 내는 성분이나 인공 향료를 첨가하지 않고서도 식품회사와 주조회사들이 맛있는 김치, 동치미, 깍두기, 단무지, 막걸리, 소주, 포도주, 머루주, 복분자술 등을 만들어내도록 소비자 운동을 벌일 필요가 있는 시점이다.

 그 운동의 지름길은 소비자가 인공 감미료가 들어간 그런 제품을 즐겨 찾지 않는 것이다. 그러기 위해서 인공 향료와 단맛에 길들여진 당신의 입맛부터 바꿔보자.

커피, 발암물질인가?
항암물질인가?
커피의 두 얼굴

텔레비전에 나온 한 중년 남성을 보면서 충격을 받았다. 바싹 마른 그의 몰골에 '어쩌다 저렇게 됐을까?' 하고 생각했다. 방송을 보면서 알게 된 사실은 그가 하루에 커피 스무 잔을 마시고 그것도 모자라 커피에 밥까지 말아 먹는 커피 중독자라는 것이다. 그의 모습은 커피 중독의 위험성을 널리 알리는 계기가 됐다.

2011년 9월 19일 한국방송(KBS) 2TV 〈대국민 토크쇼 안녕하세요〉에 나온 이 남성은 키가 173센티미터나 되는데도 몸무게는 48킬로그램밖에 되지 않았다. 심각한 저체중인 것이다. 마치 투병 중인 말기 암 환자처럼 보였다. 방송을 본 시청자들은 "너무 징그럽다", "이제 커피 못 마시겠다" 등의 반응을 보였다고 한다.

커피는 이제 대한민국에서 대세다. 커피 전문점이 최근 5년 새 여섯 배나 증가했다는 뉴스가 이를 방증한다. 불과 몇 년 전만 해도 커피 전문점 하면 '스타벅스' 정도만 떠올렸지만 어느새 도시 중심가는 물론이고 외곽에도 커피 전문점이 우후죽순처럼 들어서고 있다. 커피 전문 프랜차이즈 점도 그 이름을 일일이 외우기 힘들 정도로 많아지고 있다. 할리스, 톰앤톰스, 카페베네, 앤젤리너스커피, 파스꾸찌, 투썸플레이스. 커피빈 등. 커피 파는 곳도 과거 다방에서 커피숍, 다시 커피 프랜차이즈 점으로 점점 진화하고 있는 것이다.

최근에는 집에다 원두커피나 각종 커피를 만들어 먹을 수 있는 기기를 갖춰놓고 다양한 커피 맛을 즐기는 사람도 늘고 있다. 또 바리스타(커피 전문가)라는 새로운 미래 유망직업도 등장했다. 커피 전문점에서 벌어지는 이야기를 소재로 한 텔레비전 연속극까지 등장했다.

이제 술, 담배처럼 커피가 사라진 사회는 상상하기 어렵게 됐다. 커피는 커피에 머무르지 않고 우유와 만나 우유커피가 되고 아이스크림과 만나 커피아이스크림이 된다. 이 밖에도 커피사탕, 커피초콜릿 등 많은 다른 식품에 섞여 들어가고 있다.

'졸릴 때 커피 한 잔 하라'는 말을 흔히 듣는다. 커피를 끓여 보온병에 넣어가는 등산객들이 많다. 마라톤 대회에 가보면 커피를 끓여 무료로 나눠주는 자원봉사자들이 항상 보인다. 경기력 향상에 도움이 된다고 해서 나도 한 잔씩 마시고 뛰는 편이다. 손님 접대 때 과일과 함께 가장 많이 등장하는 것이 커피다. 식사 뒤 커피 한 잔이 일상이 돼버린 직장인이 많다. 눈 뜨자마자 커피를 찾는 사람도 있다.

인간이 커피를 알게 된 것은 꽤 오래됐다. 6~7세기께 에티오피아에 칼디라는 목동이 있었다고 한다. 그는 초원 지대에서 염소를 키웠는데 어느 날 염소들이 나무에 달린 빨간 열매를 많이 따먹고서는 흥분하여 마구 뛰어다니는 모습을 목격한다. 칼디도 호기심이 발동하여 이 열매를 따먹었다. 머리가 맑아지고 기분이 상쾌해지는 느낌을 받았다. 그는 이슬람 사원의 수도승에게 이런 사실을 말했다. 그 수도승도 이야기를 들은 뒤 이를 그냥 지나치지 않고 칼디처럼 열매를 먹어보았다. 참말이었다. 그 수도승은 다른 사원의 수도승에게도 이런 사실을 퍼트렸다. 그때부터 커피 열매는 '신비의 열매'가 되어 이슬람 제국에서 서서히 퍼져나갔다. 그리고 십자군 전쟁 때 유럽으로 다시 퍼져나갔다.

우리나라에서는 구한말 열강이 한반도 침략에 열을 올리던 시절 고종이 러시아 공사관에 피신을 가게 되는 사건, 이른바 아관파천 때인 1895년 당시 러시아 공사 베베르한테서 커피 대접을 받았다고 한다. 고종이 커피를 맛본 최초의 한국인인 셈이다. 그 뒤 황실에서는 종종 커피를 마셨으며, 민간에서는 독일계 러시아 여성인 손탁이 정동에 손탁호텔을 연 뒤 그 1층에 정동구락부를 만들어 커피를 판 것이 시작이었다고 한다.

그 뒤 1920년대부터는 명동과 충무로, 종로 등에서는 커피점이 생겨났고 지식인층이나 문학, 음악 등 예술을 하던 사람들이 커피를 즐겼다. 커피가 대중들이 즐겨 마시는 기호품이 된 것은 1945년 광복 후와 1950년 한국전쟁을 겪으면서 미군이 이 땅에 들어와 커피 문화를 널리 퍼뜨리면서부터다.

옛날부터 '신비의 열매'로 불렸던 커피는 그런 별명에 걸맞은, 매우 놀라운 의학적 효과를 지니고 있다. 알츠하이머나 치매 예방에 도움이 된다는 보고도 있고 담석증의 위험도 줄여준다는 보고도 있다. 인지 능력을 높여주고 파킨슨병의 위험도 낮춘다고 한다. 항당뇨와 진통 효과가 있으며 심장 및 간 보호와 일부 암 발생 억제 효과를 지니고 있다는 연구 결과도 있다.

커피는 천연 항산화제다. 변비 예방 효과도 보이고 치아 우식을 예방해주기도 하며 통풍 위험도 낮춘다고 하니 그야말로 신비의 열매라는 것이 결코 과장된 것만은 아닌 것 같다.

최근 미국 하버드대학 보건대학원의 알베르토 아스체리오 박사 연구팀이 커피를 하루에 네 잔 이상 마시는 여성이 커피를 마시지 않는 여성보다 우울증에 걸릴 가능성이 20퍼센트 낮다는 연구 결과를 얻어냈다. 연구팀은 우울증을 겪지 않은 평균 63세 여성 5만 명을 대상으로 이전 14년간 커피 섭취 습관을 조사해 섭취량에 따라 분류하고, 이후 10년간을 더 분석했다. 연구 결과 커피를 마셨을 때 우울증에 걸릴 확률이 낮았다. 카페인 함유 청량음료나 초콜릿을 비롯한 카페인 섭취에서도 비슷한 현상이 나타났다. 연구팀은 커피가 어떻게 우울증 예방 효과를 내는지 확실하지 않지만, 카페인에 반응하는 뇌 감각기관이 우울증과 파킨슨병에 중요한 대뇌와 다른 중추 부위를 연결하는 뇌저신경절에 집중돼 있었다고 밝혔다.

현대 과학자들이 밝혀낸 커피의 효능을 좀더 찬찬히 살펴보면 먼저 가장 널리 알려진 것은 단기 기억을 증진시킨다는 사실이다. 정기적으로 커피를 마시는 사람들을 대상으로 단순 반응 시간, 선택 반응 시간, 부수적인 언어 기억, 시공간 추론과 같은 영역에서 테스트를 한 결과 모든 테스트에서 정기적으로 커피를 마시는 사람들이 잘 수행했다. 시험 점수는 정기적으로 마신 커피 양에 비례했다. 특히 노인들에게서 그 효과가 가장 좋았다.

또 하루에 커피 3~5잔 정도를 마시는 집단은 커피를 전혀 마시지 않거나 조금 마시는 하루 0~2잔 섭취 집단에 견줘 나이가 들어 알츠하이머병에 걸릴 위험이 적다는 몇몇 보고가 있다. 지난 2009년에는 커피를 3~5잔 정도 마시는 집단은 알츠하이머 외에도 치매에 걸릴 위험도 낮다는 보고도 있었다.

미국 하버드대학 보건대학원이 수행한 2개의 연구 결과 커피 섭취는 담석증과 담낭(쓸개) 질환 발생의 위험을 낮추는 것으로 나타났다. 하지만 카페인을 제거한 커피에서는 이런 효과가 나타나지 않았다고 한다. 하루에

3.5잔 이상 커피를 마시는 집단은 전혀 마시지 않는 집단에 견줘 나이가 들어 파킨슨병에 걸릴 위험이 현저히 낮아졌다.

커피는 진통제, 특히 편두통과 두통 처방의 효능을 증가시킨다. 커피 섭취는 인슐린 비의존형인 2형 당뇨병 발병 위험을 최고 절반까지 낮추는데, 마시는 커피의 양에 비례해 그 위험이 낮아진다. 커피는 간경변증의 발생을 낮출 수 있다. 이 때문에 커피는 간경변증이 있는 환자에서 주로 발생하는 원발성 간암인 간세포암의 위험을 낮추어주게 된다.

커피는 우리나라 사람들의 사망 원인 1위인 암 발생 억제에도 효능이 있다. 난소암과는 관련이 없지만 구강암과 인두암, 후두암 발생 위험을 낮추는 것과 관련이 있는 것으로 나타났다. 간호사들을 대상으로 한 건강 연구에서는 폐경 여성에서만 유방암의 위험을 약간 낮추는 것으로 드러났다.

2008년 발표된 한 대규모 전향적 코호트 연구에 따르면 커피는 심혈관 질환으로 인한 사망 위험을 약간 낮춘다. 2009년 일본에서 이루어진 한 연구에서는 40~79세의 약 7만 7,000명을 대상으로 카페인이 든 커피 소비와 심혈관 질환 사망 위험 간의 상관관계를 조사한 결과 위험을 낮추는 것으로 나타났다.

커피는 장 연동 운동을 촉진하는 역할을 해서 때론 변비 예방 효과를 지닌 것으로도 알려져 있다. 하지만 커피가 위 운동을 지나치게 느슨하게 할 수 있다는 점을 알아둘 필요가 있다.

일반적인 믿음과는 반대로 적당히 마시기만 하면 커피의 카페인은 이뇨제로 작용하지 않는다. 따라서 커피 섭취가 탈수나 수분-전해질 불균형으로 이어지지 않는다. 현재까지의 증거로는 카페인 음료가 순수한 물과 같이 인체가 필요로 하는 수분을 보충시켜주는 역할을 한다.

또한 커피는 현대인들이 많이 관심을 가지는 항암물질인 메틸피리디늄을 포함하고 있다. 메틸피리디늄은 커피콩을 볶는 과정에서 날 커피콩에 흔한 알칼로이드의 일종인 트리고넬린에서 만들어진다. 이 물질은 카페인 커피와 카페인 제거 커피, 인스턴트커피 모두에 존재한다.

커피의 이런 장점을 살펴보면 너도나도 앞다퉈 커피를 즐겨 마시면 좋을 것 같다는 생각이 들 정도다. 하지만 설탕, 인공 감미료, 향료, 알코올 등 우리 주변의 많은 기호품처럼 커피가 좋은 성질만 있는 것은 아니다. 약이 독의 성질을 함께 지니고 있고 인간이 선과 악의 양면을 지니고 있듯이 커피도 나쁜 성질이 있다.

볶은 커피에는 1,000가지가 넘는 화학물질이 있다고 보고됐으며 이 가운데 19종은 설치류에서 발암물질로 확인됐다. 하지만 설치류에서 발암성을 지녔다고 해서 이 물질들이 모두 인간에게서도 발암성을 지녔다고 해석해서는 곤란하다. 국제암연구소는 어쨌든 커피를 발암 가능 물질, 즉 그룹 2B로 분류해놓고 있다. 2011년 5월 이 그룹에 포함시킨 휴대폰 전자파와 같은 수준이다.

커피는 먼저 위장관의 표면에 손상을 줘 위염과 위궤양을 일으킬 수 있다는 사실을 명심하자. 위염이나 대장염, 궤양 등을 지닌 사람은 커피를 삼가는 것이 좋다.

대부분의 커피 애호가들은 흔히 '커피 신경과민'에 시달리는데 이는 너무 많은 커피를 마실 경우 생기는 신경 증상이다. 커피를 너무 많이 마실 경우와 커피 금단 증상으로 불안과 홍조가 유발될 수 있다. 또 어떤 경우에는 불면증을 유발할 수 있다.

2007년 미국 베일러대학 의과대학 연구팀은 커피콩에만 발견되는 카페스톨과 카웨올이라는 디터펜분자가 사람에서 나쁜 콜레스테롤로 알려진 저밀도지질단백질(LDL)의 농도를 높인다는 연구 결과를 내놓았다. 이를 근거로 연구진은 커피가 콜레스테롤을 높일 수 있다고 경고한다.

종이 커피 필터는 지질성 화합물과 결합하는 성질을 지니고 있어 커피에서 발견되는 카페스톨과 카웨올은 필터를 통해 제거된다. 하지만 종이 필터를 사용하지 않고 프레스포트 따위를 사용하는 원두 방법은 카페스톨과 카웨올을 제거하지 못한다.

임신부는 커피를 주의해야 한다. 카페인 분자는 매우 작아 태반막을 통과해 태아의 혈류에 쉽게 녹아 들어가기 때문이다. 성인과 달리 태아의 장기 조직과 시스템은 완전히 발달되지 않은 상태여서 카페인을 충분히 대사해 이를 배출할 수 있는 능력이 없다. 많은 커피를 임신 중 마신 1만 8,478명의 여성을 대상으로 해 2003년 네덜란드에서 이루어진 한 연구에서 커피는 조산의 위험을 매우 높이는 것으로 나타났다. 하지만 출생 후 1년 이내 사망하는 영아 사망률 위험은 증가시키지 않았다.

이 보고서는 "하루에 4~7잔 정도의 역치가 있는 것 같다"고 밝혔다. 하루 8잔 이상 마시는 커피 애호가 임신부는 전혀 마시지 않는 임신부에 견줘 220퍼센트나 조산 위험이 높았다. 이 연구는 재현되지는 않았지만 이를 계기로 의사들은 임신 중 과다한 커피 섭취를 하지 말 것을 임신부들에게 권고하고 있다.

커피는 또 임산부와 유아에서 철분결핍빈혈증을 유발할 수 있다. 커피가 보충 철분의 흡수를 방해하기 때문이다.

커피의 이러한 유해성은 카페인이 인체에 있는 아데노신이라고 불리는 화합물질의 작용을 방해하기 때문이다. 아데노신은 신경신호에 관여하는 화합물로 조절자 구실을 한다. 이 물질은 다른 인체 시스템에서 각기 다른 방법으로 영향을 주는데 각 경우에 아데노신은 활동을 활성화하는 것이 아니라 낮추는 구실을 한다. 아데노신은 어떤 특정 세포의 표면에 있는 특정 수용체에 붙어 이를 잠가버린다.

카페인은 아데노신과 똑같은 수용체에 결합하는데 만약 이 수용체를 카페인이 먼저 점령해버리면 아데노신은 여기에 내려 앉아 조절 효과를 발휘할 수 없게 된다. 그 결과 이들 세포의 활동은 조절될 수 없다. 즉 세포 활성을 낮출 수 없다. 이것이 커피가 촉진제로 인식되는 이유인 것이다.

카페인이 인체에 끼치는 악영향은 노출정도로 봐서는 보통이며 실제 피해규모는 비교적 작은 편이다. 카페인이 모든 수용체에서 아데노신 분자와 경쟁해서 늘 이기는 것이 아니기 때문이다. 게다가 카페인은 3~6시간 안에 신속히 대사되어 몸에서 제거된다.

한편 카페인은 이전에는 고혈압의 위험을 높이는 것으로 알려졌으나 최신 연구에서 그 연관성을 찾지 못했다. 15만 5,000명에 달하는 여성 간호사를 대상으로 12년간 연구한 결과 많은 양의 커피 섭취가 혈압을 위험할 정도로 높이지는 않는 것으로 나타났다.

커피의 편익성과 유해성을 두루 살펴본 결과를 바탕으로 우리는 이런 결론을 내릴 수 있을 것 같다. 커피는 적당히 마시면 좋다. 하지만 과하면 해롭다. 특히 임신부와 특정 질환을 가진 사람은 주의해야 한다. 최근 우리나라에서도 그 환자가 크게 늘고 있는 역류성 식도염 환자에게 의사는 커피를 되도록 피하라고 권고한다.

커피가 어디어디에 좋다고 해서 많이 마시면 오히려 몸에 해롭다. 커피는 항암성과 발암성을 동시에 지니고 있다. 그리고 카페인은 사람에 따라 민감성이 크게 차이가 난다는 점을 명심할 필요가 있겠다. 하루에 6~7잔을 마셔도 잠을 잘 자는 사람이 있는가 하면 잠을 자지 못해 곤란을 겪는 사람이 있을 수 있다는 것이다. 커피를 적당히 즐기면 건강에도 좋지만 지나치게 즐기면 건강을 해치고 중독된다.

커피믹스의 카세인나트륨은 해로운가?

어느 유명 식품회사가 지난 2010년 12월 조제커피(커피믹스) 시장에 새로 진출하면서 "우리는 커피믹스 제품에 화학합성품인 카세인나트륨 대신 진짜 우유를 사용한다." "그녀의 몸에 카세인나트륨이 좋을까? 무지방 우유가 좋을까?" 등의 광고를 대대적으로 하면서 마치 '카제인'(카세인이 올바른 표기법임) 성분이 몸에 좋지 않은 물질인 것처럼 오인한 소비자들이 많다.

소비자들은 카세인나트륨이 화학합성품이라는 말에 대부분 기분이 꺼림칙하다는 반응을 보였다. 웰빙 바람을 타고 요 근래 화학이나 합성이라는 말을 들으면 이는 곧 몸에 좋지 않거나 바람직하지 않은, 싸구려나 질 낮은 것으로 생각하기 때문이다. 또 카세인과 우유를 비교한 광고 탓에 카세인을 우유와 관계없는, 공장에서 인공적으로 만든 화학물질로 여기도록 만들었다. 이는 교묘한 상술과 광고가 빚어낸 한 편의 코미디다. 카세인은 우유 성분이고 단백질이므로 결코 화학적으로 합성할 수가 없기 때문이다. 이 회사가 말한 '카제인나트륨'은 카세인에다 나트륨(Na, 소듐)을 붙여 만든 염으로 카세인이 물에 잘 녹지 않기 때문에 물에 잘 녹도록 하기 위해 화학반응으로 카세인염, 즉 카세인나트륨염을 만든 것에 불과하다.

우유에서 우유단백질을 분리하는 과정에서 수산화나트륨과 같은 알칼리 처리를 하고 섭씨 80~90도로 열을 가하면 카세인단백질만 녹아나온다. 여기에 단지 물에 잘 녹도록 하기 위해 나트륨을 결합시킨 것이 카세인나트륨이다. 알칼리 처리를 했다고 해서 화학합성품이란 용어를 사용한 것으로 보인다. 카세인나트륨은 식품에 관한 세계 최고 기구라 할 수 있는 JECFA(Joint FAO/WHO Expert Committee on Food Additives, 국제식량농업기구/세계보건기구 합동식품첨가물전문가위원회)에서 1일 허용 섭취량을 설정하지 않을 만큼, 즉 많이 먹어도 별 문제가 없는, 안전성이 확인된 물질이다. 따라서 카세인나트륨에 마치 문제가 있는 것처럼 광고를 한 것 자체가 문제다. 물론 광고를 한 회사는 우리는 그런 적이 없다고 오리

발을 내밀겠지만.

　카세인나트륨 유해 논란과 관련해 정말 어처구니없는 것은 이 회사가 불과 2~3년 전만 해도 자신들이 제조 및 판매한 유아용 분유와 요구르트 등 어린이용 유제품에 카세인을 사용했다는 사실이다. 어린이 유제품에 들어간 물질은 카세인가수분해물, 카세인포스포펩티드 등으로 이는 카세인에 화학물질을 처리하거나 화학적 성분을 결합한 물질이다. 이 회사가 사용한 표현법을 빌리면 화학합성품이다.

　이 회사는 지난 1991년 파스퇴르유업이 "N유업의 분유 제품에 양잿물을 사용해 만든 카제인 성분이 첨가됐다"고 주장했을 당시 "카제인나트륨은 아기에게 매우 유익한 영양성분"이라며 적극 대응한 바 있다. N유업이 카세인의 나트륨염을 만드는 과정에서 수산화나트륨(NaOH)을 사용한 것을 두고 파스퇴르가 수산화나트륨이란 과학용어 대신에 소비자들이 거부감 또는 혐오감을 느끼도록, 의도적으로 양잿물이란 단어를 사용한 것이다.

　파스퇴르유업은 1988년부터 오랫동안 이런 네거티브마케팅으로 짧은 기간에 소비자들의 인지도를 높이는 데 성공했는데, 그 피해자 가운데 하나였던 N유업이 조제커피 시장에 진출하면서 똑같은 수법을 써먹은 것이다.

　우리나라는 그동안 이와 유사한 사건을 여러 차례 겪었다. 하지만 시간이 지나면서 소비자들은 그런 사건의 자세한 내용을 망각한다. 바로 이 망각을 이용한 상술이 2010년대에도 버젓이 다시 등장한 것이다. 만약 단백질인 카세인을 '커피믹스'에까지 다량 넣을 수 있을 정도로 그렇게 쉽고 값싸게 대량 합성할 수 있는 기술을 그 회사가 지니고 있다면 그 기술을 개발한 연구원은 아마 노벨화학상을 탈 수 있을 것이다.

　유해성이나 제품에 별 문제가 없는데도 문제가 된 것 가운데 대표적인 것이 우지라면 파동이다. 1989년 인체에 아무런 해가 없는 삼양식품의 쇠기름(우지) 라면을 유해한 공업용 기름이란 딱지를 붙여 검찰이 철퇴를 가하는 바람에(하지만 대법원에서 무죄평결을 받았음) 라면업계 2위를 하던 농심이 팜유를 사용한 덕분으로 라면파동에서 한발 비켜나 순식간에 잘나가던 삼양식품을 제치고 1위로 뛰어오르는, 웃지 못할 비극적인(삼양식품으로서는) 식품파동의 역사를 우리는 지니고 있다. 이 때문에 일부 식품회사만 애꿎은 일을 당한 채, 엉터리 수사를 하고 기소한 검찰과 담당 검사와 간부는 아무런 제재도 받지 않았을 뿐만 아니라 오히려 승승장구한, 참으로 기막힌 일도 있었다.

　1988년에는 신생 파스퇴르유업이 저온살균법의 우유를 들고 새로이 우유 시장에 뛰어들면서, 당시 거의 모든 회사들이 사용하던 고온순간살균법이 우유의 영양성분을 많이 파괴하는 매우 나쁜 것인 양 대대적으로 선전해 신구 우유업체 간 '전쟁'이 벌어지기도 했다. 또 그동안 많은 이들이 거의 모든 음식에 감칠맛을 내기 위해 즐겨 첨가했던 글루탐산나트륨(MSG)에 소비자단체가 화학조미료란 딱지를 붙여 국민들로 하여금 몸에 좋지 않은 식품첨가물이란 각인을 하도록 만들었다. 그리고 국제소비자기구가 1985년 10월 16일을 '화학조미료 안 먹는 날'로 제정해 대대적인 반대 캠페인을 벌인 것에 우리 소비자단체들도 적극 동참해 국내 행사를 펼침으로써 MSG에 대한 거부감은 순식간에 널리 퍼져나갔다.

　사실 MSG는 화학조미료가 아니라 발효조미료이다. MSG 주성분인 글루탐산도 아미노산의 일종으로 인공적으로 합성하지 않는다. '미원', '미풍'이란 상품명으로 더 잘 알려진 MSG는 다시마에 듬뿍 들어 있어 감칠맛을 내는 글루탐산을 생산하기 위해 이 아미노산을 많이 만들어내는 특수미생물을 발효공법으로 길러 글루탐산만을 정제해내 만든 조미료다. 이때 물에 잘 녹고 눈에 보이는 결정 형태로 글루탐산을 만들려면 염의 상태로 만들어야 하는데 이를 위해 나트륨을 화학반응으로 글루탐산에 붙인 것이 MSG이다. MSG란 말은 'Mono Sodium Glutamate'의 약자로 글루탐산에 소듐(나트륨)을 하나(Mono) 갖다 붙였다는 뜻이다.

　MSG는 라면 스프나 조미료, 과자 등에 들어 있는 식품첨가물로, 식품에 감칠맛과 향을 더하는 작용을 한다. 그런데 1960년대 말, 다량의 MSG를 섭취하면 두통, 근육경련, 메스꺼움 등의 증상이 나타난다는 보고가 나왔다. 주로 중국음식을 먹고 나서 이러한 증상이 생긴다고 해서 '중국음식점 증후군'으로도 불렸다.

　당시 미국 식품의약품청(FDA)은 MSG의 하루 섭취량을 제한했고 신생아용 음식에는 첨가 자체를 금지했다. 아마 당시 MSG의 대부분을 일본과 한국이 생산하지 않고 미국만 생산해 전 세계에 판매했다면 이런 규제 조치는 없었거나 신중히 했을 것이다. 하지만 이후의 연구에서 MSG와 이런 증상이 전혀 관련 없다고 증명되면서 이런 제한은 모두 해제됐다. 우리나라 식품의약품안전청(이하 식약청)에서도 2010년에 MSG를 평생 먹어도 무해하다는 발표를 한 바 있다.

MSG에 씌운 낙인은 이미 오래전에 사라졌지만 소비자들의 기피는 여전하고 소비자단체의 안 먹기 운동도 계속되고 있다. 낙인은 지웠지만 낙인 효과는 좀처럼 사라지지 않고 있는 것이다. 이는 아직도 많은 식품업체들이 자신들이 내놓은 제품에 MSG 무(無) 첨가표시 등을 하는 것에서 방증되고 있다. 그렇다면 이들 회사가 선전하는 제품에는 MSG의 주성분인 글루탐산이 전혀 없는 것일까? 글루탐산은 단백질의 구성성분인 아미노산의 일종으로, 일반적으로 단백질 식품에 구성성분으로 존재한다. 때문에 글루탐산은 식품성분에도 들어 있다. 유제품, 육류, 어류, 채소류, 해조류 등 동식물성 단백질에 함유돼 있으며 식품에 천연 구성성분으로도 존재한다.

그렇다면 MSG는 사용을 장려해야 하는가. 물론 이는 소비자의 선택 문제이기는 하지만 MSG를 사용하지 않고 맛깔난 음식을 만들어낸다면 이보다 더 좋을 수는 없다. 단지 MSG 사용을 획일화한 맛과 같은 문제가 아니라 유해성 차원에서 기피할 필요가 없다는 것을 말하고 싶다.

이 밖에도 자신들은 천연 첨가물을 사용했거나 천연 제품이란 선전을 하면서 다른 회사 제품은 인공 또는 화학합성품을 사용했다고 은근슬쩍 비난하는 경우도 심심찮게 볼 수 있다. 이런 환경과 사회적 분위기 속에서 카세인나트륨에 화학합성품이란 낙인을 찍은 이 식품회사의 조제커피 신제품은 불타나게 팔려 불과 1년 만에 1위 회사를 턱밑까지 치고 올라가는 기염을 토했다. 하지만 그 진실이 드러나면서 최근 이 회사는 그 반작용으로 방송프로그램이나 신문보도를 통해 소비자들의 화학합성품에 대한 거부 심리를 교묘하게 이용한 '사기성 상술'이란 비판을 받고 있다.

카드뮴 낙지, 아무나 '막' 먹어도 되는가?
위험에 '평균'은 없다

우리는 언제 어디서 어떤 위험에 처할지 아무도 모른다. 갑작스런 폭우로 개울을 건너다 물에 휩쓸려 목숨을 잃기도 하고, 횡단보도 앞에 서 있다 돌진하는 차량에 치이기도 한다. 신종플루 등 각종 전염병과 질병의 위협에 시달리기도 한다. 식중독이나 식품 속 유해물질도 걱정해야 하는 세상이다.

이런 위험들 가운데 어쩔 수 없는 위험이 있고 우리가 얼마든지 피할 수 있는 위험이 있다. 스키를 타다가 넘어져 큰 부상을 입거나 목숨을 잃는 위험은 스키만 타지 않으면 피할 수 있는 위험이다. 반면 길거리나 실내에서 흡연자들이 마구 담배를 피운다면 간접흡연의 위험은 아무리 피하려고 해도 피하기 어렵다.

위험은 두 가지 성격을 함께 지니고 있다. 위험을 일으키는 유해물질(hazard)의 특성과 이 물질에 얼마나 노출될 가능성(probability)이 있는가 하는 것이다. 독성이 강한 것일수록 더 주의를 하고 위험을 느낀다. 하지만 아무리 독성이 강하고 위험한 성격을 지녔다고 하더라도 노출될 가능성이 없으면 그것은 전혀 위험하지 않다. 자동차가 다니지 못하는 산골마을에서 1년 내내 한 발짝도 외부로 나가지 않는 사람에게 교통사고의 위험은 제로다. 반면 자동차로 매일 100킬로미터 이상씩 다니는 사람에게 교통사고는 매우 현실적인 위험이다.

위험은 이를 바라보는 사람이 누구냐에 따라 그 위험 정도를 느끼는(perception) 것이 판이하게 다르다. 전문가들과 위험 관련 규제기관(예를 들자면 농림수산식품부, 보건복지부, 식품의약품안전청 등)은 과학적이고도 객관적으로 위험을 평가할 수 있고 이런 평가를 바탕으로 위험 인식과 위험 관리가 이루어져야 한다고 생각하는 경향이 있다. 이들은 한국인들이 벼락 맞아 죽을 위험이 얼마고 미국산 수입 쇠고기를 먹고 인간광우병에 걸릴 위험도가 얼마냐 따위를 따진다. 그래서 전문가들과 규제기관들은 이 위험은 저 위험보다 얼마나 더 위험한지를 비교한다. 그리고 인구 평균적인 위험에 대해 관심을 쏟아 어떤 유해물질에 어떤 농도로 평생 노출될 경우 인구 10만 명당 1명이 질병에 걸릴 위험을 따진다. 이를 바탕으로 위험 관리를 하며 공중과 리스크 커뮤니케이션을 하려 한다.

반면 일반대중은 위험을 매우 직관적이고 절대적으로 받아들인다. 이들은 위험이 전혀 없는 '제로 위험'을 지향하며 인구 평균적이 아닌 나 자신에게 그 위험이 어느 정도인지를 알고 싶어한다. 그리고 여행, 스키, 흡연(간접흡연은 제외), 음주와 같은 자발적 행위에 따른 위험 수준이 자연재해와 같은 비자발적 위험보다 1,000배 이상 높다고 하더라도 이를 기꺼이 받아들이려 한다. 반면 비자발적인 위험에 대해서는 제로 위험을 원하며 약간 위험하다 하더라도 매우 민감하게 반응한다. 또 그동안 잘 알려지지 않은 위험이나 식별하기 어려운 위험, 영향이 즉각 나타나지 않고 오랜 시간이 지나 나타나는 위험, 새로운 위험, 통제 불가능한 위험, 지구재앙을 초래

하는 위험, 집단에 따라 달리 작용하는 불공평한 위험, 미래 세대에까지 영향을 끼치는 위험, 쉽게 줄일 수 없는 위험 등에 대해서도 더 크게 위험을 느낀다는 것이 전문가들의 위험 인식 연구에서 드러났다.

전문가와 위험 규제기관은 대중의 이런 위험 인식을 바탕으로 위험 관리(리스크 매니지먼트)와 위험 소통(리스크 커뮤니케이션)을 하는 것이 매우 중요하다. 이런 관점에서 볼 때 2010년 문제가 된 낙지 내장의 카드뮴 위험과 관련한 리스크 커뮤니케이션과 위험 관리가 제대로 됐는지를 따져보자.

낙지의 내장과 먹물에 기준치 이상의 카드뮴이 검출됐다는 서울시의 결과 발표 뒤 식품의약품안전청은 9월 30일 연체류(낙지, 문어) 및 갑각류(꽃게, 홍게, 대게) 국내산 109건과 수입산 87건 등 모두 196건(낙지 67건, 문어 46건, 꽃게 47건, 홍게 21건, 대게 15건)을 수거해 검사한 결과를 발표했다.

식약청은 검사 결과 납과 카드뮴 모두 기준치(2.0피피엠) 이하였다고 밝혔다. 식약청은 내장을 포함한 낙지의 경우 카드뮴은 국제적 잠정주간섭취허용량(PTWI, Provisional Tolerable Weekly Intake)인 $7\mu g/kg$(몸무게)(유럽연합은 카드뮴의 경우 독성과 발암성이 커 2009년 이를 $2.5\mu g/kg$으로 이보다 3배가량 더 강화한 바 있다)의 평균 1.48퍼센트, 최대 10.06퍼센트에 지나지 않는다고 덧붙였다(53쪽 표 참조).

식약청은 이런 위험(위해) 분석을 바탕으로 낙지는 머리(내장)째 먹어도 괜찮다는 메시지를 발표했다. 과연 정말 그럴까? 대한민국 국민 모두가 낙지 머리를 안심하고 하루에 2~3마리씩, 1년에 수백 마리씩 먹어도 건강에 아무런 위해가 되지 않을까? 지금부터 이를 찬찬히 따져보자.

서울시 조사 결과와 같이 식약청 조사에서도 내장(머리) 부위는 다리 부분에 견줘 카드뮴 함량이 34배가량 높았다. 문어의 경우 내장 부위가 다리 및 몸통 부위보다 카드뮴 함량이 22배 이상 많았다. 꽃게, 홍게, 대게의 경

카드뮴 위해 평가 결과표 (식약청 국민건강영양조사, 2008)

품명		카드뮴 함량 (mg/kg)	식품 평균섭취량 (g/week)	카드뮴 PTWI (%)
낙지	평균	1.40	5.49	1.48
	최대	7.058		10.06
문어	평균	0.877	0.97	0.22
	최대	3.569		0.90
꽃게	평균	1.418	6.53	2.40
	최대	7.281		12.35
대게	평균	3.430	0.08	0.07
	최대	6.905		0.14
홍게	평균	4.815	0.08	0.10
	최대	36.438		0.75

우도 내장 부위의 카드뮴 함량이 8~51배나 높았다(54쪽 표 참조). 연체류와 갑각류 모두 내장 부위에 카드뮴 등 중금속이 집중적으로 들어 있다는 것이 확인된 것이다. 이로써 서울시의 조사 결과 자체는 문제가 없는 것으로 드러난 셈이다.

다만 그 결과를 바탕으로 한 위험 소통, 즉 리스크 커뮤니케이션에서 큰 차이가 날 뿐이다. 한쪽(서울시)은 "내장 부위는 되도록 먹지 말라"는 것이고 다른 한쪽(식약청)은 "별 문제가 없으므로 안심하고 먹어라"는 것이다. 이렇게 되면 사람들은 어느 장단에 맞춰 춤을 춰야 할지 헷갈린다. 식품 전문가나 독성 전문가, 중금속 전문가, 그리고 이들이 관여하는 관련 학회 등 전문가 집단에서도 확실한 답을 내놓지 않는다. 그래도 낙지와 문어는 우리 식탁에서 빼놓을 수는 없다. 어떤 것이 낙지 카드뮴과 관련한 현명한 위험 인식이고 위험 관리일까?

1마리당 카드뮴 평균 함량 산출값(µg은 0.000001g, 식약청)

구분(시료수)	절대량	내장부위	먹는 부위	안 먹는 부위 집중도(%)
낙지(n=67)	142µg	138.1µg	4µg	98.0
문어(n=46)	622.5µg	596µg	26.5µg	95.6
꽃게(n=47)	99.6µg	89.2µg	10.4µg	89.6
홍게(n=21)	687.6µg	674.1µg	13.3µg	98.0
대게(n=15)	519µg	490.1µg	28.9µg	93.7

　식약청은 2008년도 국민건강영양조사 결과를 바탕으로 우리 국민의 주당(1주일간) 낙지 섭취량을 5.49g으로 계산해 잠정주간섭취허용량(PTWI) 초과 여부와 그 정도를 분석했다. 주당 낙지 섭취량은 사람에 따라 천차만별이다. 1년에 단 한 번도 낙지를 먹지 않는 사람도 수두룩한 반면 하루가 멀다 하고 낙지를 먹는 사람도 있다. 따라서 이런 평균은 실제 개인들의 개별 위험을 살피는 데는 별 도움이 되지 않는다.

　만약 낙지가 많이 잡히는 해안가 지방에서 낙지를 즐겨 먹는 사람이 있다고 하자. 그가 1주일에 서너 차례 낙지를 먹고 한 번 먹을 때마다 한 마리당 150g 정도 되는 낙지 2~3마리를 먹는다고 하자. 그의 주간 낙지 섭취량은 900(최저)~1500(최대)g이 된다. 이는 한국인의 평균 주간 낙지 섭취량의 163~273배나 된다.

　이 정도가 되면 그 가능성이 낮기는 하지만 카드뮴 함량이 매우 높은 낙지 내장을 함유한 낙지만 계속 먹을 경우 카드뮴 주간섭취허용량의 무려 16~27배에 이른다. 가능성이 높은 경우를 따져 카드뮴 농도 평균치인 낙지만 먹는다 해도 카드뮴 섭취 주간섭취허용량을 훌쩍 넘게 된다.

낙지를 즐겨 먹는 사람은 낙지만 먹지는 않을 것이다. 다른 조개, 생선, 해조류 등과 함께 야채, 밥과 빵 등 곡류도 함께 먹을 것이다. 이들 식품을 통한 카드뮴 섭취량은 앞선 계산에서 죄다 빠져 있으므로 이들을 함께 고려한다면 낙지를 즐겨 먹는 사람의 경우 카드뮴 섭취량은 매우 높을 수밖에 없다.

그런데도 식약청은 대한민국 평균 수치를 내세워 대한민국 모든 사람이 안심해도 좋다는 위험메시지를 내놓았다. 필자의 메시지는 다르다. 낙지를 전혀 먹지 않는 사람과 기껏해야 한 달에 한 차례 정도 낙지를 먹는 사람은 낙지 속 카드뮴을 염려할 필요가 없다. 하지만 낙지를 즐겨 먹는 사람, 적어도 1주일에 한 차례 이상 먹는 사람은 낙지 몸통과 다리는 먹되 머리는 먹지 말라는 위험메시지를 보내고 싶다.

위험 메시지는 평균 수치를 내세워 전달해서는 안 된다. 대한민국에는 다양한 사람들이 존재하고 식품을 섭취하는 행태도 다양하므로 이런저런 조건에 걸맞은 메시지를 개발해 전달해야 한다. 특히 식품 관련 위험은 유해물질 취약 계층(카드뮴의 경우 어린이와 임신부 등)이나 그 식품을 즐겨 먹는 사람들까지 모두 아울러서 그들이 위험을 회피하거나 줄일 수 있는 메시지를 만들어 발표해야 한다.

낙지 머리(내장) 카드뮴 오염 파동은 자연을 오염시키면 먹을거리도 오염되고 그 결과 우리가 안심하고 먹을 수 있는 것도 점차 줄어든다는 것을 다시 한 번 일깨워주고 있다.

카드뮴
Cadmium

    카드뮴(Cadmium)은 화학원소로 기호는 Cd, 원자번호는 48이다. 무르고 청백색의 독성이 있는 전이금속으로 아연 광석에서 산출되며 전지를 만드는 데 주로 쓰인다.

    카드뮴은 독성이 강하여 체내에 잘 축적되고 배출되지 않으며 증기는 인체에 매우 유독하여 중독 증상을 나타낸다. 니켈 6가 크롬 등과 함께 암을 일으키는 발암중금속으로 잘 알려져 있다. 이타이이타이병이 대표적인 카드뮴 중독 질환으로 일본에서 1940년대 중반부터 환자가 발생하기 시작했다. 하지만 사건이 터지기 전까지는 주민이나 정부, 전문가 등 어느 누구도 그 원인에 대해 별로 관심이 없었다. 주민들에게서 집단적으로 환자가 발생하고 난 뒤에야 비로소 전문가들이 1955년 학회에 처음 보고했다. 그로부터 공해병으로 인정되기까지 다시 10여 년의 세월이 걸렸다. 1968년 일본 정부는 '카드뮴에 의해 뼛속 칼슘분이 녹아서 생긴 신장장애와 골연화증'이라고 발표했고, 그해 공해병으로 인정하기에 이르렀다. 도야마현 진즈강 상류에 있던 미쓰이 금속광업소가 버린 폐광석에 들어 있던 카드뮴이 주변 토양과 하천을 오염시켰고 이 오염된 물을 가지고 벼농사를 지어 쌀을 먹었던 것이 원인으로 드러났다. 하류 지역 주민들은 초기에는 뚜렷한 증상이 없어 위험을 느끼지 못할 수 있다. 하지만 카드뮴이 뼛속에 쌓이고 이 때문에 칼슘을 흡수하지 못하면서 칼슘 부족이 겹쳐 골절, 골연화증 등이 일어났다. 이 병에 걸리면 뼈가 약해져 엄청난 고통이 뒤따른다. 실제 이 지역 주민들은 하도 뼈마디가 쑤셔서 늘 "이타이, 이타이"란 말을 입에 달고 살았다. 이는 우리말로 "아프다, 아프다"라는 뜻이다. 우리나라 사람들이 병 이름치곤 듣기에 이상하다고 여길 수 있는 이타이이타이병은 이런 유래를 갖고 있다.

    카드뮴 중독은 이 병의 역사에서도 알 수 있듯이 카드뮴으로 오염된 곡물이나 채소, 어패류, 육류 따위를 먹을 경우 걸릴 수 있다. 식물은 카드뮴을 토양으로부터 잘 흡수한다. 한번 식물 속으로 들어간 카드뮴은 식물세포 내부에 존재하므로 먹기 전에 열심히 씻는다고 없어지지 않는다. 중금속 등으로 오염된 토양에서 자랐다고 여기는 야채나 산나물은 채취해 먹지 않는 것이 상책이다.

카드뮴이 사람이나 동물에 축적될 경우 주로 간과 콩팥에 쌓인다. 흰쥐나 원숭이를 이용해 동물실험을 한 결과 장관(腸管) 내 흡수율은 2~5퍼센트 정도로 나타났지만 사람의 경우 1.5~39퍼센트로 그 범위가 매우 넓다. 일반인들은 그 가능성이 희박하지만 용접 등을 하는 노동자나 도금 등을 하는 작업자의 경우 증기 상태의 카드뮴을 들이마실 경우 폐에 10~40퍼센트가 쌓인다.

일반인들이 카드뮴에 직접 노출될 일은 거의 없다. 따라서 카드뮴으로 오염된 식품을 섭취하지 않으면 카드뮴 중독을 걱정할 필요가 없다. 하지만 2010년 일부 수입산 낙지 내장 등에서 카드뮴이 다량 검출돼 논란을 빚었던 사건에서 보았듯이 어패류나 일부 곡물, 채소 섭취를 통한 카드뮴 중독 또는 카드뮴 축적으로 인한 건강 장해는 주의할 필요가 있다. 또 광물 제련소에서 증기나 미세먼지 상태로 카드뮴을 대기 중으로 뿜어내고 이를 계속해서 인근 주민들이 들이마실 경우는 문제가 될 수도 있다.

결국 카드뮴으로 인한 건강 피해를 막기 위해서는 공기 중이든, 폐수로든 카드뮴이 방출되는 것을 엄격하게 규제하고 관리하는 것이 가장 중요하다. 이와 함께 한국인들이 즐겨 먹는 곡물이나 야채, 소와 돼지의 뼈, 간, 콩팥, 어패류의 내장 등을 정기적으로 검사해 카드뮴 등 중금속에 오염된 먹을거리가 식탁에 오르지 않도록 해야 할 것이다.

- 구입하는 식품(가공식품)의 포장지에 표시된 열량과 성분, 특히 첨가물 성분과 첨가물의 종류를 확인하는 습관을 기른다.
- 색소나 향료(특히 인공 색소나 인공 향료)가 들어 있는 제품은 되도록 피한다. 평소 너무 진한 색깔의 식품(예를 들면 컬러 초콜릿이나 캐러멜 색소 등)이나 하얀 식품(표백제 사용 가능성)은 피한다.
- 중금속이나 다이옥신 등 잔류성 유기오염물질(POPs)이나 방사성물질이 생물농축되는 식품(예를 들면 참치나 상어 등 먹이사슬 꼭대기에 있는 물고기)은 과다섭취를 피한다. 특히 어린이와 임신부 등 이들 유해물질 취약계층은 더욱 그렇다.
- 되도록이면 단 식품(술 포함)은 멀리한다. 어릴 때부터 단 음식에 길들여지지 않도록 한다.
- 축산식품이나 수산물 가운데 중금속이나 유해물질이 축적될 수 있는 부위(예를 들면 콩팥이나 간, 낙지와 오징어, 주꾸미의 내장 등)는 청정하게 키운 것이거나 깨끗한 강이나 바다에서 잡았다는 확실한 물증이 없는 한 먹지 않는 것이 좋다. 특히 이들 부위를 즐겨 먹는 집단은 유의하는 것이 좋다.

□ 싱겁게 먹는 습관을 기르며 기름에 튀긴 식품은 조리 뒤 되도록 빨리 먹고 가능한 한 기름을 사용한 식품은 많이 먹지 않는 것이 좋다.
□ 자기 전에 커피를 마시거나, 역류성 식도염 환자의 경우 커피를 마시는 것을 삼가자.
□ 커피를 마시지 않으면 두통이 생기거나 왠지 불안한 사람들은 커피 중독을 의심해야 하므로 커피를 끊거나 줄이려는 노력을 해야 한다.

생활환경

현대인의 생활환경은 과거보다 더 편리하고 안전한 방향으로 바뀌고 있다. 하지만 꼭 그렇지만은 않다는 것이 종종 뉴스를 통해 들려온다. 이제는 초등학생에게까지 없어서는 안 될 필수품이 되어버린 휴대폰에서 나오는 전자파가 인체에 암을 일으킬 수도 있다는 2011년 세계보건기구의 공식발표가 그렇고, 가정에 전기를 공급하는 송전선 또한 어린이 백혈병을 일으킬 위험성이 있다는 보도가 그렇다. 뿐만 아니라 실내 습도를 높여 감기를 예방하고 기관지를 보호해줄 것이라고 믿고 사용한 가습기에 첨가한 살균제가 되레 많은 사람, 특히 임신부와 어린아이들의 목숨을 앗아가는 세계 초유의 사태가 대한민국에서 벌어졌다.

인간의 문명을 지탱해주는 과학기술의 산물이 우리의 삶을 안락하고 편리하게 만드는 것은 분명하지만 건강에 심각한 악영향을 끼칠 수도 있다는, 이런 양면성을 지닌 문명이기에 어떻게 대처해야 할까. 위험을 피하거나 최소화하면서 이들과 함께할 수 있는 길은 없을까.

우리를 둘러싸고 있는 자연환경 가운데에도 위험 요소가 존재한다. 자외선이 대표적이다. 20~30년 전만 해도 햇빛의 자외선은 그리 신경을 쓰지 않았지만, 지금은 다르다. 일기예보에서는 하루에도 몇 차례씩 자외선 지수를 알려준다. 자외선을 효과적으로 피하는 방법이 궁금하다.

휴대폰 쇼크,
세계보건기구 '뇌암 경고'의 진실은?
휴대전화 전자파의 위험학

휴대전화에서 나오는 전자파가 발암 가능성이 있다는 2011년 5월 31일 세계보건기구(WHO)의 발표는 전 세계인의 관심을 끄는 핫뉴스가 되기에 충분했다. 휴대전화는 현대인과는 떼려야 뗄 수 없는 생활필수품이기 때문이다. 현재 전 세계에 50억 대의 휴대전화가 보급돼 있다. 암 또한 전 세계인이 가장 많은 관심을 가지는 질환이다. 한국인의 경우 사망 원인 1위가 암이지 않은가.

그동안 WHO는 휴대전화 전자파의 발암 가능성에 대해서 증거가 없다는 쪽으로 줄곧 이야기해왔다. 따라서 WHO가 휴대전화 전자파가 발암 가능성이 있다고 발표한 배경에 어떤 역학적 연구 결과가 뒷받침하고 있는지, 그리고 휴대전화의 전자파가 어느 정도 서로 위험한지에 대해 관심이 집중되고 있다.

WHO의 발표를 들으며 휴대전화를 아예 사용하지 않는 몇몇 지인들이 떠올랐다. 이들 가운데 대학교수도 있고 의과대학의 임상교수도 있다. 그들이 이렇게 지내는 것이 휴대전화 사용으로 인한 건강 염려(두통이나 발암성 따위) 때문인지 아니면 시도 때도 없이 걸려오는 휴대전화로부터 자유롭고 싶어서인지는 알 수 없다.

휴대전화를 들고 다니지만 최대한 통화를 자제하려는 사람도 있다. 지인 중 한 사람은 휴대전화 사용에 아주 민감하다. 그와 한번 휴대전화로 통화할라치면 번거롭다. 그의 휴대전화로 전화를 걸면 받자마자 다시 유선으로 나에게 전화를 걸어온다. 어쩔 수 없는 상황이면 휴대전화로 통화를 짧게 한다. 그는 최대한 휴대전화를 사용하지 않으려 애쓴다. 휴대전화로 오래 통화하고 나면 두통이 생기는 등 후유증이 있었기 때문이다.

이처럼 휴대전화를 오래 사용하고 나면 몸에 이상이 느껴진다는 사람을 가끔 주위에서 볼 수 있다. 이들은 다른 사람들로부터 너무 까다롭다거나 민감하다는 지적을 종종 받았을 것이다. 하지만 WHO의 이번 발표로 이들은 과거보다 더 당당하고 자유롭게 자신의 처지를 말할 수 있지 않을까 싶다.

아직 WHO 국제암연구소(IARC, The International Agency for Research on Cancer)가 물질(또는 유해 요인)의 발암성과 관련해 분류해놓은 것을 잘 이해하지 못하는 경우가 많다.

석면, 비소, 카드뮴, 방사성물질, 흡연처럼 명확하게 (인체) 발암물질로 분류된 것에 대해서는 그런대로 이해하는 편이지만 발암추정물질, 발암가능물질 등으로 분류된 것이 정확하게 우리에게 어떤 영향을 끼칠 수 있는지에 대해서는 잘 알지 못한다.

IARC는 1971년 이후 발암물질로 의심되는 900개의 물질 또는 인자를 조사해 이 가운데 400개를 발암물질 또는 잠재적 발암물질로 분류해놓았다. 발암물질 또는 잠재적 발암물질은 크게 그룹 1, 2, 3, 4의 네 가지로 분류하고 있으며 그룹 2는 다시 세분화해 그룹 2A와 그룹 2B로 나누고 있다.

이 가운데 그룹 1은 인체를 대상으로 발암성이 충분히 입증된 것(agent)이기 때문에 이론의 여지가 없다. 또 그룹 4는 인체 발암 가능성이 없는 것으로 보이는 물질이나 요인에 해당하는 것이어서, 이 또한 이러쿵저러쿵할 여지가 없다. 그룹 3은 인체와 동물 모두에서 발암성 증거가 불충분한 경우여서 크게 신경을 쓰지 않아도 된다. 문제는 그룹 2A와 그룹 2B이다.

국제암연구소의 발암물질 분류

발암성 분류(개수)	종류	비고
그룹 1(107)	흡연, 간접흡연, 알코올, 비소, 벤젠, 포름알데히드, B형간염바이러스, 헬리코박터 파일로리, 전리방사선, 숯검댕, 라듐, 절인 생선, 자외선.	인체 발암물질
그룹 2A(59)	클로람페니콜, 무기납화합물, 트리클로로에틸렌, 폴리염화비페닐(PCB), 스티렌.	인체 발암추정물질
그룹 2B(266)	아세트알데히드, 아플라톡신, 벤즈안트라센, 아세트아마이드, 카페인 산, 클로르단, 클로로포름, 커피, 에틸벤젠, 푸란, 납, 니트로벤젠, 나프탈렌, 이산화티타늄.	인체 발암가능물질
그룹 3(508)	알드린, 알디카브, 아크릴산, 카페인, 디코폴, 디엘드린, 초저주파, 전기장, 말라티온.	인체 비발암 분류 물질

그룹 2A(probable carcinogen to humans)는 동물에서는 발암성이 있다는 충분한 증거가 있지만 사람에 대한 발암성 증거는 제한적이며 동물에서 작동하는 발암기전이 사람에게서도 충분히 작동할 수 있는 경우에 속한다.

그룹 2B(possible carcinogen to humans)는 동물에게서는 발암성과 관련한 충분한 증거가 있지만 사람에게서는 발암성 증거가 불충분하거나 동물에서는 충분한 증거가 없으며 사람에게서도 제한된 증거만 있는 것, 그리고 어떤 경우에는 사람과 동물 모두에서 발암성 증거가 충분하지 못한 것도 여기에 속한다.

참고로 그룹 2A의 제한적 발암성 증거(limited evidence of carcinogenicity)는 요인(agent)에 대한 노출과 암에 대한 인과적 해석이 양(positive)의 연관성이 있다고 신뢰할 만하지만 우연이나 편견, 혼란변수를 합리적인 신뢰성을 갖고 배제할 수 없는 것을 뜻한다. 그리고 그룹 2B의 불충분한 발암성 증거(inadequate evidence of carcinogenicity)는 노출과 암과의 원인적 연관성이 있든 없든 결론을 내리기에는 관련 연구의 질이 불충분하거나 일치성 또는 통계적 검정력이 부족하거나 사람에게서 암을 일으키는 것에 관한 데이터가 없을 때를 의미한다.

WHO IARC는 2011년 5월 24~31일 프랑스 리옹(IARC가 있는 곳)에서 14개국에서 온 31명의 과학자가 모여 실무위원회를 열고 휴대전화 전자파와 암과의 관련성에 관한 증거가 계속 축적되고 있으며, 그룹 2B 발암물질로 분류하기에 충분한 증거가 있다고 결론 내렸다.

IARC는 그동안 발표된 뇌암과 휴대전화 전자파와의 관계, 그리고 실험동물을 이용한 결과를 면밀히 검토해 이러한 결정을 내렸다. 이는 휴대전화 전자기장은 어떤 위험을 유발하며 따라서 휴대전화와 암 위험성의 연관성, 특히 휴대전화를 장시간 사용하는 사람에 대해서는 면밀한 관찰이 필요하다는 것을 뜻한다.

IARC는 휴대전화 전자파와 뇌암의 일종인 신경교종(glioma) 발생과의 인과관계는 아직 제한적이며 직업적 발생 등과 관련해서는 증거가 불충분하다고 밝혔다. 신경교종은 신경세포를 지지하고 보호하는 물질인 신경교조직세포들에 생긴 암으로 눈의 망막, 뇌, 심장, 신경초 등에 생긴다. 신경교종은 신경조직과 연결된 곳이면 거의 어느 곳에서나 생길 수 있다. 혈관, 뼈, 연골 등에 생긴 다른 암조직과 함께 나타날 수도 있다. 악성의 정도는 다양하다.

신경교종은 전체 뇌암의 3분의 2를 차지하고 있다. 뇌암은 2008년 한 해에만 전 세계적으로 23만 7,913명이 발생했다.

IARC는 이번에 휴대전화 사용자뿐만 아니라 레이더/마이크로파에 직업적으로 노출되는 사람과 라디오, 텔레비전, 무선통신을 위한 신호 전송과 관련해 환경적으로 노출되는 사람(무선기지국 주변 주민 등)에 대해서도 암 발생 관련성을 평가했으나 발암성 증거는 불충분했다.

또 휴대전화 전자파에 어느 정도 노출되면 위험한지와 같은 정량적 위험 평가도 하지 못했다. 다만 과거 이루어진 한 연구에서 하루에 30분간 10년 이상 휴대전화를 사용한 집단의 경우 신경교종 발생이 40퍼센트 이상 많은 것으로 나타났다고 밝혔다. 휴대전화와 다른 암과의 관련성은 현재로서는 그 증거가 불충분하다고 IARC는 덧붙였다.

WHO는 어린이들의 휴대전화 사용 자제, 장시간 전화는 유선전화로 하기, 몸 가까이에 휴대전화를 두지 않기, 전자파 방출이 적은 휴대전화 사용하기, 문자 메시지 적극 활용하기 등을 권장하고 있다. 그리 어렵지 않게 실천할 수 있는 방안들이다.

어떤 이들은 아직 휴대전화와 암과의 연관성이 확실히 밝혀진 것은 아니라서 너무 호들갑을 떨 필요는 없다고 지적한다. 물론 틀린 말은 아니다.

하지만 지금까지 어떤 인자와 암과의 관계는 처음에는 '관련성이 없다'고 했다가 시간이 흐르면서 '가능성이 있다'로, 다시 '관련성이 있다'로 발전된 경우가 한둘이 아니다. 다시 말해 휴대전화 전자파도 그룹 2B에서 그룹 2A로, 다시 그룹 1로 바뀔지 아무도 모른다는 것이다.

이런 경우 지혜로운 사람이라면 사전예방원칙의 자세를 가져야 할 것이다. 즉 치료보다는 예방이 낫고 돌다리도 두들겨보고 건너는 자세다. 앞으로 휴대전화는 꼭 필요할 때만 짧게 사용하는 습관을 기르자. 그리하여 버스나 지하철에서 옆 사람은 아랑곳하지 않고 휴대전화로 오랫동안 크게 떠드는 꼴불견도 사라졌으면 하는 바람이다.

- ☐ 어린이에게 되도록 휴대폰을 사 주지 마라. 이른 나이에 휴대폰 중독에 빠지는 것은 물론이고 게임 중독, 인터넷 중독 등에 빠질 수 있다. 만약 사 주어야 할 경우가 생긴다면 스마트폰은 피하라. 어린이들은 어른보다 전자파에 더 취약하다.
- ☐ 휴대폰으로 5분 이상 긴 시간 통화하지 않도록 한다. 전자파의 유해성도 있지만 귀에 가까이 대고 장시간 통화할 경우 휴대폰에서 나오는 전자기파가 생체세포의 온도를 높여 전달돼 두통이 생길 수 있다. 이 경우 이어폰 등을 사용하라.
- ☐ 자동차 운전 중 휴대전화를 하거나 문자를 주고받지 마라. 교통사고에 이르는 지름길이다. 휴대폰 전자파 위험보다 운전 중 휴대폰 사용이 몇십 배, 몇백 배 더 위험한 행위임을 잊지 마라.
- ☐ 길을 걸어가면서, 특히 계단을 오르내리면서 휴대폰으로 영상을 보고 정보를 찾아보거나 문자를 주고받을 경우 자칫 낙상의 위험이 있고 거리 시설물과 부딪칠 위험이 있다.
- ☐ 휴대폰을 가슴 부근 윗주머니에 넣어두지 마라. 되도록 몸의 주요 장기에서 떨어진 곳에 두는 습관을 길러라.

□ 휴대폰 통화를 할 때는 한쪽 귀로 하지 말고 두 귀에 번갈아대고 통화하라. 특히 5분 이상 긴 통화를 할 경우는 반드시 그렇게 하라. 통화가 가능한 통화음량으로 귀에서 최대한 떨어뜨려 통화하라.
□ 가능한 한 문자로 의사소통을 하라. 음성통화는 꼭 필요한 경우에만 하라.

송전선로 가까이 있으면
얼마나 위험한가?
전자기장의 위험학

종종 신문과 방송 등을 통해 고압송전선 부근에서 오랫동안 농사를 짓는 농민이나 인근 마을 주민들이 집단적으로 암에 걸려 고통을 겪고 있거나 숨진 사례들이 보도된다. 그때마다 언론은 고압송전선의 전자파 때문에 이들이 암에 걸렸을 가능성을 이야기하고 한국전력 쪽은 송전선이 암과는 무관하다는 반론을 펴고 있다.

환경단체나 소비자단체들은 고압송전선로에서 나오는 전자기장이 인체에 위험하며 암을 일으킬 가능성이 있다고 주장하는 반면, 전문가들은 그 위험성은 무시할 정도이거나 암이 발생할 가능성은 희박하다는 이야기를 한다. 고압송전선로가 사실상 전국 곳곳에 있어 그 유해성 문제가 불거지면 일단 관심을 가지는 사람들이 많지만 어느 쪽의 이야기를 믿어야 할지 난감하다. 관련해 지금까지 밝혀진 과학적 사실은 어떠한지도 궁금하다.

먼저 이 문제와 관련해 종종 잘못 언급되는 사실은 고압송전선로에서 나오는 것은 우리가 흔히 사용하고 있는 전자기파가 아니라 전자기장인데도 이를 전자파라 말한다는 것이다. 충청지역 신문들도 일제히 '전자파 피해 VS 경제 위해 필요', '청정마을 암환자 증가… 고압송전선 전자파 때문' 등과 같은 제목으로 청양군 용당리 마을 송전선로 문제를 다루었다. 물론 중앙일간지 등의 과학 담당기자나 한전 담당기자들은 전자파와 전자기장을 구분해 보도한다. 다시 말해 송전선로 유해성 주장이나 논란 문제를 다루면서 전자파란 말을 사용하지 않는다. 하지만 여전히 여러 매스미디어에서 이를 구분하지 않거나 전자기장과 전자파의 차이를 모르거나 송전선로에서는 강력한 전자파를 내는 것으로 잘못 알고 있는 언론인이 많다. 이 때문에 일반대중들도 대부분 고전압송전선로에서 강력한 전자파가 나와 암을 일으키는 것으로 알고 있다. 이런 가장 기본적인 사실조차 잘 모르거나 오인하고 있으니 송전선로의 유해성 문제에 대해서도 제대로 아는 사람이 많지 않다.

서울대 의대 안윤옥 교수는 "수년 전부터 고압송전선 또는 변전소 주변의 '전자파'가 암을 일으키는 생활환경 요인 인자에 대한 논란이 계속되고 있다. 여기서 '전자파'는 'Electromagnetic field'를 잘못 번역하여 쓰고 있는 틀린 용어이다. 그 물리적 성상이 멀리 퍼져나가는 '파동(wave)'이 아니기 때문에 '전자기계' 또는 '전자기장'으로 불러야 한다"고 지적하고 있다.

전자기장은 전류가 흐르는 곳에서는 어디든지 존재한다. 전기는 인간이 만들기도 하지만 번개가 칠 때 등에도 만들어지므로 전자기장은 자연에서도 존재한다고 보면 된다. 따라서 전기를 사용하지 않는 집이 없고 전기제품이 넘쳐나므로 우리는 전자기장에 24시간 언제 어디서나 노출되어 있는 셈이다. 또 지구 자체가 자기장을 띠고 있다. 나침반이 남극과 북극 방향을 가리키는 것도, 물고기나 새가 수백 내지 수천 킬로미터 방향을 잃지 않고 잘 이동할 수 있는 것도 이들에게 지구 자기장을 잘 감지해낼 수 있는 능력이 있기 때문이다. 따라서 전자기장이나 전자기파란 말 자체에서 위험을 느낄 필요는 없다.

고압송전로에는 고압의 전기가 흐르고 있으므로 당연히 전자기장, 그것도 강력한 전자기장이 주변에 만들어진다. 하지만 이곳에서 상당히 떨어진 거리(송전선은 지상에서 50~100미터 높은 곳에 있다)에 있는 사람에게 문제가 될 만한 세기의 전자파(전자기파)가 나오는 것은 아니다. 휴대폰이나 이동통신 무선기지국, 라디오, 무선전화기, 텔레비전 등에서 전자기파가 나오는 것은 맞지만 전기를 공급하는 전기선이나 고압송전선에서 사실상 전자기파는 나오지 않는다고 보면 맞다. 만약 고압송전선이나 고압송전탑의 유해성 운운하면서 전자파 위험을 들먹이는 사람이 있다면 이는 무지해서 그러한 것이다.

우리나라에서 송전선 바로 아래에서의 전자기장의 세기는 어느 정도일까? 한국전력은 우리나라 송전선 바로 아래에서 측정한 전자계 평균은 19밀리가우스(mG)이며 최고치가 125밀리가우스로서(345kV) 최고치의 경우에도 세계보건기구(WHO) 권고기준의 약 15퍼센트에 불과한 수준이라고 밝히고 있다. 또한 송전선로 전자계는 그 특성상 거리가 멀수록 급격히 약해지는데 345킬로볼트 송전선로의 경우 60미터 거리에서 전자계 세기가 약 1.7밀리가우스까지 급격히 떨어진다고 한다. 이 수치는 텔레비전을 30센티미터 떨어져서 볼 경우의 전자계 세기의 약 2분의 1에 불과하다.

전자기장이 인체에 유해할 수도 있다는 주장은 1970년대 후반과 1980년대 초반 송전선 인근에 사는 것과 어린이 백혈병 사이에 연관성이 있다는 몇몇 역학 연구가 발표되면서 불거졌다. 이런 결과는 즉각적이고도 광범위한 공중의 관심을 불러일으켰다. 미국, 영국 등 구미 선진국은 물론이고 우리나라에서도 지난 수십 년 간 송전선을 포함한 전자레인지(마이크로파오

분), 컴퓨터, 텔레비전, 보안장치, 레이더, 그리고 최근에는 휴대폰과 그 기지국까지 건강 문제에 초점을 맞춰 언론에서 크게 다뤄졌다. 이로 인해 일반대중들은 날이 갈수록 이들 전자기장 발생원이 다양해지고 많아지므로 이들이 건강에 악영향을 끼칠 수 있는 것이 아닌가 하고 당연히 관심을 보였다.

이에 대응해 전자기장이 인체 건강에 유해한지 여부에 대한 정밀 연구가 본격 이루어지기 시작했다. 연구는 생체분자 수준, 세포, 동물에 관한 실험실 테스트에서부터 인구집단을 분석한 수십 개의 역학 연구에 이르기까지 여러 수준에서 이루어졌다. 미국과 유럽 국가, 그리고 대규모 국제프로젝트로 다루어졌다. 세계보건기구도 전자기장과 전자파 전문가, 역학 전문가, 의사 등 다양한 분야의 학자와 전문가들이 참여한 대규모 연구를 국제 EMF(Electromagnetic Field, 전자기장) 프로젝트란 이름으로 벌였다.

미국국립과학학술원(NAS)은 전자기장의 유해성 문제를 다루기 위해 1996년 전문가 패널을 소집했다. 이들은 그동안 이루어진 연구를 검토해 "현재의 증거로는 전자기장 노출이 인체 건강의 위해 인자로 보이지 않는다"고 밝혔다. 전문가들은 또 "주거지에서 전자기장에 노출되는 것이 암과 신경행동 악영향 또는 생식 및 발생 악영향을 준다는 결정적이고 일치된 증거가 없다"고 덧붙였다. 미국의 다른 정부기관과 다른 국가의 보건당국도 비슷한 결론에 이르렀다.

하지만 이들 보고서들은 어린이 백혈병과 송전선 사이의 상관관계를 관찰한 몇몇 역학 연구가 있다는 것을 인정했다. 1996년 국립과학학술원은 "고압송전선 인근에서 거주하는 것으로 분류된 경우는 희귀암인 어린이 백혈병이 1.5배 초과 발생한다는 것과 관련성이 있다. 실제 고압선 부근 100미터 이내에 사는 아이들이 그렇지 않은 아이들에 비해 백혈병에 걸릴 위험이 약 2배 높다는 연구 결과(영국 옥스퍼드대학 소아암연구팀 제럴드 드레이퍼 박사)도 발표된 바 있다. 하지만 분자, 세포, 실험실 동물 수준에서 이루어진 모든 테스트에서 관련성이 없는 것으로 나타났고 그런 연관성을 찾지 못했다는 다른 많은 역학 연구도 있어 송전선에 나오는 전자기장이 어린이 백혈병을 일으키는 원인이 아닐 것 같다"고 지적했다.

1997년 미국 국립암연구소와 영국에서 이루어진 주요 연구 등 대규모 역학 연구에서도 전자기장과 어린이 백혈병 사이의 연관성을 찾지 못했다. NAS, NIEHS, 그리고 국제기구에 의한 과학적 검토는 송전선과 어린이 백혈병 사이의 연관성은 전자기장 그 자체보다는 우리가 아직 알지 못하는 다른 요인에 의해 이루어졌을 가능성을 제시했다. 이 잃어버린 고리는 송전선 인근에 사는 주민들의 사회경제적 지위에서부터 연구가 어떻게 이루어지고 어떻게 해석이 되었는가를 포함하고 있다.

그러나 2001년 여름 세계보건기구의 국제암연구소(IARC)는 전자기장을 2B 또는 발암가능물질로 분류했다. 이는 몇몇 연구에서 전자기장과 어린

전형적인 최고 일반인 노출(WHO 유럽지역사무소 자료)

발생원	전기장(V/m)	자기유속밀도(μT)
자연계	200	70(지구 자기장)
본선(가정 내)	100	0.2
본선(송전선 밑)	10,000	20
전동차와 전차	300	50
TV · 컴퓨터 스크린	10	0.7
TV · 라디오 중계기	0.1	-
휴대폰기지국	0.1	-
레이더	0.2	-
마이크로오븐(전자레인지)	0.5	-

이 백혈병과의 관련성이 작기는 하지만 통계적으로 의미가 있다는 것에 근거했다.

2002년 극저주파 자계는 그룹 2B, 전계는 그룹 3으로 분류되었고, 2007년 재평가에서도 마찬가지였다. 인과성에 대한 증거가 아직까지는 실험적 연구와 역학적 연구 결과 모두에서 불충분하거나 제한적이라고 평가하고 있다. 특히 실험 연구에서는 거의 모두 부정적인 결과를 보이고 있다. 역학 연구에서는 소아백혈병과의 관련성에서만 일부 유의한 연구 성적이 보고되고, 그 외의 암이나 질병과는 무관하다는 결과를 보이고 있다. 국내에서도 소아암과의 관련성에 대한 대규모 역학 연구가 수행되었는데, 관련성이 없다는 최종 결과가 2009년 발표됐다.

지난 30년간 비전리방사선의 생물학적 영향과 의학적 응용에 관한 2만 5,000개가량의 논문이 발표됐다. 물론 아직 부족하다고 느끼는 사람도 있겠지만 어느 화학물질보다도 광범위한 과학적 지식이 쌓인 분야다. 세계보건기구는 최근 과학논문들을 심층 분석한 결과 낮은 수준의 전자기장에 노출될 경우 현재까지의 증거로는 어떤 생물학적 영향도 끼치지 않는다고 결론 내렸다. 하지만 생물학적 영향에 관한 지식에는 전문가 사이에 틈이 있으며 따라서 더 연구가 이루어져야 한다고 밝혔다.

그런데도 왜 대중매체에서는 마치 고압송전선과 암과의 관련성이 큰 것처럼 다룰까? 만약 전자기장이 인체 유해물질(인자)이라면 당연히 모든 선진국에서 악영향이 나타나게 될 것이다. 일반대중들에게는 일상생활에서의 전자기장이 건강에 악영향을 끼치느냐 여부가 매우 중요하고 긴급한 사안이다. 그래서 그들은 이 의문에 대한 명확한 대답을 전문가나 정부 등에게 요구한다. 대중매체의 보도를 보면 흔히 명확한 답을 가지고 있는 것처럼 보인다. 하지만 우리는 이런 명확한 대답을 지닌 연구 보고에 대해 신중하게 판단해야 하며, 미디어의 일차적 관심이 정확한 사실에 바탕을 둔 교육이 아니라는 사실을 고려해야 한다. 서로 다른 매체에서 일하면서 시청률(인터넷매체의 경우 접속률)과 발행부수 올리기 경쟁을 해야 하는 기자들은, 목표를 달성하기 위해 되도록 많은 사람들이 관심을 가질 만한 새롭고 자극적인 내용과 제목을 내세운다. 그래서 나쁜 뉴스가 단지 큰 뉴스일 뿐만 아니라 유일한 뉴스가 된다. 좋은 뉴스는 아예 잘 다루지 않고 건강에 나쁘다, 무엇이 위험하다와 같은 나쁜 뉴스들을 크게, 주로 다루는 것이다. 언론은 전자기장이 몸에 아무런 해를 끼치지 않는다는 것을 제시하는 수많은 연구에 대해서는 설혹 안다고 해도 거의 다루지 않는다.

과학자들은 절대적 안전에 대한 보증수표를 대중들에게 제공하지 못한다. 전자기장의 잠재적 악영향을 평가하기 위해서는 여러 연구영역을 잘 섞은 학제적 연구가 필요하다. 실험실에서는 전자기장이 세포에 끼치는 영향을 연구하는데 이는 전자기장 노출과 생물학적 영향이 서로 어떤 연관성이 있는지에 관한 기초적인 메커니즘을 밝히기 위한 것이다. 과학자들은 전자기장에 의한 분자나 세포의 변화에 기반을 둔 메커니즘을 판별하려 노력하고 있다. 즉 분자와 세포에서 변화가 있다면 이는 물리적 힘이 몸속에서 생물학적 작용으로 전환됨을 증명해주는 것이다.

역학 연구 또는 인체 건강 연구에서는 전자기장 노출에 대한 장기영향에 관한 정보를 직접적으로 얻을 수 있다. 이들은 실제 생활환경, 공동체, 노동자집단에서 질병의 원인과 분포를 연구하는 것이다. 연구자들은 전자기장 노출과 특정 질병 또는 건강 악영향의 발생과 통계적 연관성이 있는지를 알고 싶어한다. 하지만 역학 연구는 비용이 많이 들어갈 뿐 아니라, 연구의 대상이 되는 인구집단은 아주 복합적이어서 자그마한 영향을 탐지해내기에 충분할 만큼 통제하기 어렵다.

역학 연구만으로는 인과관계를 확실하게 확정할 수 없다. 이는 노출과 질병 사이의 통계적 연관관계만을 탐지해내기 때문이다. 하지만 그 질병은 노출이 원인이 될 수도 있고 아닐 수도 있다. 만약 A전력이라는 회사에서 일하면서 전자기장에 노출되는 전기노동자들과 암 발생 증가 사이의 연관성을 보여주는 가설연구가 있다고 생각해보자. 통계적 연관성이 관찰된다 하더라도 그것은 작업장에서의 다른 요인에 관한 불완전한 데이터에 기인한 탓일 수 있다. 예를 들면 전기노동자가 암을 일으킬 수 있는 잠재력을 지닌 화학유기용제 등에 노출되어왔을 수 있다. 더구나 관찰된 통계적 연관성은 통계 효과일 수도 있고 연구의 설계 오류로 문제를 겪을 수도 있다.

따라서 어떤 인자(유해물질)와 특정 질환 사이의 연관성을 찾아낸다는 것은 그 인자가 질병을 일으키는 원인이 된다는 것을 반드시 뜻하는 것은 아니다. 인과성을 확정하기 위해서 연구자는 많은 요인들을 고려해야 한다. 원인과 결과의 연관성은 그 인자 노출과 영향 사이에 강한 연관이 있고 확실한 양-반응관계, 즉 노출 양이 많을수록 반응(영향)의 정도가 강해지며 생물학적으로 그 인과관계를 믿을 만하게 설명할 수 있을 뿐만 아니라 관련 동물실험 연구, 그리고 무엇보다도 연구들 사이에 일치성이 드러날 때 단단해진다. 하지만 전자기장과 암 사이의 연관성을 포함한 연구들에서는 이들 요인들이 일반적으로 결여돼 있다. 이것이 과학자들이 일반적으로 약한 전자기장은 건강에 악영향을 준다고 결론 내리기를 꺼려하는 가장 강력한 이유 가운데 하나다.

현대 위험 사회를 살고 있는 사람들은 해로운 영향에 대한 증거가 없다는 것에 만족하지 않는다. 대신 해롭지 않다는 증거를 더욱더 요구하고 있다.

전자기장의 유해성을 조사한 전문가위원회가 도달한 전형적인 결론은 "전자기장의 건강 악영향에 관한 확실한 증거는 없다", "전자기장과 암 사이의 인과관계는 확정되지 않았다"이다. 이런 말들은 과학자들이 답을 주는 것을 회피하는 것처럼 들린다. 만약 과학자들이 이미 아무런 영향이 없다는 것을 보여주었다면 왜 계속해서 연구를 진행하는가?

대답은 간단하다. 사람을 대상으로 한 건강 연구는 인체에 끼치는 악영향이 큰 것을 확인하는 데 훌륭하다. 하지만 불행하게도 전혀 영향이 없는 것과 아주 작은 영향이 있는 것을 구별하는 데는 힘을 덜 발휘한다. 만약 전형적인 환경수준에서 전자기장이 강력한 발암물질이었다고 한다면 금방 이를 밝혀내기가 쉬웠을 것이다. 이와 대조적으로 만약 낮은 수준의 전자기장이 매우 약한 발암물질이라거나, 대규모 인구집단에서 아주 작은 집단에게만 강력한 발암물질이라면 설명하기가 더욱 어렵다.

사실 대규모 연구에서 연관성을 보여주지 못한다 하더라도 관계가 없다고 완전히 확신할 수는 없다. 영향이 없다는 것은 실제로 그런 것이 없다는 것을 의미할 수 있다. 하지만 마찬가지로 그것은 우리의 측정법으로는 단지 그 영향을 찾아낼 수 없다는 것을 뜻할 수도 있다. 따라서 부정적 결과는 일반적으로 강력한 긍정적 결과보다는 신뢰성이 떨어진다.

전자기장을 포함한 역학 연구와 관련해 신뢰성을 떨어뜨리는 것은 약한 긍정 결과, 즉 어린이 백혈병을 1.5배가량 더 발생시킨다는 것만 있으며 이들 각각의 연구 사이에 일치성이 없다는 점이다. 이런 상황에서 과학자들은 데이터의 유의성에서 패가 갈린다. 하지만 앞에서 언급한 사실 때문에 대부분의 과학자들과 임상의학자들은 낮은 수준의 전자기장이 어떤 건강 영향이 있다 하더라도 그것은 우리가 일상생활에서 만나는 다른 건강위험과 비교할 때 매우 작은 것이라는 점에는 동의한다.

송전선, 이동통신 기지국 또는 일반대중들이 접근할 수 있는 기타 다른 전자기장 발생원을 조사할 책임은 정부기관에 있다. 정부기관은 이들 시설 등에서 전자기장 권장기준을 만족하는지를 보증해야 한다. 전자제품에 대해서는 제조업체가 권장기준에 적합한지에 대한 책임이 있다. 게다가 여러 소비자단체들이 정기적으로 이를 체크한다.

병에 든 딸기잼을 유통기한까지 먹는 것은 안전하다. 하지만 만약 당신이 잼의 유통기한이 지난 뒤에 소비한다면 제조업체는 그 품질을 보장할 수 없다. 이와 비슷하게 전자기장 권고기준은 정해진 노출한계에서는 건강에 아무런 악영향이 일어나지 않을 것임을 보증한다. 건강에 영향을 끼친다고 알려진 수준보다 매우 큰 안전계수를 적용했다. 다시 말해 건강 악영향이 일어날 수 있는 기준보다 10배 내지 100배나 더 기준을 강화했다는 뜻이다. 따라서 만약 여러분이 정해진 권장기준보다 몇배나 더 높은 세기의 전자기장에 노출됐다 하더라도 당신이 노출된 것은 여전히 안전한계 이내에 머물게 될 것이다.

일상적인 환경에서 대부분의 사람들은 권고기준을 웃도는 전자기장을 경험하지 못한다. 전형적인 노출은 이들 수치보다 훨씬 밑이다. 하지만 사람들이 단기간에 이들 권고기준을 웃도는 환경에 노출될 수 있다. 그래서 세계보건기구 산하의 비전리방사선위원회(ICNIRP)는 라디오주파수와 마이크로파 노출은 누적영향을 파악하기 위해 시간평균을 하라고 권고한다. 이 권고기준은 6분간의 시간평균기간을 특정화하고 있으며 권고기준을 웃도는 단기노출을 허용하고 있다.

이와 대조적으로 낮은 주파수의 전기장 및 자기장은 권고기준에서 시간평균을 하지 않는다. ICNIRP는 항상 노출된 개인이 최대의 장에 노출된 인체와 전자기장 사이의 작용을 가정하고 있다. 이처럼 권고기준만 잘 지키면 전자기자의 피해를 최대한 예방할 수 있다.

아직까지 더 많은 연구 데이터가 필요하기는 하지만 전자기장 노출은 심각한 건강 유해 인자는 아닌 것으로 보인다. 하지만 여전히 약간의 불확실성이 남아 있다. 처음에는 이 의견 분분한 결과를 해석해가는 과정에서 과학적 논쟁이 있었지만 이제는 사회적, 정치적 이슈로 옮겨가고 있다. 전자기장을 둘러싼 대중의 논란은 전자기장의 잠재적 위해성에 초점을 맞추고 있지만 종종 전자기장 기술의 편익을 무시한다. 전기가 없으면 사회는 유지될 수 없다. 마찬가지로 방송과 전기통신은 현대문명 그 자체가 되고 있다. 비용과 잠재적 위해성 사이의 균형에 대한 냉철한 분석이 필수적이라고 전문가들은 말한다.

전자파에 관한 오해와 진실

전자기장(EMFs)은 별이나 전구에서 나오는 빛과 같은 방사성 에너지와는 다르다. 방사성 에너지는 파동의 형태로 멀리, 때론 발생원이 사라졌을 때도 계속 퍼져나갈 수 있다. 밤하늘의 별을 볼 수 있는 것도 수백만 년 또는 수천만 년 전 별에서 방사된 에너지 파동과 빛 입자(광자) 덕분이다. 라디오와 휴대폰 역시 에너지를 방출한다. 하지만 전자기장은 이들과 달리 비방사성 에너지로 공간을 가로질러 이동하지 못한다. 이들은 전자기장을 만들어내는 전기가 사라지면 더 이상 존재하지 않는다.

방사성 에너지의 위해성을 논할 때 흔히들 전자기장도 한 데 뭉뚱그려 말하지만, 사실 전자기장은 이들과 다르다. 전기장은 전기가 있는 곳이면 어디서나 그 주변에 만들어진다. 개방회로를 통해 전기가 흐르지 않을 때에도 전기장은 만들어진다. 반면 자기장은 전기가 흐르고 있을 때만 존재한다.

전등에 달려 있는 전기코드를 생각해보자. 전등이 꺼져 있다고 상상해보라. 전등에 연결된 전기코드가 플러그에 꽂혀 있다면 전기는 여전히 흐른다. 그래서 전등은 전기장을 만들어낸다. 하지만 당신이 전등을 켤 때까지 자기장은 만들어내지 않는다.

파장과 주파수는 전자기장의 다른 중요한 특성을 결정한다. 전자기파는 양자로 불리는 입자에 의해 이동한다. 고주파수(짧은 파장)의 양자는 저주파수(긴 파장)의 장(fields)보다 더 많은 에너지를 지니고 있다. 어떤 전자기파는 양자당 에너지가 매우 많아 분자 사이의 결합을 깨뜨릴 능력을 지니고 있다. 이 분자가 생체분자, 즉 사람의 조직이나 세포를 구성하고 있는 분자라면 이를 깨뜨려 건강에 악영향을 줄 수 있다는 뜻이다. 전자기 스펙트럼에서는 방사성물질이 내는 감마선, 우주방사선과 엑스선이 이러한 성질이 있어 이온화(전리) 방사선이라고 부른다.

전기장은 양전하든 음전하든 관계없이 언제나 존재한다. 전기장들은 장 내에서 다른 전하에 힘을 가한다. 전기장의 세기는 미터당 볼트(V/m)로 측정하는데, 전선에서 일정 거리 떨어진 곳에서의 전기장은 전압이 높을수록 더 강하다.

자기장은 전하의 운동으로부터 생긴다. 자기장의 세기는 미터당 암페어로 측정하는데 전자기장 연구에서 과학자들은 보통 이 대신 유속밀도(마이크로테슬라, μT)로 관련 양을 특정화한다. 전기장과 대조적으로 자기장은 장치가 켜지고 전류가 흐를 때에만 만들어진다. 전류가 강할수록 자기장의 세기는 커진다. 자기장도 전기장처럼 발생원에서 가까울수록 가장 세고 발생원에서 거리가 멀어질수록 급격히 줄어든다. 자기장은 빌딩의 벽 등과 같은 물질로 차단되지 않는다.

전자파의 원래 명칭은 전기자기파(電氣磁氣波)인데, 이것을 줄여서 흔히들 전자파라고 부른다. 전자파는 전기 및 자기의 흐름에서 발생하는 일종의 전자기 에너지로, 전기장과 자기장이 반복하면서 파도처럼 퍼져나가는 형태를 띤다. 다시 말해 회로에 주기적인 진동전류가 흐르면 주위 공간에는 그것과 같은 주기로 변동하는 자기장이 나타나고, 또한 이 진동 자기장은 전기장을 유발하는 원인이 되어, 결과적으로 전기장과 자기장이 서로 밀접하게 연관되면서 일종의 파동(波動)으로서 공간에 퍼지게 된다.

전자파는 주파수(초당 파장 수) 크기에 따라 주파수가 낮은 순서대로 전파(장파, 중파, 단파, 초단파, 극초단파, 마이크로파), 적외선, 가시광선(빛), 자외선, X선, 감마선 등으로 구분된다. 전파는 주파수가 3,000GHz(기가헤르츠, 초당 3조 번 진동) 이하의 전자파를 말한다. 태양빛, 적외선, 자외선도 전자파의 일종이다. 지구도 자체에서 전자파를 발생한다. 또한 우리 생활 주변의 전파 발생원은 방송이나 통신용 안테나(방송국 및 중계소, 기지국, 선박이나 항공통신용 송신장치, 인공위성 등), 이동전화 단말기(휴대폰, 워키토키 등), 레이더, 온열치료용 의료기기 등이 있다.

에너지가 강한 X선, 감마선 등의 방사선의 위험성이나 자외선이 피부암 등 여러 질병을 일으킨다는 것은 이미 잘 알려져 있다.

전자파는 주파수가 높아서 라디오나 텔레비전 송신파 등과 같이 멀리까지 전파되기도 하고, 파장이 짧아서 마이크로파를 이용한 전자레인지와 같이 음식물을 가열시킬 수 있을 정도로 높은 에너지를 발생시키기도 한다. 그러나 송전선 등의 주위에 있는 극저주파(ELF, Extremely Low Frequency, 전자계)의 주파수는 60Hz로(휴대폰 800MHz, 전자레인지

2,450MHz) 극히 낮아서 멀리까지 전파되는 성질이 없고, 파장은 5,000킬로미터로 아주 길어서 에너지가 거의 없다(파장이 짧을수록 높은 에너지를 가진다).

자외선은
무조건 피해야 할까?
자외선의 건강학

햇빛 속에 포함된 자외선이 비타민D 합성에 도움을 주므로 적당히 햇볕을 쬐면 좋다는 이야기를 많이 들어왔을 것이다. 자외선은 햇빛에서 나오지만 요즘은 건강해 보이는 구릿빛 피부를 만들기 위해 실내에서 선탠을 할 때, 식기나 음료수컵 살균 등 각종 기구 소독에도 인공 자외선을 사용한다.

 그런데 최근 자전거 타기, 마라톤, 걷기, 등산 등 야외에서 오랫동안 시간을 보내야 하는 취미활동이나 운동을 하는 사람들이 급격히 늘면서 햇빛은 성가시고 피해야 할 존재로 여겨지고 있다. 햇빛 속 자외선을 차단하기 위해 선글라스 착용은 기본이고 선크림을 바르는 등 신경을 쓰는 사람이 많다. 특히 피부노화와 얼굴이 타는 것을 싫어하는 여성들이 마치 괴물을 연상케 하는 전면 마스크를 쓰고 다니는 경우도 자주 볼 수 있다. 이런 새로운 패션 문화는 자외선이 지닌 위험성이 빚어낸 것이다.

 자외선이 피부에 나쁜 영향을 끼치고 암도 유발할 수 있다는 이야기는 이제 상식처럼 굳어가고 있다. 하지만 자외선이 정확하게 어디에 어떻게 악영향을 끼치는지 잘 모르는 사람들도 여전히 많다. 백인과 달리 한국인은 피부암에 잘 걸리지 않는다고 여기는 이들도 있고, 또 건강 위해 요인으로서 햇빛을 대수롭지 않게 생각하는 사람들도 있다. 특히 남성들, 그 가운데서도 야외노동을 하는 사람들이 그렇다. 지구온난화 시대, 야외활동 등이 많아지게 마련인 주 5일 근무 시대를 맞아 자외선의 위험학에 대한 지식과 그에 따른 실천은 필수과목이라 할 수 있다.

세계보건기구는 해마다 자외선으로 인한 피부암에 걸리는 사람이 무려 130만 명이나 된다고 밝혔다. 지난 2000년 기준으로 그해 20만 명이 피부암의 일종인 흑색종(Melanoma)에 걸렸으며 이 가운데 6만 5,000명이 숨졌다고 밝혔다. 또 전 세계인 가운데 1,800만 명이 백내장에 걸리는데 이 가운데 5퍼센트는 자외선 노출 때문으로 보고 있다.

왜 자외선이 발암물질일까? 이를 알기 위해서는 먼저 자외선의 성질부터 파악할 필요가 있다. 자외선은 방사선이다. 또한 자외선은 에너지파의 전자기 스펙트럼에서 가시광선 부분의 파장보다 작고 마이크로파와 텔레비전, 라디오파보다도 파장이 훨씬 작다.

파장이 작을수록 주파수는 높다. 주파수는 얼마나 많은 파장이 주어진 공간과 시간에서 통과할 수 있느냐를 가늠하는 수단이 된다. 주파수가 높은 짧은 파장은 주파수가 낮은 긴 파장보다 더 많은 에너지를 지니고 있다. 자외선은 매우 높은 주파수를 지니고 있어 생체조직에 부딪쳤을 때 그 조직의 원자수준에서 에너지를 높인다. 그래서 실제로 조직을 뜨겁게 만든다.

자외선은 실제적으로 세 종류로 이루어져 있는데 나노미터(nm, 10억분의 1미터)로 측정하는 파장으로 정의한다. 먼저 자외선A(UVA, 320~400nm)는 매우 짧은 파장이지만 자외선 가운데는 가장 긴 빛이다. 이 때문에 피부 깊숙이 침투한다. 이들은 연중 일정하게 존재한다. 햇빛에는 자외선B보다 자외선A가 10 내지 100배 더 많다.

　자외선B(UVB, 290~320nm)는 자외선A보다 파장이 짧아 피부 깊숙이 침투하지는 않는다. 햇빛 속에는 자외선B가 자외선A보다 훨씬 더 적지만 파장이 짧고 주파수가 크기 때문에 더 많은 에너지를 갖고 있어, 자외선A보다 1,000배나 더 피부를 붉게 만들고 화상을 입힐 수 있는 성질을 지닌다. 여름철에는 자외선B가 가장 강한 경향이 있다.

　자외선C(UVC, 200~290nm)는 자외선 가운데 가장 짧은 파장의 빛으로 식물과 동물 모두에게 해를 끼친다. 하지만 이는 지구 표면에 도달하기 전 대기 상층부에서 흡수된다. 많은 진화생물학자들은 바다에서 증발한 화학물질들이 성층권에 차단층(오존층)을 만들어 자외선C를 차단했기 때문에 지구 표면에서 생명체가 생존할 수 있게 되었다고 보고 있다. 한때 남극 상공의 성층권 오존층에 큰 구멍이 뚫려 세계적인 문제로 떠오른 적이 있다. 당시 과학자들은 피부암의 증가와 식물 생존 문제를 심각하게 제기하기도 했다.

　자외선이 건강에 끼치는 악영향 가운데 우리가 가장 신경을 쓰는 것은 때론 우리의 생명과도 직결될 수 있는 피부암이다. 서양에서는 최근 10년 사이 피부암이 무려 2배 이상 늘어난 것으로 보고되고 있어 자외선의 유해성, 특히 발암성에 대한 관심이 높다. 우리나라의 경우 아직 피부암이 차지하는 비중이 전체 암의 3퍼센트에 불과하고 백인들에 비해 피부암 발생이 10퍼센트 수준으로 상대적으로 낮은 편이다. 하지만 우리나라도 고령화 사회로 접어들었고 따라서 앞으로 피부암 발생의 증가속도가 빨라질 것으로 전문가들은 진단하고 있다. 피부암은 나이가 많아질수록 증가해 주로 노년층에서 많이 발생하기 때문이다. 또한 피부색이 흰 사람은 검은 사람에 비해 햇빛에 대한 보호능력이 약하기 때문에 피부암은 백인들에게서 더 흔하다.

대표적인 피부암으로 기저세포암, 편평세포암, 악성 흑색종을 들 수 있다. 우리나라 사람들에게 가장 흔하게 나타나는 기저세포암은 표피의 가장 아래층인 기저세포층에서 발생하는 암이다. 전체 피부암의 약 90퍼센트 이상을 차지하고 있다. 기저세포암 가운데 약 80퍼센트가 머리와 얼굴에서 발생하는 것으로 보아 자외선에 의해 초래될 가능성이 매우 높다. 발생빈도 역시 50세 이상에서부터 눈에 띄게 증가한다. 기저세포암은 다른 악성 종양과는 달리 천천히 커지고 다른 조직으로 전이도 잘 되지 않으며 예후가 좋은 편이지만, 특징이 처음엔 약간 볼록하게 튀어나온 점 같은 것이 생겨 보통 수년에 걸쳐 서서히 커지고, 통증이나 가려움증 등의 증상도 없기 때문에 대부분의 사람들이 대수롭지 않게 여겨 치료시기를 놓치는 경우가 많다.

편평세포암은 기저세포암에 비해서는 전이가 잘 되는 편이지만 실제 전이는 매우 드물게 일어난다. 이른 시기에 발견하면 치료에 큰 문제가 없으며 주로 얼굴이나 귀, 목, 손등 같은 곳에 잘 생겨 쉽게 발견할 수 있다. 기저세포암에 견주어 매우 드물게 나타나며 미국의 경우 전체 피부암의 약 6퍼센트 정도가 편평세포암이다. 편평세포암의 증상은 발생 부위나 발생 요인에 따라 다양하지만 일반적으로 비교적 크고 불균일한 모양의 붉은 피부가 부어올라 살덩어리가 부서진 것처럼 보이며, 만졌을 때 응어리가 있는 경우 주의해야 한다. 종양이 커지면 그 모양이 꽃양배추처럼 보이는 것이 특징이다. 그 외에 자각증상은 특별히 없으나 2차 감염이 일어나거나 악취가 나기도 한다.

피부암 중 악성 흑색종은 피부색과 관계된 멜라닌색소를 만들어내는 멜라닌세포가 악성화된 것으로, 검은 혹처럼 보이는 것이 피부 밖으로 솟아나거나 편평한 반점처럼 나타나 주변으로 퍼져나가는 특징이 있다. 검은점이 갑자기 생기거나 원래 있던 점이 갑자기 커지는 경우, 혹은 색깔이 얼룩덜룩하거나 사소한 자극에도 쉽게 피가 나고 경계가 불규칙해지면 악성 흑색종을 의심해봐야 한다. 악성 흑색종은 어디에나 발병하지만 평소에 별로 신경 쓰지 않는 발바닥에서 많이 발생한다. 그 밖에 얼굴, 종아리, 손톱과 발톱, 체간, 손바닥에 생기기도 한다. 피부암 가운데 신체 다른 부위로 가장 전이가 잘되는 암이다. 미국에서는 매년 1만 명 가까운 사람이 악성 흑색종으로 숨지는 것으로 추정되고 있다.

피부암의 이상은 다른 내장과는 달리 눈으로 보아 알 수 있으므로 조기에 스스로 발견할 가능성이 상대적으로 높다. 조기에 발견하면 암을 완전히 제거할 수 있기 때문에 그 예후가 매우 좋고 다른 암에 비해 완치율도 높은 편이다.

악성 흑색종을 비롯한 피부암은 깨끗한 피부, 금발이나 빨강머리, 눈동자 색깔이 옅은 사람, 피부가 그을리기 전에 화상을 잘 입는 사람, 기미와 주근깨가 잘 생기는 사람, 피부암 가족력이 있는 사람 등에게서 발생 위험성이 더 높다. 피부가 검게 그을린다는 것은 멜라닌 색소 세포가 멜라닌 색소 생산을 증가시키기 때문이다. 이는 자외선 노출의 영향을 덜 받기 위해 피부가 노력하는 결과라 할 수 있다.

한편 자외선이 우리 피부에 가장 흔히 악영향을 끼치는 부분은 주름살과 같은 피부노화, 즉 비발암 부분이다. 흔히들 노화의 한 현상으로 말하는 피부 처짐과 주름, 피부반점 등은 대부분 만성 자외선 노출 때문이다. 또 자외선은 우리가 노화함에 따라 피부에서 일어나는 자연적 변화를 더욱 가속화하기도 한다.

만약 해수욕장이나 여름철 야외수영장에서 등이 따끔거림을 느꼈다면 자외선의 힘을 알게 된 것이다. 햇빛 화상으로 피부가 붉게 됐다면 이는 피부의 혈관이 추가적인 열을 멀리 내보내기 위해 혈관을 팽창시키면서 생기는 현상이다. 만약 18세가 되기 전에 두 차례 이상의 심한 햇빛 화상을 입었다면 나이가 들어 피부암에 걸릴 위험이 높아진다. 전문가들은 피부암 발생이 어린 시절의 자외선 과다 노출과 밀접한 관련이 있다고 말한다. 나중에 노인이 되어 피부암에 걸리는 것은 대부분 20~30대에 자외선에 많이 노출되었기 때문이라는 것이다.

자외선으로 인한 건강 악영향은 피부암을 비롯한 피부 손상에만 그치는 것이 아니라 눈에도 심각한 영향을 끼칠 수 있다. 가장 대표적인 것이 눈앞이 뿌옇게 흐려지는 백내장이다. 백내장은 60세 이상 노인에게서 매우 흔하게 생기는 질환이어서 노화의 한 과정으로 보기도 한다. 백내장 가운데 일정 부분은 태양의 자외선에 과다 노출됐기 때문으로 믿는다. 또 자외선에 과다 노출되면 백내장이 진행속도가 빨라지기도 한다. 또 각막이 햇빛에 화상을 입어 광각막염을 일으키기도 한다. 광각막염이 발생하면 불편감과 광과민증, 흔히들 '눈(雪)시각장애'(snow blindness, 사방이 눈이 쌓인 곳에서 자외선이 반사돼 사람의 눈으로 들어가 일시적으로 앞이 보이지 않게 되는 현상)로 불리는 일시적 시야상실 등의 결과로 이어진다.

• 자외선 피해 예방을 위한 세계보건기구(WHO)의 권고 •

☐ 한낮 햇빛에 노출되는 시간을 줄여라. 특히 오전 11시에서 오후 2시 사이의 햇빛을 피하라.
☐ 될 수 있는 대로 그늘을 찾아라.
☐ 긴 챙이나 넓은 테가 있는 모자 등 눈과 얼굴, 목을 햇빛으로부터 보호할 수 있는 복장을 하라.
☐ 촘촘하게 짠 천으로 만든 옷을 입어 되도록 많은 피부를 감싸라.
☐ 안개나 옅은 구름 등은 자외선 차단을 많이 해주지 않으므로 이런 날씨를 믿고 자외선에 대한 경계심을 늦추지 말라.
☐ 스키 등 겨울 스포츠를 즐기는 사람들은 눈이 자외선의 85퍼센트를 반사한다는 사실을 꼭 명심하라.
☐ 자외선차단지수 30 이상의 자외선차단제를 사용하라. 차단제를 사용했다고 해서 햇빛 속에서 장시간 활동하지 말고, 선탠을 할 때 차단제의 효과를 과신해 차단제를 바른 채 너무 오랫동안 햇빛에 노출시키는 것을 삼가라.

□ 인공 선탠을 피하라. 35세 이전에 자외선 등을 이용한 인공 선탠을 하는 사람은 인체에 치명적인 흑색종의 위험이 75퍼센트나 증가한다.
□ 아기와 어린이들을 항상 그늘에 두어 자외선으로부터 보호하라.
□ 신문이나 방송의 일기예보에서 자외선 지수를 확인하라.
□ 자외선 A와 B를 차단할 수 있는 옆가리개가 있는 선글라스를 착용하라.

대한민국을 공포로 몰아넣은
가습기 살균제의 진실은?
세계 최초의 바이오사이드 사건

2012년 8월 대한민국은 전 국토가 펄펄 끓었다. 기록적이고 살인적인 더위는 2주 가까이 계속됐다. 최고기온은 40도까지 치솟았다. 도심 아스팔트 위에서 느끼는 체감온도는 40도를 훌쩍 넘어 45도 가까이 됐다. 농촌에서는 땡볕 아래서 밭일을 하던 할아버지와 비닐하우스에서 일하던 할머니들이 더위 때문에 숨졌다. 도시에서는 도로 위를 10~20분만 걸어가도 숨이 턱턱 막혔다. 한밤중에도 기온은 27~28도를 오르내렸다. 런던올림픽 중계를 보느라 밤잠을 설친 사람도 있지만 대다수는 열대야 때문에 잠 못 이루는 불면의 밤을 보냈다. 하지만 이런 맹더위도 시간 앞에서는 어쩔 수 없어 8월 15일 광복절을 즈음해 더위가 한풀 꺾이기 시작했다. 시원한 빗줄기가 쏟아졌다. 오히려 어떤 곳에서는 물 폭탄이 터져 집과 도로가 침수되는 등 비 피해를 입었다. 낮 최고기온이 30도 안팎에 머무르자 사람들은 시간의 고마움을 느꼈다.

하지만 시간이 지나도 상황이 바뀌지 않는 일도 있다. 그래서 이들은 더 고통스럽다. 2011년 가습기 살균제 때문에 숨진 아이들을 생각하며 몸과 마음에 상처만 가득 남은 어머니들은 2012년 한여름이 더욱 고통스럽다. 젊은 엄마 김순희(가명) 씨의 가슴에는 아직도 딸 영희(가명)가 남아 있다. 결코 먼 세상으로 떠나보낼 수 없었다. 정말 억울한 죽음이었다. 아기가 감기에 걸리지 않도록 습도 조절을 위해 가습기를 사용했다. 제때 청소하지 않으면 오히려 가습기가 세균의 온상 구실을 해 건강에 해롭다고 해 시중에서 판매하는 가습기 살균제(세정제)를 구입했다. 가습기 물에 약간만 첨가하면 청소할 필요도 없고 세균의 번식도 막을 수 있다는 말에 그녀는 현대 과학기술의 힘에 고마움을 느꼈다. 그리고 대기업에서 만들어 파는 제품이고 인체에 아무런 해가 없다고 되어 있어 줄곧 이를 사용했다. 하지만 몇 달 뒤부터 아기가 자꾸 원인 모를 기침을 해댔다. 급기야 열이 나고 호흡이 점점 가빠졌다. 처음에는 동네 의원에서 치료를 받았지만 차도가 없었다. 가습기 살균제가 범인일 것이라고는 꿈에도 생각지 못했다. 증상이 점점 심각해져 큰 병원을 찾았다. 그곳에서도 원인을 잘 몰랐다. 아기는 위급상황에 빠졌고 중환자실로 옮겨졌다. 그리고 얼마 지나지 않아 눈에 넣어도 아프지 않을 유일한 혈육은 세상을 떠났다. 자신이 왜 죽는지도 모른 채. 부모도 딸이 왜 죽었는지도 모른 채 그렇게 떠나보내야 했다.

어느 날 신문과 방송에서 가습기 살균제 때문에 전국 곳곳의 어린 아기와 산모들이 숨져갔다는 소식을 떠들기 시작했다. 영희 엄마도 그제야 영희의 죽음이 가습기 살균제 때문이라는 생각을 하게 되었다. 생활을 편리하게 해주고 건강을 유지시켜주는 안전한 제품이라고 여겼던 것이 오히려 사람의 목숨을 앗아가는 살인병기였다는 생각에 미치자 분노가 치밀었다. 그녀는 환경보건시민단체에 자신의 사례를 알렸다. 그리고 그 단체 모임에서 자신과 비슷한 일을 겪은 사람들을 만났다. 그들은 이런 유해제품을 판

기업과 제품 판매 허가를 내준 정부에 책임이 분명 있다고 여겼다. 그래서 당연히 죽은 목숨을 되살릴 수는 없다 하더라도 피해보상만은 해줄 것으로 믿었다. 하지만 이런 믿음은 휴지조각이나 다름없었다. 아무도 책임지지 않았다. 정부도 기업도 억울하면 소송을 하라고 할 뿐, 막무가내였다.

그러던 중 가습기 살균제 사건을 국민에게 알리고 피해자들을 모아 여론화하는 데 앞장서고 있던 환경보건시민센터가 2012년 5월부터 서울 광화문 광장에서 낮 12시부터 1시간씩 매일 1인 시위를 벌인다는 것을 알게 됐다. 순희 씨는 아무것도 모르고 숨져간 영희가 떠올랐다. 딸아이의 죽음에 자신의 잘못도 있다는 죄책감에서 여전히 벗어나지 못한 채 하루하루 살아있는 것 자체가 고통이었다. 자신들이 직접 피해를 입은 것도 아닌데 살인더위 속에서도 싸우고 있는 환경단체 사람들에게 미안했다. 순희 씨는 직접 자신도 나서기로 결심했고 광화문 한복판에서 1인 시위를 벌였다. 그녀뿐만 아니라 1인 시위에 나선 환자와 그 가족들이 꽤 된다. 18개월 된 손녀를 잃고 슬픔으로 나날을 보내다 시위에 나선 할머니, 아내를 잃은 남편, 폐이식수술을 거부하고 인공호흡기에 의지하며 휠체어를 탄 채 온몸으로 정부와 기업에 항거하는 아주머니 등등. 아시아에서 일본 다음으로 제일 잘나간다는 대한민국에서 이런 사건이 벌어졌다는 것과 사건 해결조차 제대로 이루어지지 않고 있다는 것은 국제적으로도 정말 부끄러운 일이다. 이들은 1시간 동안 시위를 하면서 온갖 지난 일들을 떠올렸을 것이다. 이제 이들과 함께 타임머신을 타고 1년여 전으로 돌아가보자.

2011년 봄부터 임신부와 갓난아기 등이 잇따라 의문의 죽음을 당했다. 이들은 폐조직이 빠르게 섬유화가 진행되고 폐렴까지 겹쳐 결국 호흡 기능이 정지돼 죽어갔다. 처음에는 바이러스나 병원성 세균에 의한 감염 때문으로 의심했다. 하지만 항바이러스제나 항생제 등이 무용지물이었다. 전

가습기 살균제 피해로 중증장애인이 된 한 피해여성이 2012년 한여름 뙤약볕 아래서 휠체어를 타고 피해보상 등을 요구하며 1인 시위를 벌이고 있다. 호흡이 곤란해 휴대용 산소통과 연결된 콧줄로 산소를 공급받아 숨 쉬고 있다.

염성도 나타나지 않았다. 언론들은 이 해괴한 질병을 괴질로 불렀다. 질병관리본부와 감염학자 등은 이 괴질이 전염병은 아닌 것으로 그해 5월 결론 내렸다.

미생물에 의한 감염병은 아니라는 사실이 확인되자 이번에는 환자나 사망자들이 처한 공통점을 찾아나섰다. 이들의 공통점은 모두 오랫동안 가습기에 살균력을 지닌 살균제(세정제)를 투입해왔다는 것이었다. 특히나 가습기 살균제를 밀폐된 공간에서 오랫동안 사용한 사람일수록 그 피해가 심각했다. 세포실험, 즉 생체 외 실험을 통해 이들 가습기 살균제의 독성을 조사한 결과 세포에 심각한 손상을 주는 것으로 나타났다.

질병관리본부는 2004~2011년 한 의료기관에 입원한 환자 중 원인 미상의 폐 손상 환자 정의에 부합한 28건 가운데 조사에 동의한 18건을 대상으로 환자-대조군 역학 조사를 3개월간 실시했다. 그 결과, 폐 손상에 대한 가습기 살균제의 위험비(교차비)가 47.3(신뢰구간 6.0~369.7)으로 나타났다. 질병관리본부는 8월 31일 즉각 이 역학 조사 결과를 중간 발표했다. 이는 원인 미상의 폐 손상 환자 가운데 가습기 살균제를 사용한 사람이 사용하지 않은 사람에 견줘 무려 47.3배나 이 질환에 걸릴 위험이 높다는 뜻이다.

흡연자와 비흡연자의 폐암 사망 위험비가 10이고, 석면 노출자와 비노출자의 폐암 사망 위험비가 5이다. 따라서 47.3이라는 위험비는 그 인과관계가 매우 높다는 사실을 보여준다. 이제 남은 것은 생쥐 등을 대상으로 한 동물실험(생체 내 실험), 특히 사람이 가습기 살균제를 사용할 때와 같은 조건에서 흡입 독성 실험을 하는 일이다. 하지만 그 결과를 얻는 데는 3개월의 시간이 더 걸린다. 그래서 질병관리본부는 그사이 생길지 모를 피해를 막기 위해 사전예방차원에서 긴급히 살균제를 제조하거나 수입해 판매하는 회사들에 통보해 판매 중단과 제품 회수 조처를 권고했다.

질병관리본부는 아직 가습기 살균제가 사망 원인이라는 확정을 할 수 없다는 이유로 문제가 된 살균제의 성분이나 회사이름은 숨겼다. 살균제 성분 가운데 독성이 없는 것도 있을 수 있어, 만약 폐세포 독성이 없는 데도 회사이름이 알려질 경우 그 회사가 심각한 손해를 입을 수 있고 그렇게 되면 나중에 소송을 걸어올 수 있다고 판단했기 때문이다.

질병관리본부는 2011년 11월과 2012년 2월 가습기 살균제의 동물실험 결과와 최종 역학 조사 결과를 발표했다. 이 '희대의 살인마'를 잡아 추궁한 결과 그 원인은 구아니딘(Guanidine)과 이소티아졸리논(Isothiazolinone) 계통의 화학물질이었다. 더 구체적으로는 PHMG(옥시레킨벤키저의 '옥시싹싹', 롯데마트의 '와이즐렉', 홈플러스의 '홈플러스', 코스트코의 '가습기클린업' 등), PHG(Butterfly effect Inc의 '세퓨'), CMIT(애경산업의 '애경가습메이트', 이마트의 '이플러스' 등) 등이다. 이들은 고분자 물질들로 용액(물) 속에 녹아 있는 형태라면 별 문제가 되지 않는다. 하지만 PHMG(폴리헥사메틸렌구아니딘포스페이트)와 같은 것이 흡입 가능한 미세입자 형태가 된다면 흡입 독성은 문제가 될 수 있고 눈에 대해서도 심한 자극성을 보인다. 선진국에서도 이런 성분들을 물건을 소독하기 위한 살균제로 사용하거나 수영장이나 화장품류에 살균제 또는 방부제로 미량 첨가해 사용해왔다. 이런 용도로 사용할 경우 인체는 구강 섭취 또는 피부 접촉에 의해 이들 물질에 노출될 수 있고, 그 위해성은 사실상 무시할 정도의 수준이다.

하지만 흡입의 경우는 그 독성이 완전히 달라진다. 가습기 살균제는 가습기를 청소하거나 닦는 데 사용하는 세정제로서가 아니라, 아예 가습기 물에 일정량 타서 이를 미세입자(에어로졸)로 만들어 공기 중으로 내보내는 형태로 사용됐기 때문에 인체에 치명적이 되었다. 정부와 전문가 등 어느 누구도 이런 점을 예상치 못했던 것이다. 다른 나라들에서는 이렇게 사용하지 않았기 때문에 그동안 한국에서와 같은 피해자가 나오지 않았다.

이번 사건의 수사(역학 조사) 발표를 보면 가습기 살균제 사용자들은 환기가 거의 이루어지지 않는 조건에서 이 살균제를 장시간 고농도로 사용하다 변을 당했다. 역학 조사 결과 가습기 살균제를 사용했을 때 가습기에서 발생하는 에어로졸은 20~100나노미터(1나노미터는 10억분의 1미터) 정도의 호흡성 에어로졸로 확인됐다. 결국 살균제 성분이 호흡을 할 때 공기와 함께 폐 깊숙이 이동해 폐조직이 직접 고농도의 살균제 성분에 지속적으로 노출되었던 것이다.

가습기 살균제 재앙의 주범이 살균제를 제조해 판매한 기업이라면 종범은 판매를 허용해주고 그 안전성 관리를 제대로 하지 못한 정부라 할 수

환경보건시민센터가 서울 광화문 이순신 장군 동상 앞에 문제가 된 가습기 살균제 제품들을 전시해놓은 모습.

있다. 전문가들 또한 범죄 현장을 그냥 지나쳐버린 무심한 방관자라고 할 수 있다. 독성 전문가들은 유해화학물질의 경우 노출 경로에 따라 그 독성이 천양지차로 차이가 난다는 사실을 잘 알고 있다. 하지만 어찌된 일인지 가습기 살균제에 대해서는 지난 10여 년간 아무도 아무런 의심을 품지 않았다.

현재 피해자와 그 가족들은 여러 갈래로 나뉘어 소송을 진행하고 있다. 하지만 소송은 대법원 판결까지 3~5년이 걸리는 데다 판매사의 경우 대기업이 많지만 제조·수입사의 경우 대부분 영세기업이어서 승소한다 하더라도 보상받기가 쉽지는 않다. 하지만 정부는 "개별 소송을 하라"고만 말하고 있을 뿐이다.

아직 이번 사건에 대해 책임 있는 장관 또는 총리, 대통령 그 어느 누구의 공식 사과도 이루어지지 않아 많은 사람들에게 실망과 함께 공분을 불러일으키고 있다. 만약 이런 식으로 이번 사건의 피해 보상 문제가 진행된다면 대한민국은 이들에게 새로운 희망을 주는 국가가 되지 못할 것이다.

죽은 사람은 말이 없다. 가습기 살균제 때문에 죽음 문턱에까지 갔다가 요행히 살아남은 사람과 피해자 가족들은 살아 있어도 살아 있는 것이 아니다. 자신 때문에 죽었다는 죄책감에 때론 자살까지 생각하는 이들도 있다. 대부분이 극심한 외상 후 스트레스 장애에 시달린다. 흔히들 전쟁에 참가한 군인이나 성폭력 또는 학대를 당한 사람들이 시달린다고 알고 있는 외상 후 스트레스 장애가 가습기 살균제 피해자와 그 가족들에게서도 심각한 문제가 되고 있는 것이다. 이들 가운데 정신과 치료를 받기 위해 병원을 들락날락하며 상담을 받고 약물치료를 받는 경우도 꽤 있다.

한국환경보건학회가 가습기 살균제 피해자와 그 가족들을 대상으로 연구해 2012년 6월 발표한 「가습기 살균제 피해자의 노출 실태와 건강 영향

조사」란 논문을 보면 조사 대상 75명 모두가 스트레스 장애나 급만성 외상 후 스트레스 장애에 시달리는 것으로 나타났다. 조사 대상 피해자와 그 가족들은 절반가량이 피해를 당한 지 이미 1년이 훌쩍 넘었는데도 악몽 같은 나날을 보내고 있다. 특히 사망자의 가족들은 그 정도가 훨씬 심각하다.

정부가 가습기 살균제 피해와 관련해 조치를 취한 것은 2012년 7월 23일 공정거래위원회가 가습기 살균제 제조판매업체 4곳에 허위표시를 했다는 이유로 과징금을 부과한 것이 유일하다. 공정거래위원회는 가습기 살균제 업체들이 인체 유해성에 대한 검증 없이 안전하다고 표시한 것은 '허위표시'에 해당한다며 옥시레킨벤키저, 홈플러스, 버터플라이이펙트, 아토오가닉 등 4개 사에 과징금 5,200만 원을 부과했다. 그리고 법인과 대표를 검찰에 고발했다. 이때 공정위가 확보한 문건에는 가습기 살균제의 주성분인 PHMG(폴리헥사메틸렌 구아니딘)의 유해성이 기재된 '물질안전보건자료'가 있었다. 이 자료는 가습기 살균제의 주성분인 'PHMG'를 '유해물질'로 분류하고 "흡입하지 마시오"라고 표시했다. 또 이 제품을 사용할 때 호흡기 보호를 위해 "분진이나 증기가 발생할 가능성이 있는 공정에서는 방독면을 착용한다"고 안내하고 있다. 이 물질안전보건자료는 원료 제조사가 제품에 어떤 유해성이 있는지 등을 담아 구입자에게 주는 것이다. 이 자료를 주고받는 것은 산업안전보건법에 따른 의무사항이다. 이것만으로도 가습기 살균제 업체들이 살균제 원료를 흡입하면 인체에 위험하다는 사실에 대해 충분히 알고도 판매한 것으로 볼 수 있다. 공정위도 원료제조사인 SK케미칼이 도매상을 거쳐 제조·판매사에 이 자료를 전달했다는 사실을 확인했다고 밝혔다.

가습기 살균제 문제와 관련해 가장 중요한 것은 물론 생명을 잃은 것이다. 그다음은 생명을 건졌지만 심각한 폐 손상으로 평생 고통 속에 살아가야 하는 것이다. 이들은 모두 살균제 피해가 겉으로 확실히 드러난 문제이다. 하지만 이런 심각한 손상은 아니더라도 폐기능의 저하를 가져올 정도의 피해를 입었을 사람들이 더 많을 수 있다는 사실을 놓쳐서도 안 된다. 폐에는 엄청난 수의 폐포가 있고 폐포 가운데 절반이 손상을 입어도 생명에는 지장이 없다. 다시 말해 폐의 5~10퍼센트, 많게는 60~70퍼센트가 손상된다 하더라도 사람이 바로 죽는 것은 아니다. 하지만 손상률이 높으면 높을수록 폐의 기능은 눈에 띄게 약해지게 마련이다.

과거 최초로 알려진 사례의 경우도 실은 최초가 아니라 우리의 부주의 또는 미숙함으로 실제 환자가 많이 발생했음에도 이를 놓친 역사적 사건이 종종 있었다. 에이즈의 경우 1981년 미국 로스앤젤레스에서 최초의 환자가 보고됐지만 전염병 역사가들은 시간을 거꾸로 거슬러 올라가 추적한 결과 1960년대 중반부터 환자들이 계속 나왔음을 증명했다. 원진레이온의 경우도 1980년대 초반부터 환자들이 나오기 시작한 것으로 확인됐다. 충남 홍성군 석면광산 주변 주민들의 경우에도 이미 1960년대부터 곳곳에서 석면질환자로 보이는 사람들이 숨져간 정황이 드러났다.

가습기 살균제가 범인으로 드러난 이번 사건의 희생자도 실은 2011년 봄 처음 나온 것이 아니라 그보다 훨씬 전부터 나왔을 가능성이 매우 크다. 이는 이미 2011년 봄 피해자가 잇따라 발생했을 때 의사들이 증언한 것에서 나타나고 있고 피해자 사례 신고에서도 드러나고 있다. 다만 정확한 역학 조사가 이루어지지 않아 그 발생 규모와 최초의 발생 시점 등이 아직 밝혀지지 않았을 뿐이다.

가습기는 유해성분이나 유해 미생물이 없는 순수한 물로 가습을 할 경우에는 인체에 아무런 영향을 끼치지 않는다. 살균제의 경우도 미세한 입자 형태로 흡입해 폐 안으로 들어가지 않는 이상 인체에 별다른 영향을 끼치지 않는다. 다시 말해 살균제 성분이 피부에 묻어도 인체에 문제가 될 만한 영향을 주지 않는다는 것이다.

문제는 이 둘의 잘못된 만남이다. 다시 말해 독성이 있는 살균제 성분이 미세한 입자를 만들어내는 가습기 안에 들어갈 경우 미세한 독성입자가 만들어져 이것이 폐 깊숙이, 즉 산소와 이산화탄소의 교환이 이루어지는 허파꽈리(폐포)까지 들어갈 경우 세포에 손상을 주어 폐의 섬유화를 일으킬 수 있다. 이는 심각한 폐 손상으로 이어져 호흡기능을 마비시킴으로써 죽음에 이르게 할 수 있다는 것이다.

보통의 경우 살균제가 미세한 입자로 만들어질 일이 사실상 없다. 세정제를 가습기를 닦아내는 데만 사용하거나 분무기로 뿌리기만 한다면 별다른 문제가 생기지 않을 가능성이 높다. 가습기 물에 일정량의 살균제를 섞는 방식으로 소비자들이 사용하게 만듦으로써 물속에 살균제 성분이 녹아 들어가고 이것이 가습기에 의해 미세한 입자로 바뀌면서 발생한 것이 바로 가습기 살균제 사건인 것이다.

대개 살균제는 세균이나 바이러스의 세포막이나 껍질에 영향을 주어 이들을 죽인다. 만약 살균제 성분이 폐 속에 들어오면 폐세포도 손상을 입게 된다. 이럴 경우 세포막이 손상돼 폐 섬유화가 진행되며 만약 많은 양의 살균제 성분이 폐 속에 들어오게 되면 섬유화가 더욱 빠르게 진행된다.

인간의 폐에는 대식세포와 같은 막강한 능력을 지닌 면역 군대가 있지만 이들이 천하무적은 아니다. 담배연기나 미세먼지, 중금속, 병원균과 병원성 바이러스, 그리고 오존, 살균력을 지닌 화학물질 등 유해물질이 미세한 입자에 들러붙거나 각종 연기로 폐 깊숙이 들어오면 폐조직은 치명적인 손상을 입거나 기능장해가 생기게 된다. 따라서 이를 막기 위해서는 폐에 유해물질이 들어갈 수 있는 행위를 하지 않아야 한다.

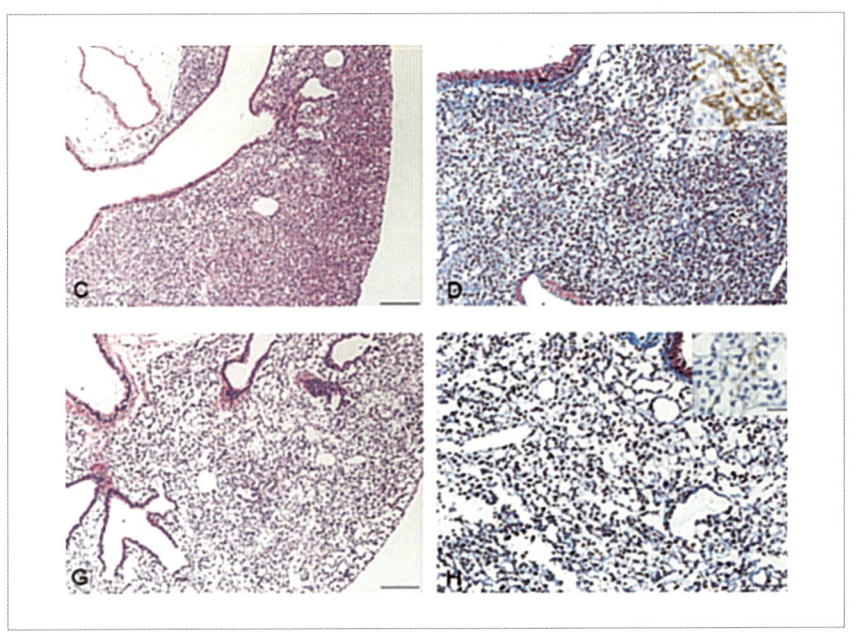

일본 과학자가 살균제 성분인 디데실디메틸염화암모늄(DDAC)을 쥐의 폐세포에 투여한 뒤 7일째(C와 D)와 20일째(G와 H) 모습. 시간이 경과함에 따라 폐 손상 정도가 확대되었음을 볼 수 있다.

 가습기 살균제 사건은 대한민국뿐 아니라 세계 최초의 바이오사이드 환경 재앙 사건이다. 이는 단언컨대 앞으로 세계 각국에서 화학물질에 의한 위해성 사건을 이야기할 때마다 가장 먼저 언급될 것이며 환경 독성학 교과서에 실리게 될 사건임에 분명하다.
 이 재앙은 사망자나 중증 질환자 수에서는 일본의 미나마타병과 이타이이타이병 그리고 유럽의 탈리도마이드 약화 사건과는 비교가 안 될 정도로 적은 편이지만, 이들 사건과 달리 아직 끝난 것이 아니라 그 피해 규모 파악이 진행 중이며 지난 13년 동안 874만 명(전체 인구의 18.2퍼센트)가량이 가습기 살균제를 사용해왔다는 점에서 실제 위험 노출 인구는 그 어느 사건과도 비교가 되지 않을 정도로 엄청나다.

　현재까지 시민단체 등에 접수된 가습기 피해사례는 사망자 52명, 중증 피해자 174명이다. 정부가 신고를 접수받은 피해자 수는 이보다 적어 사망자 10명, 중증 피해자 141명으로 특히 사망자 수에서 시민단체가 접수받은 것과 큰 차이를 보인다. 하지만 이 숫자는 그야말로 빙산의 일각이다. 이런 유형의 사건들은 모두 똑같은 구조를 하고 있다. 사망자가 100이라면 중증 질환자를 비롯해 심각한 피해를 입은 사람은 그것의 몇 배, 몇십 배에 이를 것이고 드러나지 않은 피해자 수는 다시 그것의 몇십 배 수준, 다시 말해 사망자의 수백 내지 수천 배가 될 것이다. 드러나지 않은 피해자란 정상적인 폐기능을 100으로 보았을 때, 예를 들자면 살균제 노출로 이것이 90~99 수준 등으로 떨어진 것을 말한다. 우리 몸은 이런 정도의 폐기능 저하를 일상생활을 하면서 쉽게 알아차릴 수 없다. 단지 노화나 몸이 약해져 폐기능이 약간 떨어졌다고 생각하기 십상이다.

　충북대학교 김용화 교수는 "이들 물질을 개발할 때 살균제 주성분 용도 변경에 따른 안전성·위해성·독성학적 의미를 인지하고 검토하지 못해 한국에서 가습기 살균제 집단 사망 사건이 터졌으며 사전에 위해성 평가 단계를 거쳤더라면 충분히 예방이 가능한 일"이었다고 지적했다.

　가습기 살균제 사건의 본 수사는 끝났지만 여죄 추궁은 끝나지 않았다. 그리고 살인범에 대한 재판과 판결이 남아 있다. '살인'에 가담한 다른 '범인'(다른 살균제)이 있을 수 있으며 이들에 의한 '범행'이 아직도 이루어지고 있을 가능성이 있다. 뿐만 아니라 이러한 살균제 성분이 가습기가 아닌 다른 곳에 사용되고 있을 가능성도 있다. 환경독성보건학회 학술위원장인 이종현 박사는 2011년 12월 12일 가습기 살균제를 주제로 열린 환경독성 포럼에서 "가습기 살균제 성분은 세정제, 방향제, 탈취제, 물티슈 등 다른 부문에서도 널리 쓰이고 있어 이들을 포함해 생활화학 가정용품에 사용된 다양한 화학물질 성분을 조사해 위해성 여부를 정밀 평가해야 한다"고 밝혔다.

  가습기 살균제 사건은 악취를 제거하기 위해서건, 방수를 위해서건, 자동차에 김이 서리는 것을 막아주기 위해서건, 벌레를 죽이기 위해서건 미세한 에어로졸 형태로 뿌리는 제품에 대해서는 일단 경각심을 가져야 한다는 것을 깨우쳐주었다. 우리 일상생활에서 이와 유사한 일과 제품은 없는지 가습기 살균제 사건을 계기로 되돌아보아야 하겠다.

• 바이오사이드 피해 예방을 위한 수칙 •

☐ 가습기 살균제는 안전성이 확인된 제품이라도 되도록 사용하지 않는 것이 좋다.
☐ 감기 예방 등 건강 유지를 위해 실내 습도 유지는 중요하므로 빨래나 젖은 수건 사용 등 전통적인 방법을 권장하며, 가습기 사용을 하려면 정기적으로 청소를 해주는 것이 좋다.
☐ 가습기는 청소가 쉬운 제품을 구입하고 사용할 때 실내 환경의 청결을 유지해야 한다.
☐ 실내든 실외든 미세한 입자가 나오는 스프레이 등을 사용하는 것은 삼가고, 특히 각종 농약이나 살충제, 살균제, 머리미용 관련 제품 등은 되도록 쓰지 않는 것이 좋다.
☐ 집 안에 곰팡이가 피었을 경우에는 곰팡이 살균제를 마구 뿌리는 것보다 문제가 되는 부분을 뜯어내고 깨끗이 청소한 뒤 환기를 잘 시키는 것이 바람직하다. 만약 곰팡이 제거제를 사용할 경우에는 마스크 착용과 함께 환기를 철저하게 해야 한다.

☐ 실내 미생물을 죽이기 위해 오존발생기를 사용할 경우 여기서 나오는 오존이 인체에 해를 끼칠 위험성이 있으므로 사용에 주의해야 한다.
☐ 실내 또는 자동차 내 방향제 사용은 삼가고 특히 인공 방향제나 탈취제 사용은 건강에 해로울 수 있으므로 유해성분 여부를 꼼꼼히 살펴야 한다.

석면, 마법의 광물에서
죽음의 섬유로 추락하다!
석면의 안전학

석면은 요 몇 년 사이 언론이 집중적으로 조명하는 유해물질 가운데 대표적인 것이다. 석면으로 인한 실제 피해자 수가 모두 드러나지 않은 측면도 있지만 그것을 감안하더라도 다른 위험에 견줘 그 피해자 수가 그리 많지 않다. 그런데도 언론은 석면 문제가 터져나오면 이를 과도하게 다루는 경향이 있다. 이는 석면이 우리 사회에 꼭 필요한 좋은 물질이라는 인식에 대한 반발의 성격도 있고, 새로운 위험에 대한 두려움의 성격도 있다. 아마 가장 큰 이유는 슬레이트 지붕재와 건축내장재 등 생활공간 곳곳에 석면이 섞인 자재가 있기 때문일 것이다.

 석면이 어디에 쓰였으며 어떤 때 위험한가를 아는 것은 전문가의 영역이 아니라 이제 대중들이 꼭 알아야 할 상식이 돼버렸다. 인체 발암물질인 석면의 어찌 보면 갑작스런 등장에 어떤 이는 과도한 공포를 느끼고 있으며 어떤 이는 여전히 그 위험성을 잘 모르고 있다. 이럴 경우 가장 적절한 처방전은 석면에 관한 정확한 지식을 제공해 석면 위해성 무지에서 벗어나고 불필요한 공포를 느끼지 않도록 만드는 것이다.

2009년 4월 국민을 깜짝 놀라게 한 뉴스는 단연 베이비파우더에 사용한 탤크에 석면이 들어 있다는 것이었다. 당시 사람들이 궁금하게 여긴 것 가운데 대표적인 것이 베이비파우더를 몇 번 또는 수십 내지 수백 번 사용한 아기와 엄마가 나중에 악성 중피종 등 석면 암을 비롯한 석면 질환에 걸릴 위험이 어느 정도인가 하는 점이었다. 당시 국내 전문가 어느 누구도 여기에 대해 자신 있게 대답하지 못했다. 세계적인 석면 전문가를 데려와도 그 해답을 구하기가 어려웠을 것이다. 한강물이 서해로 빠져나간 뒤 그 당시 한강물의 오염 정도를 파악하기가 불가능하듯이, 과거 사용한 석면 탤크 베이비파우더 때문에 사람들이 석면에 얼마만큼 노출됐는지를 알기는 사실상 불가능하다.

하지만 이미 전 세계적으로 수많은 노동자들이 석면을 흡입해 치명적인 석면 질환으로 숨진 사실이 있기에 정부도 아무런 문제가 없다고 하지는 않았다. 그렇다고 베이비파우더 석면 탤크로 인한 석면 질환 발생 가능성에 대해서 뚜렷한 입장을 밝힌 것도 아니다. 호흡기 노출로 인한 석면 질환 발생 부분은 의심할 여지없이 받아들였지만 경구, 즉 입을 통한 석면 섭취에 대해서는 일부 전문가의 입을 빌려 그 유해성이 사실상 무시해도 좋을 정도라는 자세를 취했다. 음식물이나 음용수 섭취를 통한 위장관계 암 발생은 거의 논의되지 않고 지나가버렸다. 이 때문에 베이비파우더 제조회사를 상대로 소비자들이 소송을 제기했지만 석면 탤크를 의약품에 사용한 국내 제약회사들은 소송의 화살을 피해갔다.

베이비파우더 석면 탤크 문제는 우리나라에서 필자가 이미 24년 전인 1988년 『석면 공해: 조용한 시한폭탄』와 2008년 『침묵의 살인자 석면』에서 제기한 것이다. 나는 이 책들에서 "일본에서 발행되는 의학잡지 《의학

2009년 사회 문제가 됐던 서울시 성동구 재개발 지역 홍익어린이집 석면 노출 사건을 상징적으로 보여주는 사진으로 재개발 지역을 한 어린이가 가방을 메고 지나가고 있다.

2009년 2월 충북 제천시 수산면에 있는 옛 석면 광산 인근 신생중상이용사촌의 채석장에서 발견된 큼지막한 석면덩어리.

한겨울 슬레이트 지붕에 매달린 고드름의 모습. 오랜 비바람에 낡은 슬레이트에서 흘러내린 눈이 만든 고드름에는 석면섬유가 들어 있다고 하니 30~40년 전 고드름을 따 먹던 옛 추억도 이젠 재현하기가 어렵게 됐다.

의 진보》 1987년 7월호에서 일본에서 시판되는 베이비파우더 5개 제품 중에서 석면이 혼입된 것과 관련한 논문을 싣고 있으며 문제가 된 베이비파우더의 주성분이 중국과 한국산 천연 탤크의 분말"이라고 소개했다. 그리고 다음과 같이 지적했다. "일본에서 벌어진 베이비파우더 내 석면 혼입 사건은 시각에 따라서는 심각한 문제로 받아들여질 수 있다. 일본에서 문제가 된 파우더의 주성분인 활석이 한국산이라고 하니 한국에서 시판되고 있는 베이비파우더도 한번 조사해봄 직하다. 베이비파우더에 발암물질이 들어 있다는 것은 상당히 충격적인 사실이다." 이런 지적은 정부 당국의 무관심 속에 20년 가까이 묻혀 있다가 2009년 3월 한국방송 〈소비자고발〉 팀의 전수영 프로듀서와 연락이 닿아 세상에 알려졌다.

경구(經口) 섭취를 통한 석면 질환 위험 문제는 2010년 7월 중순 정부와 지방자치단체의 관리 소홀로 석면이 다량 함유된 석재가 4대강 사업에 대량으로 쓰인 것이 환경단체에 의해 확인되면서 다시 불거졌다. 특히 환경부가 이 문제에 대해 발 벗고 나섰다. 이는 지난 2010년 7월 22일 과거 운영된 석면공장 및 광산 인근의 주민 건강영향조사 실시 결과를 보도자료로 내면서 먹는 물 속의 석면 위해성 문제를 들고 나온 것에서 잘 드러난다.

당시 환경부는 석면의 안전관리는 반드시 필요하나, 이에 대한 합리적 대응을 위해서는 석면의 위해성에 대한 올바른 정보를 인지하는 것이 중요하다고 밝혔다. 먼저 석면은 호흡을 통한 질환 발생 물질로서 음용(소화기 노출)과 석면 질환 유발과의 연관성은 아직 명확히 밝혀진 바 없다고 말했다. 세계보건기구에서도 2003년 먹는 물 석면 기준을 설정하려고 위해성을 검토한 결과, 음용으로 인한 건강상 영향은 확실한 증거가 없다는 결론을 내렸다.

뉴욕시는 과거(1960~1985) 상수도관으로 석면 시멘트관을 이용해왔는데 이 기간 중 2,963명에 대하여 20여 년간 역학 조사를 실시해 최종적으로 먹는 물과 석면 암 발생 관련성이 없다고 1998년 결론 내렸다. 시애틀에서는 현재도 석면 시멘트관을 상수관으로 이용 중이다. 이런 연구 결과 등에 따라 세계보건기구는 음용수에 대한 석면 함유 기준을 설정하고 있지 않다. 다만 미국에서만 음용수 중 석면 함유 허용 농도를 1리터당 700만 개(fiber/L)로 설정해놓았다. 하천과 식수 원수에서의 석면 함유 기준은 전 세계적으로 아직 없다. 하지만 최근 동유럽 국가에서는 석면 시멘트관을 비석면제품으로 교체하는 공사를 대대적으로 벌이고 있다.

먹는 물이나 식품 중 석면의 유해성 여부에 관한 연구는 매우 전문적인 분야여서 일반인들이 이해하기가 쉽지는 않다. 하지만 이것이 논쟁이 될 경우 매우 민감한 사안이고 깊은 관심을 가지게 되므로 최대한 쉽게 이야기할 필요성이 있다.

독성물질 가운데 노출로부터 오랜 시간이 지난 뒤 질병이 나타나는 암과 같은 위험은 그 원인과 결과 사이의 관계를 확정짓기가 쉽지 않다. 흡연으로 인한 사망자나 질환자가 엄청나게 나왔지만 담배가 폐암의 원인이 된다는 역학 연구 결과가 나오기까지 오랜 세월이 걸렸다.

잠복기가 최대 50~60년이나 되는 석면의 경우도 1800년대 말부터 석면폐 환자가 보고되기 시작했다. 하지만 석면이 석면폐의 원인이라는 사실을 확실하게 밝혀낸 과학적 연구는 1930년대가 되어서야 이루어졌다. 석면이 악성 중피종과 폐암의 원인이라는 사실도 역학 연구로 입증된 것은 1950년대 말과 1960년대 중반이었지만, 실제 환자는 1920년대부터 쏟아져나오기 시작했다.

위암이나 췌장암, 결장암 등과 같은 위장관계 암은 아주 많은 발암 원인이 있을 수 있으므로 설혹 석면이 이들 암 발생에 관여한다고 하더라도 이를 명확하게 밝혀내기란 쉽지 않다는 사실을 염두에 둘 필요가 있다.

뉴욕시가 최종적으로 먹는 물과 석면 암 발생과의 관련성이 없는 것으로 결론 내렸다고 밝힌 20여 년간의 연구는 뉴욕주 우드스톡 마을에 사는 2,936명을 대상으로 한 것이다. 이 마을은 1950년대 중반에서 후반까지 석면 시멘트관으로 상수도관 공사를 했다. 주민들은 1960년부터 1985년까지 이 상수도관을 거친 먹는 물을 마셨다. 석면 관련 질환은 20~30년의 잠복기를 가지고 있으므로 이들에게서 1980~1998년에 발생한 암을 뉴욕주 암 등록센터를 통해 조사했다. 위장관계통의 암, 호흡기암, 전체 암에 대한 표준발생비는 모두 1.00이었다. 위장관계통의 암을 개별적으로 살펴본 결과 췌장암 환자는 모두 9명으로 경계선상에서 통계적으로 유의미한 증가(표준발생비 2.19, 95퍼센트 신뢰구간에서 1.00~4.16)를 보였다. 초과 발생은 주로 남성(표준발생비 3.08, 95퍼센트 신뢰구간에서 1.13~6.70)에서 일어났고 여성은 약간 높았다(표준발생비 1.39, 95퍼센트 신뢰구간에서 0.29~4.06).

연구자들은 이런 연관이 직업과 생활양식에 따른 석면 노출과 우연에 의해 일어날 수도 있다고 밝혔다. 그리고 거주기간이나 잠복기간에 따른 증가는 나타나지 않았다고 결론 내렸다. 하지만 이런 경향을 찾아내기에는 대상자 수가 너무 적었고 최초 노출시기를 알기 어려웠다고 덧붙였다. 이 연구를 한마디로 요약하면 석면이 들어 있는 먹는 물을 마신 주민들, 특히 남성에게서 의미 있는 췌장암 증가 등이 있었지만 다른 요인이 관여할 수 있으므로, 이 연구 결과를 가지고 먹는 물 중 석면에 노출돼 암 발생이 증가한다는 연관성을 증명하기는 어렵다는 것이다. 이를 두고 환경부는 보도자료에서 관련성이 없다는 쪽으로 몰고 간 것이다.

과거 석면은 각종 술과 청량음료 등에 들어 있을 수 있는 불순물을 걸러내는 여과막(필터)으로 사용됐다. 그래서 오렌지주스, 토닉워터, 맥주, 위스키 등에서도 석면섬유가 다량 검출되기도 했다. 또 상수도관으로 석면시멘트관이 쓰이고 석면을 함유한 지층 때문에 상수원이 오염돼 석면이 함유된 먹는 물을 마시는 경우도 있었다. 우리나라의 경우 석면시멘트관을 제조하지도 않았고 또 상수도관으로 사용하지도 않았다고 한다.

먹는 물 중의 석면 오염과 그 유해성 연구는 주로 캐나다와 미국에서 1980년대 이루어졌다. 당시 연구에서는 석면이 먹는 물에 다량 들어 있을 경우 위장관계통의 암 발생을 높인다는 연구와 아무런 인과관계가 없다는 연구가 서로 엇갈려 나와 관련성을 확정하기 어렵다며 추가 연구가 필요하다는 식으로 결론 내렸다.

그동안 석면 연구는 주로 호흡기 암 등 호흡기 질환 중심으로 이루어졌다. 최근 다시 석면을 경구로 섭취했을 때 생길 수 있는 위장관계 암에 대한 연구가 하나둘씩 나오고 있다. 노르웨이 연구팀이 2005년 《암 원인 통제(Cancer Causes Control)》란 학술지에 발표한 연구 결과에 따르면 석면이 오염된 먹는 물을 그 사실을 잘 모르고 오랫동안 마신 노르웨이 등대지기 726명을 대상으로 조사한 결과, 입으로 섭취한 석면이 위암 발생 위험을 높이는 것으로 나타났다. 이 연구팀은 1917~1967년 사이에 등대지기가 된 사람을 대상으로 했으며 이들의 1960~2002년 암 발생을 농촌 지역 일반인을 대조군으로 비교 조사해 위장관계 암, 특히 위암 위험이 경구 섭취 석면과 연관성이 있다고 밝혔다. 이 밖에도 석면시멘트(슬레이트) 지붕에서 떨어진 빗물을 모아 야채를 씻은 뒤 이를 장기간 먹어온 76세 네덜란드 할머니가 악성 복막중피종에 걸린 것으로 보고된 사례도 있다.

호흡기를 통해 다량 들이마신 석면이 폐암과 악성 중피종 등을 유발한다는 확정적인 역학 연구와는 달리 아직 먹는 물 속의 석면이 인체에 치명적인 암을 유발할 수 있다는 명백한 역학 연구는 없다. 이는 실제 위험이 없어서라기보다는 연구의 어려움, 많은 변수들, 실제 대상자로 할 사람들을 구하기 어려움 등에 따른 한계의 결과로 볼 수 있다.

따라서 석면이 우리 사회에서 '기적의 광물', '마법의 물질'로 불리며 오랜 세월 무방비로 다량 사용되다 엄청난 수의 희생자를 낸 뒤에야 '침묵의 살인자', '조용한 시한폭탄'이 된 것을 안다면 석면 경구 섭취의 위험에 대해서도 사전예방원칙에 따른 사고와 행동을 하고 대응 정책을 펼 수 있어야 한다.

미국의 유명담배회사인 켄트사가 청석면을 필터로 사용한 담배 모습. 1952~1956년 무려 127억 개비나 되는 청석면 필터 담배를 판매했다고 한다. 석면과 흡연에 동시에 노출된 사람은 두 유해물질의 유해상승효과 때문에 폐암에 걸릴 위험이 엄청나게 높아진다는 연구 결과가 나와 있다.

석면 질환의 특징은 긴 잠복기다. 석면 노출 시작으로부터 10~50년의 잠복기를 거쳐 질병이 나타나는데 대개 30~40년의 잠복기를 보인다. 우리가 오랫동안 석면의 위험성에 대해 둔감했던 것은 바로 석면 질환이 지닌 긴 잠복기 때문이다. 물론 이는 다른 암도 대부분 마찬가지다.

하지만 어떤 질병이든지 유명인이나 사회적 영향력이 큰 인물이 그 질병에 걸리면 해당 질병에 대한 사회적 관심이 증폭된다. 1985년 미국의 미남 유명배우 록 허드슨이 에이즈로 사망하고 프로농구스타 매직 존슨이 감염된 사실이 드러나면서 에이즈가 미국은 물론 전 세계인의 관심을 끌었다. 우리나라에서도 코미디의 황제 이주일 씨가 2002년 폐암에 걸려 숨지자 금연 열풍이 불기도 했다.

석면의 경우 〈빠삐용〉, 〈대탈주〉, 〈타워링〉 등에서 주인공으로 활약한 유명배우 스티브 맥퀸이 1980년 석면 암인 악성 중피종(흉막 암)으로 숨져 미국인들이 석면에 대한 경각심을 가지는 계기가 됐다. 1930년생인 그는 17세에 1947년 해군(해병대원)에 입대해 1950년까지 복무하면서 석면이 가득한 군함 기관실에서 근무했고 그 뒤 배우로 활동하면서 30~40대 때 석면복을 입고 각종 자동차 경기에 카레이서로 나선 것이 그 원인으로 알려졌다.

맥퀸과 더불어 석면 암에 걸린 유명인사로는 미국 해군 제독 엘모 줌왈트, 진화생물학자 스티븐 제이 굴드, 미네소타주 출신 하원의원 브루스 벤토 등을 꼽을 수 있다. 이 가운데 줌왈트는 독성물질과 관련해 정말 아이러니한 경력 때문에 눈길을 사로잡는 인물이다. 줌왈트가 해군 제독으로 있으면서 강력한 힘을 발휘할 때였던 1970년대 공식 통계로만 해마다 2,500명이 넘는 조선소 배 건조 및 수리 노동자가 석면 관련 질환으로 숨졌다. 물론 이때는 석면의 위험성이 확실히 알려진 이후였다. 그는 또 베트남 전쟁 때인 1968년부터 1970년까지 그곳의 미국 해군 사령관으로 있으면서 메콩강 삼각주 일대에 고엽제인 에이전트 오렌지를 살포토록 명령하기도 했다. 그는 석면 산업계에서 그토록 안전하다고 주장했던 석면이 폐에 일으킨 암으로 서서히 죽어가면서도 이를 알아차리지 못했다. 마침내 1999년 의사는 그의 왼쪽 폐에서 악성 중피종이 생겼다고 진단했다. 그는 기관지 절제술을 받아 말을 못하게 됐으며 투병 끝에 몇 달 뒤 숨졌다. 좀더 오래 살았다면 석면 질환에 대해 강력한 목소리를 낼 수 있었던 그는 영원히 침묵하고 말았다.

스티븐 제이 굴드는 20세기 가장 유명한 진화생물학자 가운데 한 명이며 고생물학자, 과학사학자임과 동시에 대중에게 가장 많은 영향을 끼친 유명 과학 저술가였다. 그는 일생 동안 수많은 과학상을 받았으며 1999~2000년에는 미국과학진흥협회 회장으로 활동했다. 그는 41세 때인 1982년 악성 중피종의 일종인 복막암 진단을 받았다. 그는 20년 뒤인 2002년 만 60세의 나이에 악성 중피종이 아니라 다른 암이 생겨 이 암이 뇌까지 침범해 결국 사망하고 말았다. 악성 중피종을 극복하고 무려 20년 넘게 살아 이 분야 최장수 기록을 지닌 인물이 됐다.

벤토는 1977년부터 2000년까지 24년간 미네소타주 출신의 민주당 하원의원으로 활동하던 중 2000년 10월 악성 중피종으로 숨졌다. 그는 청년 시절 노동자로 일했는데 이때 석면에 노출된 것으로 알려졌다. 벤토 역시 굴드처럼 자신의 분야에서 많은 업적을 남긴 사람으로 미국에서는 환경수호자로 잘 알려져 있다. 그는 석면 암으로 의회를 떠나기 직전까지 미국 국립공원, 휴양 및 공공 토지 소위원회 위원장으로 봉사했다. 그는 공기 중 유독 물질에 관한 엄격한 기준 등 환경을 보호하기 위한 수백 개의 입법에 관여하기도 했다.

석면의 희생자들은 대부분 석면을 캐내는 광부나 이를 석면제품으로 만드는 노동자 또는 석면함유물질이 있는 곳에서 생활하거나 일하던 가난한 사람들이 대부분이다. 이는 미국, 영국, 일본 등 선진국에서는 물론이고 한국에서도 그렇다. 또 인도네시아, 인도, 중국 등 개발도상국가나 저개발 국가에서도 마찬가지다. 하지만 때로는 환경성 석면 피해를 입거나 젊었을 때 노출된 일 때문에 나이가 들어 석면 질환에 걸리는 경우도 종종 있다. 앞에서 소개한 인물들이 그 사례들이라 할 수 있다.

일반대중들이 석면에 대해 관심을 가지는 부분은 얼마만큼의 석면에 노출돼야 석면 질환에 걸리는 것인지와, 석면슬레이트 지붕이 있는 집에서 살거나 석면 건축내장재가 들어 있는 건물에서 생활할 때 얼마나 위험한가 일 것이다.

먼저 우리나라의 석면 노출 관리기준을 중심으로 이 문제를 살펴보자.

우리나라의 기준은 미국, 일본 등 선진국 수준과 같다. 건축물 석면 해체제거를 포함한 석면을 다루는 작업장에서는 0.1개/cc이며 학교 교실 안과 다중이용시설 실내에서는 이보다 10배 더 엄격한 0.01개/cc이다. 이 기준은 결코 인체 안전기준은 아니다. 다시 말해 이 기준 또는 그보다 더 낮은 농도에 노출되더라도 석면 질환에 걸릴 가능성은 있다는 뜻이다. 하지만 이 기준 이내라면 일상생활에서는 석면으로 인한 질환을 크게 염려할 필요는 없다. 물론 석면안전을 담보하는 공기 중 허용석면농도는 없기 때문에 석면에 노출되는 것 자체를 최대한 막거나 줄이는 것이 현명하다.

그러면 이들 관리기준은 어떤 의미를 갖는가. 0.01개/cc란 관리기준은 단 한 번이라도 이 농도에 노출되면 절대 안 된다는 뜻이 아니다. 이 농도에 하루 24시간, 40년 내내 노출될 경우(실제 이런 상황에 놓일 가능성은 거의 없다) 만약 1만 명이 노출됐다면 그 가운데 한 명 정도가 석면 질환에 걸릴 위험이 있다는 뜻이다. 만약 대한민국 5,000만 명이 모두 이런 농도에 40년 내내 노출된다면 5,000명이 석면 질환에 걸릴 위험에 노출되는 셈이다.

석면은 3,000여 종의 제품에 사용돼왔다. 그 사용량은 많지 않지만 특히 전자전기제품에 가장 다양하게 사용됐기 때문에 전기다리미, 헤어드라이어, 선풍기, 에어컨, 냉장고 등 전기전자제품 들어 있는 석면제품으로 인해 석면에 노출되는 것이 아니냐는 생각을 할 수 있다. 하지만 전기전자제품에 쓰인 석면제품은 거의 모두 인체에 직접 노출되는 것이 아니어서 그런 염려를 전혀 할 필요가 없다. 만약 전기전자제품을 수리하는 등 일상적으로 이들 제품을 다루면서 석면이 사용된 부위를 드릴로 구멍을 내거나 할 경우에는 그때 나올 수 있는 석면먼지가 문제가 될 수도 있다. 하지만 그런 상황은 거의 찾아보기 어렵기 때문에 무시해도 좋다.

다음으로 관심을 가지는 문제는 석면이 건축자재로 쓰인 건물, 예를 들

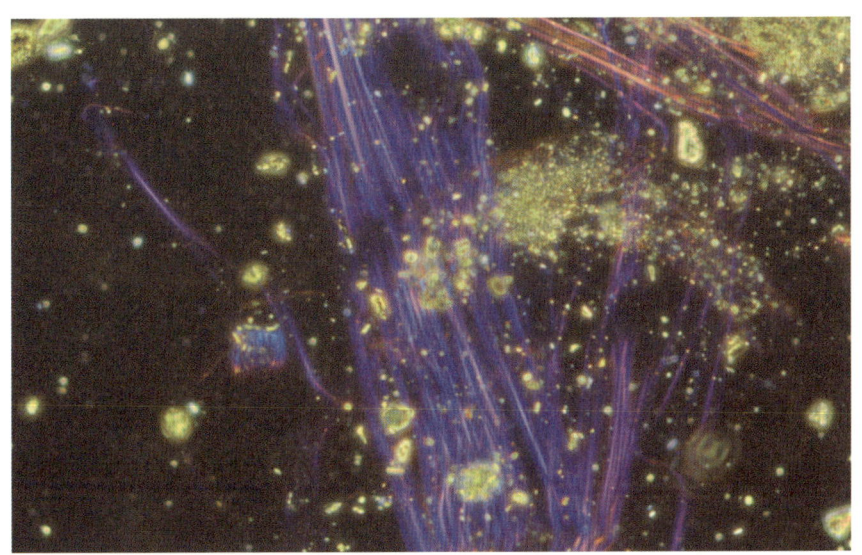

국내 최대의 백석면광산이었던 충남 홍성군 광천읍 덕정리 옛 광천석면광산 인근 도로에서 주운 돌에서 채취한 석면을 일본에 보내 염색한 뒤 특수현미경으로 본 모습. 약간 구불구불한 모습의 보라색 백석면이 아름답다고 느껴지지만 이는 인체에 치명적으로 작용한다.

면 천장텍스나 밤라이트 벽재가 오래돼 여기서 공기 중으로 석면이 다량 나오지 않을까 하는 것이다. 물론 이는 전기전자제품에 사용된 석면과는 달리 문제의 소지가 있다. 하지만 건축물에 석면자재가 들어 있다는 것 자체가 위험을 유발하지는 않는다. 석면건축자재가 깨져 있거나 구멍이 나 있고 또 여기에 충격이나 진동을 줘 공기 중으로 석면이 다량 날릴 경우에는 문제가 될 수 있다. 실제로 이런 상황에 놓인 건물은 거의 없고 또 이런 건물에서 수년 또는 수십 년간 생활하는 경우도 찾아보기 힘들기 때문에 석면건축물에서 생활하면서 석면 질환 위험에 노출될 가능성은 매우 낮다. 매스컴에서는 흔히 건물에 석면이 섞인 건축자재가 있는 것 자체를 문제 삼아 "석면 무방비 노출"이나 "석면 다량 검출", "석면 위험" 등의 자극적인 보도를 하는 경우가 종종 있다. 하지만 이는 독자나 시청자의 눈길을 끌어보기 위해 위험을 과장하려는 매스컴의 속성에서 비롯한 것이다. 따라서 이런 언론 보도를 근거로 문제가 없는 건축물 석면자재를 뜯어내는 등의 호들갑을 떨 이유는 전혀 없다.

이보다는 석면건축자재인줄 모르거나 알았더라도 대수롭지 않게 여기고 냉난방공사나 전기공사 등을 하면서 석면자재에 구멍을 내거나 부술 때 더 위험할 수 있다. 석면 오염을 신속하게 제거하지 않은 채 실내공간에서 오래 생활할 경우 석면 위험에 무방비로 노출될 수 있다. 우리나라에서는 아직 석면건축물에서 나온 석면 때문에 석면 질환에 걸렸다고 인정된 사례는 없지만 미국이나 일본 등 외국에서는 오래된 석면 건물로 인해 석면 질환에 걸린 것으로 인정된 사례가 있다. 만약 30~40년 전에 건물에 석면자재를 사용했고 또 그 석면자재 상태가 나쁘다고 생각하면 석면조사분석기관에 맡겨 그 상태를 점검하고 필요할 경우 공기 중 석면 농도를 조사해보는 것이 좋다. 그래서 만약 평상시에도 0.01개/cc가 넘는 석면이 검출된다면 빠른 시일 안에 석면자재를 걷어내고 그렇지 않다면 관리에 계속 신경을 쓰면 된다.

석면을 주제로 한 강연을 다녀보면 가장 많이 나오는 질문 가운데 하나가 석면슬레이트의 위험성에 관해서다. 슬레이트는 석면과 시멘트 등을 일정 비율 섞어 압축한 제품으로 처음 만든 신제품에서 석면이 공기 중으로 다량 나올 가능성은 없다. 하지만 석면제품을 깨거나 드릴 등으로 뚫을 때는 석면이 다량 공기 중으로 나올 수 있다. 특히 비바람에 노출된 부분은 오랜 세월 뒤 석면과 결합된 시멘트 등이 떨어져나가면서 석면이 빗물이나 눈 따위에 씻겨 내려가 인근 토양을 오염시키거나 바람에 의해 공기 중으로 날릴 위험성이 있다. 환경부 등이 실제로 1970년대나 1980년대에 설치한 석면슬레이트 지붕 가옥 주변을 조사한 결과 인근 토양이 상당히 오염된 것을 확인했다.

석면슬레이트가 문제가 되자 당장 철거할 비용은 없고 임시방편으로 철거비용보다 적은 돈으로 함석 등으로 슬레이트 지붕을 덧씌우는 사례가 과거는 물론 아직도 종종 있다. 오래된 석면슬레이트 지붕은 함석이나 철판 등 다른 자재로 석면지붕을 덮어씌울 것이 아니라 곧바로 철거하는 것이 좋다. 덮어씌울 경우 당장은 석면비산 등을 막을 수 있을지는 몰라도 이런 보완공사 과정에서 석면이 공기 중으로 날릴 수 있고 나중에 다시 철거하려 할 경우 공사가 매우 어렵고 비용 또한 더 들어간다.

어떤 이들은 석면슬레이트에 고기를 구워먹었는데 문제가 없느냐고 물어온다. 석면은 공기 중에 있는 것을 흡입하는 것과 음식물에 들어 있는 것을 섭취하는 것과는 위해성 측면에서 하늘과 땅 차이다. 즉 똑같은 양에 노출되더라도 공기 중 석면을 흡입한 것은 먹는 것에 견줘 무려 70만 배나 더 위험하다. 따라서 석면슬레이트에 고기를 과거 여러 번 구워먹었다 하더라도 크게 걱정할 필요는 없다.

　석면은 안전한 양이라는 개념이 없기는 하지만 현실에서는 석면에 노출되는 양이 많으면 많을수록 위험하다. 한꺼번에 다량 들이마시는 것과 적은 양이지만 꾸준히 들이마시는 것 모두 위험하다. 석면은 누적 노출량, 즉 일생 동안 얼마나 많은 석면을 들이마셨느냐에 따라 그 위험 정도가 달라진다. 따라서 평소 석면이 공기 중으로 날릴 위험이 있는 곳을 피하고 석면 해체 제거 등이 제대로 이루어지는지, 슬레이트 등 석면폐기물이 방치되지는 않은지 감시하고 관심을 가져야 한다.

- □ 집 안에 석면이 사용된 제품이 있는 것으로 의심되면 이것에 구멍을 뚫거나 훼손하는 것을 주의해야 한다. 석면 함유 여부를 석면 분석기관에 맡겨 확실히 알아두는 것이 좋다.
- □ 집 주변에 석면 건축물을 해체 또는 철거하는 곳이 있는가 알아보고 이웃주민과 함께 법규대로 진행되고 있는지 정보를 교환하고 감시한다.
- □ 2012년 4월 29일부터 석면안전관리법 발효에 따라 일정 규모 이상의 학교나 어린이집, 공공기관, 다중이용시설 등은 반드시 건축물 내 석면 사용을 조사하고 석면지도를 만들도록 돼 있으며 이를 공개토록 하므로, 자녀들이 다니는 학교와 자신이 즐겨 찾는 도서관 등이 제대로 석면관리를 하는지 알아본다.
- □ 석면이 토양 속에 많이 함유돼 있을 가능성이 높은 지역, 즉 옛 석면광산 주변 지역에 사는 주민들은 정부나 지자체가 조사하는 자연발생석면지질도 등을 파악해 자신이 살고 있는 지역이 이 지역에 해당하는지를 살피고 만약 그런 지역일 경우 먼지를 날리는 행위, 흙길에서 자동차와 자전거 타기 등을 삼간다.

□ 슬레이트 지붕은 되도록 빨리 철거하고 오래된 슬레이트 건물 인근 지역은 석면으로 오염됐을 가능성이 있으므로 여기서 흙장난을 하거나 경작 활동을 하는 것을 삼간다. 주변에 석면슬레이트가 방치된 경우 행정당국에 신고해 이른 시일 안에 처리되도록 해야 한다.

석면
asbestos

석면은 지구상에 존재하는 자연광물로서 석면이 발달한 바위 틈 속에 있는 석면물질을 캐내 여러 형태로 가공하거나 다른 물질과 섞어 석면제품으로 만들어 사용해왔다.

석면은 마그네슘(Mg) 성분을 지닌 규산염화합물로 미세한 섬유가 뭉쳐 있는 형태로 암석이나 토양 속에 존재한다. 규산염화합물의 기본구조는 SiO_4이다. 석면은 광물 형태에서 풍화되거나 이를 잘게 부숴 가공하는 과정에서 미세섬유가닥으로 갈라지는데 그 크기가 작은 것은 지름 0.02미크론(1미크론은 1,000분의 1밀리미터)에서 0.03미크론 정도이다. 일반적으로 세균(박테리아)보다는 작고 바이러스보다는 조금 크다.

석면은 돌[石]에서 나온 솜[綿]처럼 가볍고 부드러운 물질이라고 해서 붙여진 이름이다. 영어로 asbestos라고 하는데 그리스어에서 유래했다. 여기서 a는 not을, sbestos는 소멸된다는 뜻이다. 따라서 asbestos는 소멸되지 않는다, 사라지지 않는다(inextinguishable 또는 unquenchable)는 뜻이다. 그리스 시대 때 매우 희귀한 물질이었던 석면으로 짠 석면천(石綿布)을 불에 넣어도 타지 않고 그대로 남아 있으므로 불멸의 물질로 불렸던 것으로 보인다.

석면은 반드시 섬유 모양을 하고 있어야 한다. 모든 성분이 똑같아도 섬유 모양을 하지 않은 것은 석면이라고 하지 않는다. 다시 말해 광물을 구성하는 성분의 종류와 함량이 완벽하게 일치한다 하더라도 길쭉한 모양을 띠지 않으면 석면이라고 부르지 않는다. 석면은 이와 같은 특성을 지닌 일군(一群)의 물질에 붙인 이름이다.

백석면과 청석면, 갈석면(이상은 대표적인 석면섬유 색깔을 가지고 이름을 붙였다)과 투각섬석면, 양기석석면, 직섬석석면 등 모두 6종류이다. 이 가운데 백석면은 사문석 계열이고 나머지는 투각섬 석계열로 한 지붕 안에 동거하고 있다. 이 두 계열은 구조가 서로 다른데

석면 광물과 전자현미경으로 석면을 본 모습. 왼쪽 위부터 시계방향으로 청석면 광석, 백석면 광석, 백석면을 전자현미경으로 본 모습, 각섬석 계열의 석면을 전자현미경으로 본 모습.

사문석 계열의 백석면은 원통형 실리케이트 구조를 가져 사람 머리카락에 비유하면 곱슬머리 형태의 섬유가닥을 지닌다. 반면 각섬석 계열은 이중체인형 실리케이트 구조로 바늘 모양의 뾰족한 침상 형태를 띠고 있다.

　흔히들 석면의 5대 특성으로 내열성, 내산·알칼리성, 내마모성, 전기절연성, 섬유성을 꼽는다. 석면은 추위와 1,000도가 넘는 열에도 타거나 녹지 않는 등 뜨거운 열에 잘 견디기 때문에 건축자재로 많이 사용됐다. 우리나라를 비롯해 세계에서 가장 많은 용도로 가장 많은 양의 석면이 내화재와 단열재로 쓰였다. 석면은 또 뛰어난 내산·알칼리성으로 인해 화학약품에 강한 성질을 보여 개스킷 등 화학공장에서 많이 쓰였다. 흔히들 석면섬유는 강철보다 강하다고 한다. 그래서 오랫동안 자동차 브레이크라이닝, 패드 등 마찰재로 널리 쓰였다. 석면은 전기절연성도 지니고 있다. 오늘날 전기전자제품은 그 종류가 엄청나므로 흔히들 3,000여 종의 제품에 석면이 사용됐다고 하는데 그 대부분이 바로 전기절연성 때문이다. 섬유성은 석면을 흔히들 석면섬유라고 부르는 데서도 잘 알 수 있듯이 실로 만들 수 있고 따

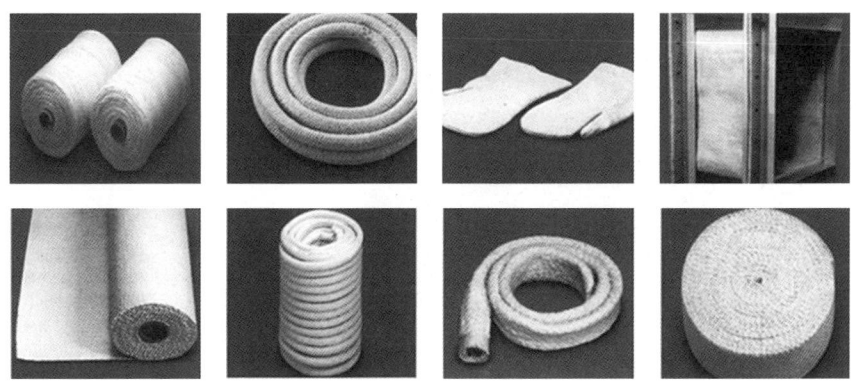

석면이 들어간 실로 직포를 짜 이를 이용해 만든 석면포, 로프, 장갑 등 다양한 석면방직제품의 모습.

라서 천으로 짤 수도 있다. 각종 방화 또는 내열 옷감이나 재료 등으로 쓰였다. 하나의 특성만 지녀도 스포트라이트를 한 몸에 받을 수 있을 정도인데 석면은 이 5가지 특성을 모두 지니고 있어서 오랫동안 '기적의 물질', '마법의 광물'로 불렸던 것이다.

19세기 말부터 석면이 본격 사용되면서 석면폐증 환자가 1900년대 초부터 속속 나오기 시작했다. 학자들이 석면먼지와 석면폐증과의 인과관계를 확실히 밝혀낸 것은 그로부터 약 30년이 지나서였다. 석면이 일으키는 대표적인 암인 폐암과 악성 중피종도 1930년대부터 일부 의사들이 환자들을 보고하기 시작했다. 그리고 그 수는 점차 늘어만 갔다. 과학자들이 석면과 암과의 인과관계를 밝혀낸 것은 1960년대 초반이었다. 미국과 유럽 국가들이 그 유해성을 깊이 깨닫기 시작한 것은 그로부터 다시 10여 년의 세월이 지난 뒤였다. 세계보건기구에 딸린 국제암연구소는 1987년에서야 석면을 인체발암물질, 즉 그룹 1(1군 발암물질)로 분류해 발표했다. 석면이 폭발적으로 사용된 것은 2차 세계대전 때인 1941~1945년이었으며 당시 군함을 비롯한 각종 배와 무기에 사용될 석면을 가공하고 제품을 만드느라 석면 광산의 남성 노동자와 석면방직 공장의 여성을 포함한 많은 노동자들이 무방비로 석면에 노출되는 비극이 벌어졌다. 10~50년이란 긴 잠복기를 지닌 석면은 생명을 할퀴는 발톱을 1960년대 중반에서야 드러내기 시작했다.

1970년대와 1980년대 석면은 세계 10대 보건위기의 하나로 꼽혔다. 하지만 우리나라에

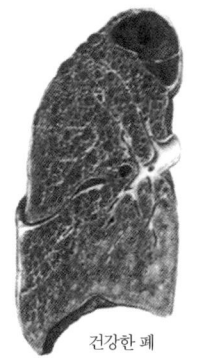  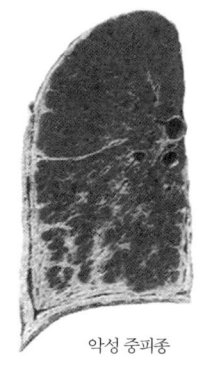

건강한 폐   석면폐암   악성 중피종

석면 질환에 걸린 환자의 폐와 건강한 사람의 폐 모습.

서는 이런 선진국들의 석면 유해성에 대한 자각과 대처와는 달리 극히 일부 전문가들만이 그 유해성을 인식했고 정부와 언론이 본격적으로 그 심각성을 깨닫기 시작한 것은 2000년대 들어서였다.

  흔히들 석면폐와 폐암, 악성 중피종을 석면 3대 질환이라고 한다. 이들 질환뿐만 아니라 흉막반과 흉막비후 등도 석면 질환 또는 대표적인 석면 증상으로 이야기하는 이들도 있다. 석면은 호흡기 질환을 일으키기도 하지만 최근에는 후두암과 난소암 등 다른 여러 암 발생과 석면과의 관련성을 보여주는 연구 결과가 속속 나오고 있다. 뿐만 아니라 췌장암, 결장암, 위암 등 위장관 계통의 암을 석면이 일으킬 수 있다는 사례 보고 또는 연구 보고가 많지는 않지만 가끔 발표되고 있다.

'검은 민들레' 피는
대한민국의 미래는?
공해병의 위험학

들레 들레 민들레야
상봉동의 민들레야

필 적에는 곱더니만
질 적에는 까맣구나

피우지 못한 노오란 꿈 안고
다시 태어나거들랑

상봉동에 피지 말고
저 들녘에 피워 보렴

안혜경이 부른 〈검은 민들레〉의 노랫말에 나오는 '민들레'는 봄 들녘에서 노란 꽃을 피우는 민들레가 아니다. 대한민국 최초의 공식 공해병 환자였던 박길래 씨를 말한다.

그를 공해병 환자 1호로 공식 인정한 곳은 정부가 아니라 사법부였다. 지금은 고인이 된 조영래 변호사가 이끈 소송으로 유명한 박씨의 공해병 인정 판결은 23년 전인 1989년 1월에 이루어졌다. 박씨가 국립의료원에서 진폐증 환자라는 의학적 진단을 받은(1986년 11월) 뒤 2년 10개월, 내가 《서울신문》을 통해 이 사실을 처음 보도(1987년 3월)한 지 1년 9개월 지나서였다.

당시 서울 도봉구 상봉동의 (주)강원산업 삼표연탄공장 인근에 살았던 박씨는 연탄공장이나 탄광에서 일한 적이 전혀 없는데도 탄광 광부들이나 걸리는 줄 알았던 직업병의 대명사인 진폐증에 걸렸던 것이다. 그는 오랜 투병 끝에 2000년 4월 숨졌다. 그는 몸이 시시각각 망가져 가는데도 죽기 직전까지 반공해 운동의 전사(戰士)가 되어 공해병을 만들어내는 세상과 온몸으로 싸웠다.

박씨의 사례를 계기로 1988년 2~5월 인도주의실천의사협의회(인의협) 의사들이 상봉동 삼표연탄 인근 주민 2,000여 명을 대상으로 검진을 벌여 박씨와 비슷한 환경성 진폐증 환자 3명을 찾아냈다. 서울시도 인의협의 이러한 결과 발표 직후인 6~7월 시내 다른 지역의 연탄공장이나 저탄장 17곳 주변 지역에 오랫동안 거주했던 주민 1,800여 명을 조사해 8명의 진폐증 환자와 14명의 의사진폐증 환자를 추가로 확인했다.

물론 연탄공장에서 일했던 노동자 가운데에서도 진폐증 환자가 많이 나왔다. 연탄공장 주변 주민집단의 진폐증 발병은 공해병(또는 환경병)과 직업병은 별개가 아니라 같은 동전의 양면이라는 사실을 확실히 보여주었다. 우리 사회는 '검은 민들레' 사건을 계기로 공해병이 언제 어디서나 발병할 수 있다는 사실을 전문가, 정부관료, 시민들이 확실히 깨달은 것으로 여겼다.

하지만 이것은 착각이었다. 2009년 강원도 영월군 시멘트공장 주변 주민들이 집단적으로 고통과 질병을 호소하고 나섰다. 환경부가 조사한 결과 5명의 진폐증 환자가 발견됐으며 이 가운데 3명은 직업력이 없었다. 이어 충북 제천·단양 지역 시멘트공장 주변 주민들에게서도 영월군 주민들과 같은 증상이 나타나는 것으로 알려졌다.

환경부가 2010년 이 지역 주민 2,262명을 대상으로 역학 조사를 실시한 결과 34명의 진폐증 환자를 발견했다고 2011년 6월 공식 발표했다. 이 가운데 무려 8명은 광산이나 공장에서 일한 적이 없는 일반인이었다. '검은 민들레'에 이어 '회색 민들레'가 무더기로 나타난 것이다.

환경 노출에 따른 진폐증 환자의 발견은 2009년 충청남도 홍성군 등 일부 옛 석면광산 지역에서 석면폐증 환자가 무더기로 확인된 데 이어 세 번째다. 환경 노출로 인한 진폐증 발병은 국내뿐만 아니라, 세계적으로도 매우 드문 일이다. 이는 그만큼 우리나라 일부 주민들이 매우 심각한 공해환경 속에서 생활하고 있다는 방증이기도 하다.

이는 다시 말해 다른 지역에서도 원인이나 질병의 종류만 다를 뿐 이와 유사한 일이 벌어질 수 있다는 것을 뜻한다. 또한 이보다는 그 정도가 약하지만 건강에 악영향을 끼칠 수 있는 환경 속에서 살아가는 사람들이 많이 있다는 것을 말해주기도 한다.

공해병(환경병)은 공장을 마구잡이로 가동하던 1970~1980년대나 있던 이야기가 아니라 2010년대에도 그때 못지않게 발생하고 있고 또 터져나올 조짐을 보이고 있다. 공장이나 공단 주변뿐만 아니라 우리가 일상적으로 먹는 음식을 통해서도 공해병 환자가 나올 수 있고, 폐광산 주변이나 폐기

물처리장 주변 주민들에게서도 공해병이 나타날 수 있다. 환경병을 일으킬 수 있는 요인이 워낙 많고 설혹 그런 요인 때문에 질환이 발생한다 하더라도 환경병이라고 콕 꼬집어내서 말하기 어려워 확실한 환자 수가 많지 않을 뿐이다.

박길래 씨 사건은 사법부에 의한 최초의 공해병 인정 사례였지만 환경운동가나 언론 등에서는 이미 그전에 공해병이 심각하게 발생했던 것으로 평가한다. 대표적 사례가 '온산병' 사건이다. 이 사건은 1985년 《한국일보》(1월 18일자)가 사회면 머리기사로 "온산공단 주변 어촌 주민 500명 이타이이타이병 증세"란 제목으로 크게 다루면서 온산공단 주민들과 몇몇 환경운동가들만 알던 사실이 일반대중들에게 본격적으로 알려지기 시작했다.

'온산병'은 초기에 카드뮴 중독에 의한 '이타이이타이병'에 초점을 맞추는 바람에 바람직하지 못한 원인 논쟁, 즉 카드뮴이 원인이냐 아니냐의 논쟁으로 번져 공식 공해병으로 인정을 받지 못하는 안타까운 과정이 있었다. 일부 언론과 환경운동가들의 온산 공해병 주장에 대해 당시 환경청은 처음에는 '온산병'이 공해병이 아니라고 공식 부인하다가 3~4월 역학 조사를 실시한 뒤 '온산병'은 '환경성 질환'이라는 표현으로 공해병을 피해갔다. 이는 오십보백보다.

현재 '온산병'은 백과사전에서 "1980년대 초에 경상남도 울산군 온산(지금의 울산 울주군 온산읍) 주변의 공단 일대에서 집단적으로 발생한 한국의 대표적인 공해병의 하나"로 설명하고 있다. 학계에서도 카드뮴 중독에 의한 이타이이타이병이라는 증거는 불충분하지만 당시 온산공단 내에 석유화학 5개 공장, 비철금속 5개 공장, 기타 2개 공장 등 각기 다른 공해물질을 배출하는 12개 공장이 가동 중이었기 때문에, 각종 유해물질에 의한 복합 공해병이 발생했을 가능성이 높다고 보고 있다.

연탄공장이나 시멘트공장과 같이 단일한 오염원이 있을 경우 인과관계를 밝혀내기가 쉽지만 온산공단 지역과 같은 곳에서 생기는 질환은 어느 공장에서 나오는 공해 물질 때문인지, 복합적 요인이 작용한 것인지, 복합적이라면 구체적으로 어떤 것들이 겹쳐서 나타나는지 밝히기가 매우 까다로워 인과관계를 확정하기가 쉽지 않다.

공해병의 대명사로 자리매김한 일본 미나마타병(유기수은 중독에 의한 공해병)의 경우도 1953년 처음에는 원인 불명의 괴질로 그 모습을 드러냈다. 구마모토대학 의학부가 구마모토현 미나마타시 주민들에게서 집단적으로 나타난 괴질의 원인과 관련해 유기수은 중독설을 제기한 것이 1959년이고, 일본 정부가 공해병으로 인정한 때가 1968년이었으므로 인과관계를 확정하는 데 무려 15년이나 걸렸다. 온산공단 주민의 '온산병'도 정부와 학계가 끈질기게 조사 연구했더라면 그 원인을 정확하게 밝혀낼 수도 있었을지도 모른다.

온산공단 주민과 같이 공단 주변 지역 거주민이나 연탄공장, 시멘트공장과 같은 공해공장 주변에 사는 주민들은 다른 지역 주민에 견줘 확실히 공해병에 걸릴 위험이 높다. 이런 공해공장이나 공단 주변 주민뿐만 아니라 요즘에는 거의 모든 사람이 공해 또는 환경오염으로 건강장해를 입을 수 있다. 오염물질은 포름알데히드, 환경호르몬을 비롯한 각종 유해화학물질일 수도 있고, 중금속일 수도 있고, 빛이나 소음일 수도 있다.

이들 유해물질 또는 환경오염물질은 피부와 호흡기, 소화기 등 다양한 경로로 몸속에 들어와 건강에 악영향을 끼친다. 공해병 또는 환경병은 그 악영향이 가장 심각한 형태로 나타난 것일 뿐이다. 현대인들은 알게 모르게 이러한 심각한 형태는 아니라 하더라도 시시때때로 노출된 환경오염물질 때문에 각종 장기기능에 이상이 생기거나 그 기능이 약화되기도 한다.

하지만 환경오염물질이 우리 주변에 워낙 많이 산재해 있어 이런 건강 영향이 나타나더라도 그것이 공해 때문이라는 것을 알아차리기도, 그 인과관계를 확인하기도 어렵다.

본격적인 증상이 나타나 환경병이 발생하면 이미 때는 늦다. 환경병 환자가 발생한다는 것은 공해의 정도가 매우 심각하다는 것을 뜻하기 때문이다. 환경은 한 번 오염되면 원래 상태로 되돌리는 데 엄청난 비용과 시간이 필요한 특성을 지니고 있다. 따라서 그 전 단계에서 이를 찾아내 더 이상의 오염물질 노출을 막는 것이 중요하다. 최근 환경부나 지방자치단체, 환경전문가들도 환경보건, 즉 환경성 질환에 관심을 가지기 시작했다. 그래서 이러한 질환을 유발할 수 있는 요인에 대한 조사나 식품 중 오염물질 농도 조사 등을 벌이고 있다.

2010년 가을 서울시가 낙지 내장의 중금속 조사 결과 기준치 이상의 카드뮴이 검출됐다고 발표한 것과 환경부가 2011년 '돔베기'란 이름으로 불리는 상어고기를 많이 먹는 영남 지역 주민들의 혈중 수은 농도가 먹지 않는 주민들에 견주어 1.5배가량 높다는 것, 섭취 횟수와 섭취량이 많을수록 혈중 수은 농도가 높다는 사실을 발표한 것이 그 좋은 예다.

이 두 사례에 나오는 중금속은 일본에서 발생한 대표적 공해병의 원인물질이다. 일본에서 집단 발생해 세계적 관심을 끌었던 이타이이타이병과 미나마타병도 모두 제련소 등 공장에서 마구 버린 폐수 속에 들어 있던 수은과 카드뮴에 오염된 쌀이나 생선 등을 오랫동안 섭취한 결과였다. 따라서 우리나라에서 이들 환경병이 생긴 것은 아니지만 서울시와 환경부의 조사 결과로 미루어 결코 안심 지대는 아니라는 사실이 확인된 셈이다.

따라서 내가 즐겨 먹는 식품 가운데 혹 오염물질이 많이 축적되는 부위는 없는지, 생물농축이 생길 수 있는 먹이사슬 상층부의 동물은 아닌지, 오염된 지역에서 생산되는 농수산물은 아닌지 등을 따져보는 자세가 필요하다. 또 동물이나 어류의 내장이나 상어고기, 참치, 왕고등어, 옥돔 등 먹이사슬 상층부에 있는 어류는 일정량 이하를 먹도록 하고 특히 오염물질에 취약한 임신부나 어린이 등은 더욱 주의해야 한다.

기생충에 감염된 민물고기를 먹을 경우 간흡충이나 디스토마 따위의 기생충 질환에 걸릴 위험이 높아지듯이, 오염물질을 많이 함유한 어류나 식품을 장기간 섭취할 경우 환경병에 걸릴 위험은 그만큼 더 높아진다. 민물고기를 날로 즐겨 먹는 섬진강이나 영산강, 낙동강 주변 주민들의 기생충 감염률이 다른 지역 주민에 견줘 월등하게 높듯이 돔베기를 즐겨 먹는 경북 안동이나 영천 등의 주민과 낙지를 즐겨 먹는 서해안 바닷가 어민들은 다른 지역 주민에 견주어 수은이나 카드뮴에 의한 건강장해를 입을 위험성이 높아지는 것이다.

이런 중금속뿐만 아니라 최근에는 환경 중 발암물질로 인한 암 발생에 대한 관심도 높아지고 있다. 미국에서 발행되는 학술지인 《환경보건 전망(Environmental Health Perspectives)》 최근호에 따르면 전 세계에서 해마다 1,300만 명이 암에 걸리고 이 가운데 780만 명이 숨진다. 환경·직업성 요인에 의한 암은 어느 정도 생기는 것일까? 이 잡지는 그 비율을 정확하게 측정하기는 어렵지만 전체 암 발생 가운데 적게는 7퍼센트, 많게는 19퍼센트가 유독 환경 노출에 의한 것이라고 밝혔다.

환경 노출에 의한 암을 일으키는 대표 인자는 석면, 비소, 라돈, 규소 등이다. 이들은 모두 세계보건기구와 국제암연구소가 발암물질 그룹 1(인체 발암물질)로 분류한 물질이다. 이들 발암물질에 의한 환경성 암은 이들 물질의 사용을 중단하거나 확실히 관리하면 크게 줄일 수 있다. 아닐린염료의 사용을 중단하면 방광암이, 석면 사용을 금지하면 악성 중피종이, 염화비닐 중합 공정에 폐쇄 시스템을 도입하면 간혈관육종이, 벤젠을 확실히 관리하면 백혈병이 확 줄어든다. 환경성 암은 예방 가능하다는 이야기다.

세계보건기구는 2011년 3월 17~18일 스페인 아스투리아스(Asturias)에서 '암의 환경 및 직업성 결정 인자: 1차 예방을 위한 중재'를 주제로 한 국제회의를 열고, 다음과 같은 선언문(아스투리아스 선언)을 채택해 세계 각국이 환경성 암을 줄일 것을 권고했다. 환경성 암 발생을 줄이기 위한 가장 바람직한 전략은 사람들이 발암물질에 노출되는 것을 막는 1차 예방이라고 덧붙였다.

아스투리아스 선언
- 세계 각국은 자국 국민, 특히 취약 집단(임신부, 태아, 유아, 어린이, 노동자)이 환경 및 직업성 암에 걸리지 않도록 법령과 규제를 강화해야 한다.
- 세계 각국은 암을 일으키는 환경 요인과 예방 전략에 관해 국민을 교육하는 소통 캠페인을 개발해야 한다.
- 기업들은 전 세계에서 똑같은 작업환경기준을 지켜야 하고 환경·직업성 암 예방을 위한 모든 규정과 규제를 철저하게 따라야 한다.

우리가 환경에 관심을 쏟고 녹색 세상과 환경 보전을 외치는 이유는 환경이 건강해야 우리 몸도 건강할 수 있기 때문이다. 환경이 아프면 우리 몸도 아프게 된다. 환경병(공해병)은 환경이 최악의 상태가 될 때 어김없이 우리 몸에 나타나는 증상이다. 환경병 환자가 없는 세상은 곧 우리가 추구하는 녹색 세상이다. '검은 민들레'와 '회색 민들레'가 나오지 않는 세상, 하얀 민들레와 노란 민들레만 피는 세상 말이다.

'러브 캐널'의 비극에서
고엽제 사건의 내일을 보다
칠곡 고엽제 불법 매립 사건

주한 미군이 1970년대 후반 경상북도 칠곡 미군기지에 많은 양의 맹독성 고엽제를 불법으로 묻었다는 소식을 듣고서 러브 캐널(Love Canal) 사건이 떠올랐다. 러브 캐널이라는 이름을 처음 들은 것은 기자 생활을 하면서 환경보건을 공부하기 위해 1987년 서울대 보건대학원에 들어가 폐기물관리 과목을 배우면서다. 러브 캐널 사건은 환경을 공부했다고 하는 사람이면 몰라서는 안 되는 미국의 대표적인 환경 재난 사건이다.

러브 캐널의 러브는 1890년대 초 나이아가라강을 온타리오호에 연결시키는 운하를 팠던 윌리엄 러브에서 따온 것이다. 그는 러브 운하를 건설하여 이 지역에 전기를 공급함으로써 산업 발전에 기여하려 했다. 하지만 나이아가라 폭포를 보존하기 위해 나이아가라강에서 물을 끌어다 쓰는 것을 금지하는 법이 의회를 통과하고 자본마저 바닥이 나 폭 15미터, 길이 1.6킬로미터, 깊이 3~12미터만 파고 말았다.

프로젝트가 중단되고 나서 이 운하에는 물이 채워져 인근 지역 어린이들이 여름에는 수영하고 겨울에는 스케이트를 타는 곳으로 변했다. 1920년대 운하는 나이아가라폴의 쓰레기 매립장이 되어 시는 정기적으로 도시 생활 쓰레기를 이곳에 투기해왔다. 1940년대에는 미군도 제2차 세계대전 중 이곳을 원자폭탄 제조를 연구하던 맨해튼 프로젝트 때 나온 폐기물을 포함해 각종 폐기물의 처분장으로 사용했다.

1942년 후커케미컬도 이곳에 산업 폐기물을 버리는 것을 승인받아 55갤런의 금속 또는 섬유 조각들을 버리기 시작했다. 후커케미컬은 1947년 이 운하와 21미터 너비의 양쪽 둑을 사들였다. 그리고 전쟁 뒤 1948년 나이아가라폴이 이곳에 도시 생활 쓰레기 매립을 끝냄으로써 후커케미컬은 이 매립지의 유일한 사용자이자 소유주가 됐다.

이때부터 1953년까지 6~7.5미터 깊이의 이 운하 폐기물 매립지에 염료 제조 때 나온 알칼리, 지방산, 염소화탄화수소, 향료, 고무와 합성수지용 용매와 같은 화학물질 2만 1,000톤을 버렸다. 그 위에는 흙을 덮었으며 1953년 이후에는 이곳에 식물들이 자라기 시작했다.

폐기물 투기가 끝날 무렵 나이아가라폴에는 경제 붐이 일어나 인구가 기록적인 비율로 증가해 8만 5,000명을 넘어섰다. 이 때문에 시 교육 당국은 새로운 학교를 지을 땅이 필요했다. 그리고 마침내 후커케미컬이 소유하고 있던, 유해폐기물이 묻힌 이 운하 매립지의 구입을 시도했다.

후커케미컬은 학교위원회 위원들을 매립지로 데려가 시추를 한 뒤 표층 아래에 독성물질이 있다는 것을 보여주는 등 안전 문제를 들먹이며 팔기를 거부했다. 하지만 학교위원회가 포기하지 않자 단돈 1달러에 매각한다는 조건으로 1953년 4월 28일 계약서에 서명했다. 이 계약서에는 매립지 위에 건물을 지을 경우 위험할 수 있다는 17줄의 경고문이 포함돼 있었다.

이 땅 위에는 1954년 학교가 지어져 1955년 400명의 어린이가 학교를 다녔고 1958년에는 두 번째 학교가 인근에 문을 열었다. 1957년 나이아가라폴은 이곳에 저소득층 주택과 단독주택을 지었다. 그리고 학교위원회는 학교 터 외의 땅을 민간 개발자에게 팔아넘겼다.

1976년《나이아가라폴 가제트》란 지역 신문의 두 기자가 이 땅에 유독성 화학물질이 있다는 사실을 알아내고 1978년 초여름부터 가가호호를 방문하여 잠재적 건강 영향을 조사하기 시작했다. 그리고 주민들에게서 발, 손, 머리 등에 기형이 있는 출산이 많다는 사실을 발견했다. 이들은 지역 주민들에게 항의집단을 만들 것을 권유했다. 1978년 8월 2일 마침내 매립지는 전례 없는, 주 긴급 재난 지역으로 선포됐다. 이 지역에 지은 두 학교는 폐쇄됐고 이어 해체됐다.

1978년 러브 캐널 사건은 전국적인 뉴스가 됐으며 언론은 이 사건을 "공중 보건 시한폭탄", "미국 역사상 가장 소름끼치는 비극 가운데 하나"라고 규정했다. 대통령 지미 카터는 1978년 8월 7일 국가 보건 긴급 재난으로 선포했고 연방 기금을 배정해줄 것을 요청했으며 연방 재난지원국에 나이아가라폴을 도와 러브 캐널 지역을 구제할 것을 명령했다. 자연 재난이 아닌 곳에 연방긴급기금을 사용한 것은 미국 역사상 처음 있는 일이었다.

처음에는 과학적 연구가 주민들의 질병이나 기형 등에 매립지 화학물질이 관련돼 있다는 것을 증명하지 못했다. 알려졌거나 의심되는 발암물질 7종이 확인됐지만 과학자들의 의견은 갈렸다. 이 가운데 가장

러브 캐널 인근 지역 주민들이 항의시위를 벌이고 있는 모습.

널리 알려진 것은 벤젠이었다. 매우 유독한 물질인 다이옥신도 물속에서 검출됐다. 다이옥신 오염은 1조분(trillion)의 1 단위로 측정될 정도로 독성이 강하다. 1조분의 1은 100만분의 1을 다시 100만분 한 것이다. 러브 캐널에서는 물 표본의 다이옥신 함량이 53피피비(ppb, 10억분의 1단위) 수준으로 매우 높았다.

1979년 미국 환경청(EPA)은 주민들의 혈액 검사 결과를 발표했다. 백혈구 수가 매우 높았다. 이는 백혈병과 염색체 손상의 전구 증상에 해당한다. 주민의 33퍼센트에서 염색체 손상이 진행 중이었다. 정상적인 집단에서는 인구의 1퍼센트에서만 염색체 손상이 나타난다. 하지만 어떤 연구에서는 해로운 결과가 나타나지 않기도 했다. 미국국가연구평의회(NRC)의 주된 관심은 음용수보다는 지하수에 모였다. 지하수에 녹아든 유해물질은 지층에 스며들어 토양 중 공기나 토양을 통해 사람에게 노출되기 때문이다.

마침내 정부는 이 지역 800가구 주민들을 소개시켰고 집에 대해서는 변제했다. 그리고 의회는 1980년 흔히들 슈퍼펀드(Superfund)법이라고 하는 종합환경대응보상책임법(CERCLA, Comprehensive Environmental Response, Compensation, and Liability Act)을 통과시켰다. 이 법은 오염 원인자가 피해에 대해 보상을 하도록 책임을 규정하고 있다. 이 법에 따라 만들어진 기관이 독성물질 및 질병 등록국(ATSDR)이다.

슈퍼펀드법에 따라 미국이 정화해야 할 지역만 무려 800곳에 이른다. 미국은 1986년 슈퍼펀드법을 강화하는 내용의 수정법을 만들어 슈퍼펀드기금을 무려 85억 달러(10조 원)로 상향시켰다. 미국에서 벌어지고 있는 유독물질 불법 매립이 얼마나 심각한지를 잘 알 수 있다.

1994년 연방지방법원판사인 존 커틴은 후커케미컬/옥시덴탈정유사에게 회사가 이 건에 대해 신경을 쓰긴 했지만 폐기물을 다루거나 나이아가라폴

학교위원회에 매립지를 파는 과정에서 부주의한 점이 인정된다며 유죄를 평결했다. 미국 환경청은 옥시덴탈정유사(후커케미컬의 후신)를 상대로 소송을 내 1995년 1억 2,900만 달러(약 1,500억 원)의 매립지 복원 비용을 받아냈다. 주민들의 소송도 몇 년 뒤 승리로 귀결됐다.

러브 캐널 사건은 컴퓨터 게임, 텔레비전 드라마, 다큐멘터리의 소재가 돼 널리 알려졌다. 또 2000년 개봉한 줄리아 로버츠 주연의 영화 〈에린 브로코비치〉와 1982년 더스틴 호프만 주연의 영화 〈투씨〉 등에서도 이 사건이 언급된다.

우리나라의 칠곡 미군기지 고엽제 사건은 그 전말이 드러나지 않은 채 미봉된 사건이다. 이는 주한 미군이 우리 땅에서 저지른 환경 범죄 가운데 일부분에 지나지 않는다. 아직도 많은 시민들은 서울 용산 미군기지에서 한강에 독성물질인 포름알데히드(포르말린)를 다량 방류한 사건을 잊지 않고 있다. 이 사건은 송강호 주연의 〈괴물〉이란 영화의 소재가 되기도 했으며 주한 미군이 저지른 환경 재난 가운데 가장 유명한 것이다. 이 밖에도 의왕 학의천 기름 유출 사건을 비롯해 주한 미군이 일으킨 크고 작은 환경 사건이 많이 있다.

칠곡 고엽제 불법 매립 사건이 우리의 눈길을 끄는 이유는 먼저 에이전트 오렌지(고엽제)에 다이옥신 성분이 들어 있을 수 있다는 사실과 우리나라의 베트남 참전 용사들이 이 고엽제 피해를 많이 입었기 때문이다. 어떤 위험에 대해 심각한 피해를 입은 역사적 경험이 있을 경우 공중은 그 위험에 대해 매우 민감하게 반응한다. 더구나 고엽제 피해자들은 대부분 아직 살아 있으며 숨졌다 하더라도 그 유족들이 있어 관심은 증폭된다.

우리는 미국의 러브 캐널 사건을 통해 몇 가지 교훈을 얻어야 하며 칠곡 미군기지 고엽제 사건에 반드시 적용해야 한다. 첫째 오염자부담원칙을 적

경북 칠곡군 왜관읍 칠곡교육문화회관에서 한미 공동조사단이 미군기지의 고엽제 매몰 의혹과 관련해 토양 표본을 채취하고 있다.

용해 우리에게 환경 피해(또는 건강 피해)를 준 부분에 대해서는 철저하게 조사하여 복원 등에 들어간 비용을 배상받아야 한다. 둘째, 각종 조사 등에 우리 정부가 대등하게 참여해야 하며 주민 대표도 참여시켜야 한다.

땅과 지하수 등이 유독물질로 오염된다는 것은 우리 건강에도 심각한 악영향을 줄 수 있다는 것을 뜻한다. 따라서 이번 주한 미군 고엽제 불법 매립 사건을 계기로 그들이 저지른 환경 범죄뿐만 아니라 주한 미군 지위에 관한 협정(일명 소파(SOFA))에 따라 우리에게 넘긴 주한 미군 소유 땅과 건물의 환경 및 인체 위해성을 철저하게 평가해야 한다.

부산의 하얄리아부대나 평택기지 등 주한 미군이 머물렀던 자리에는 각종 화약, 기름, 석면, 중금속 오염 등이 심각한 것으로 알려져 있으나, 정부는 소파를 핑계로 그 정확한 실상을 국민들에게 공개하는 것을 꺼리고 있으며 국회에조차 관련 자료를 제대로 주지 않고 있는 것으로 알려졌다. 우리 스스로 주권과 환경권, 생명권을 포기하는 굴욕적인 태도다.

  이 사건을 계기로 소파 가운데 불합리하거나 종속적인 부분이 있다면 과감하게 뜯어고쳐야 하며 그 실상을 숨김없이 즉각 알려야 할 것이다. 또 이 사건을 일회성으로 넘기지 않겠다는 의지가 정부에 있다면 미국이 러브 캐널 사건을 계기로 슈퍼펀드법을 만들어 대처하고 있듯이 우리도 이와 유사한 법과 기금을 만들어 오염자들한테서 재원을 받아내 이 땅에 파묻힌 각종 유독물질에 대한 정밀 조사와 복원에 당장 나서야 한다.

다이옥신 (고엽제)
dioxin

베트남 전쟁 때 많은 인명 피해가 베트남군과 베트남인, 미군 등에서 났지만 전쟁 후 생명과 건강에 심각한 영향을 끼친 것은 바로 에이전트 오렌지(agent orange)로 불리는 고엽제이다. 오렌지색의 띠를 두른 드럼통에 이 화학물질을 운반했기 때문에 그렇게 불렀다. 고엽제는 제초제로 쓰이던 2,4-D(2,4-dichlorophenoxyacetic acid)와 2,4,5-T(2,4,5-)trichlorophenoxyacetic acid)를 혼합해서 만드는데 이때 사용한 2,4,5-T에 소량의 불순물로 다이옥신이 섞여 있다. 베트남 전쟁 때뿐만 아니라 그 이후 우리나라 휴전선 등에서도 주한 미군이 고엽제를 뿌렸다는 사실이 2011년 드러났고 당시 사용 후 남은 고엽제를 주한 미군기지 안에 불법 매립했다는 당시 주한 미군의 증언이 나오면서 고엽제, 즉 다이옥신의 유해성 문제가 1990년대 초 쓰레기 소각장 다이옥신 파문 이후 거의 20년 만에 많은 사람들의 관심사로 떠올랐다.

다이옥신은 주로 석탄, 석유, 담배 등을 태우거나 농약 등 화학물질을 만드는 공장에서 발생하는데, 청산가리보다 1만 배나 독성이 강하다. 이것이 인체에 흡수되면 반영구적으로 축적되어 기형아 출산과 암 발생의 원인이 되는 것으로 알려져 있다. 1999년에는 벨기에산 닭과 돼지 사료 등이 다이옥신에 오염된 것으로 밝혀져 이 사료를 먹은 돼지를 모두 죽이고 돼지고기 등을 회수하는, 이른바 다이옥신 파동이 일어났다. 벨기에는 파문이 확대되자 이 사료를 먹여 키우던 700만 마리의 닭과 6만 마리의 돼지를 도살했다. 삼겹살 등을 벨기에로부터 많이 수입하던 우리나라도 이 때문에 유해성 논란을 빚어 사람들이 삼겹살을 기피하는 삼겹살 파동으로 이어졌다. 벨기에서는 이 사건으로 정권이 바뀌었다.

다이옥신은 어떤 단일한 화합물을 일컫는 것은 아니고 산소원자 2개를 포함하고 있는

베트남전 당시 미군이 사용한 고엽제 드럼통. 고엽제에 포함된 불순물, 다이옥신이 문제다.

분자를 부르는 보통명사이다. 그러므로 다이옥신이라고 부를 수 있는 물질은 수없이 많다. 그러나 문제가 되는 다이옥신은 염소가 결합된 벤젠 2개가 2개의 산소원자로 연결된 구조를 하고 있는 폴리클로로디벤조-파라-다이옥신(PCDD, polychlorinated dibenzo-p-dioxin) 종류를 말한다.

다이옥신은 벤젠 고리에 염소를 포함하고 있는 화합물로서 75종류의 이성체를 가진 다이옥신류(PCDD, polychlorinated dibenzo-p-dioxin)와 135종류의 이성체를 가진 퓨란류(PCDF, polychlorinated dibenzofuran)로 나눌 수 있다. 화학구조는 매우 안정하여 상온에서 색깔이 없는 결정으로 존재하며 극성이 없어 물에 잘 녹지 않는다. 대신 지방에 잘 녹기 때문에 몸속에 들어가면 오줌으로 배설되지 않고 지방조직에 축적된다. 다이옥신 중에서도 가장 유독한 물질은 2,3,7,8-사염화다이옥신(TCDD, 2,3,7,8-tetrachlorodibenzo-p-dioxin)이다.

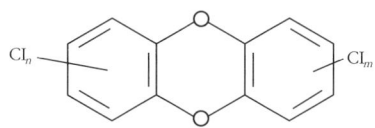

폴리클로로디벤조-파라-다이옥신의 분자구조   2,3,7,8-테트라클로로디벤조-파라-다이옥신의 분자구조

고엽제 피해에 항의하며 기형아 아이를 안고 있는 베트남 여인.

생활 주변에서 검출되는 다이옥신은 약 90퍼센트가 쓰레기 소각로에서 발생한다. 유기화합물의 연소 과정에서 염소가 존재하면 다이옥신이 발생할 개연성은 충분히 있다. 특히 낮은 온도에서 불완전연소가 일어나면 더 많은 다이옥신이 방출된다. 종이, 염화비닐(PVC), 심지어 사람이나 동물도 염소를 포함하고 있다. 소각장 부근에서 다이옥신이 검출되는 이유는 쓰레기나 동물의 사체에 다이옥신 생성에 필요한 재료들(즉 유기화합물, 염소이온, 금속들)이 모두 들어 있기 때문이다. 따라서 소각 등을 할 때 완전연소에 필요한 적정온도를 유지해야 하며, 특별한 주의를 기울여야 다이옥신이 생성되지 않는다.

우리나라에서도 1990년대 초 경기 군포, 상계동, 목동 등 전국 곳곳에서 소각장 건설 반대 주민 운동이 거세게 일어났는데 당시 이들이 내세운 주요 반대 이유는 폐기물 소각 때 다이옥신이 발생하고 이 때문에 건강에 심각한 영향을 줄 수 있다는 것이었다. 하지만 그 뒤 실제 소각장에서 발생하는 다이옥신이 인체에 영향을 거의 주지 않는 미미한 수준으로 드러나 반대 운동은 수그러들었고 지금은 전국 지자체마다 대부분 소각장을 자원회수시설 등의 이름을 붙여 가동하고 있다.

우리 인체가 흡수하는 다이옥신의 97퍼센트가량은 음식물로 통해서 이루어지며 약 3퍼센트 이하만 호흡기를 통해 흡수한다. 가장 일반적인 경로는 쇠고기, 돼지고기나 닭고기, 우유 등에 들어 있는 지방에서 흡수하는 것이다. 호흡기를 통해 흡수하는 경우에는 담배연기가 가장 일반적이다. 다이옥신은 주로 몸속의 에스트로겐 관련 내분비계에 작용하여 독성을 나타내기 때문에 내분비계교란물질(환경호르몬)로 분류된다. 다이옥신의 독성 연구는 주로 TCDD 중심으로 진행되어 있으며, TCDD의 축적 결과 피부 질환, 면역력 감소, 기형아 출산, 성기 이상, 암 유발 등이 나타난다는 연구가 진행되었다. 다이옥신은 세계보건기구에서 발암물질로 분류하고 있다.

1976년 이탈리아 세베소(Seveso) 지방에서 다량의 다이옥신이 일시적으로 누출되는 사고가 있었다. 독성이 가장 강한 다이옥신, TCDD가 몇 킬로그램 이상 유출이 되었다. 이 지역 사람들에게 염소성 여드름(chloracne)이 많이 발생했다. 또한 암을 비롯한 각종 질병과 다이옥신과의 상관관계를 연구한 결과들이 나왔지만, 다이옥신이 특정 질병의 원인이라는 확증은 이루어지지 못했다. 사고 직후 이 지역의 많은 토끼나 닭 등 작은 동물들이 수천 마리 이상 즉사했다.

의료

병원 가기를 좋아하는 사람은 별로 없을 것이다. 그래서 어떤 이들은 병원을 찾아 진찰을 받아야 할 상황인데도 참고 지내다 병을 키우기도 한다. 병원에서 분명 수술을 받아야 할 때인데도 망설여지는 경우가 제법 있다. 혹 수술 도중 사고로 숨지거나 오히려 의료진의 실수로 건강이 악화되는 것은 아닐까 염려가 되기도 한다. 종종 병원에서 의료 사고로 숨졌다는 소식을 접하기 때문이다. 80~90세까지는 거뜬히 사는 고령화 사회에서 대부분의 사람들이 평생 한두 번은 병원에서 수술을 받을 가능성이 높다. 이런 상황에서 가장 현명한 처신은 의료 사고의 특성을 파악하고 이를 예방할 수 있는 지침을 알아두는 것일 것이다.

약국의 문턱은 병원보다도 낮다. 그만큼 약에 매우 친숙하다는 뜻이다. 박카스와 같은 자양강장제를 약국에서 오랫동안 사 왔지만 이를 음료수처럼 마셨지 약으로 생각하고 먹은 사람이 거의 없을 것이다. 하지만 그것도 약이니만큼 과량 복용하면 나쁘다. 의사가 약을 많이 처방해주고 주사를 놓아주면 좋아하는, 약 위험불감증의 한국 사회에서 무엇이 문제이고 관련 사고에서 벗어날 수 있는 현명한 자세는 무엇인지 알아본다.

'박주아의 비극', 당신도 덮칠 수 있다! 의료 사고 예방법

　의료 사고는 환자가 아무리 주의한다고 해도 피할 수 없는 사건이다. 인간은 실수하는 존재이고 의사도 인간이기 때문이다. 병원은 생명을 살리는 곳이기도 하지만 사람을 죽일 수도 있는 곳이다. 의료 사고가 이를 증명하고 있다. '병원이 병을 만든다'는 말은 틀린 말이 아니다.
　우리는 주변에서 대수롭지 않은 질병이나 간단한 수술을 받다가도 죽거나 불구가 되는 경우를 종종 볼 수 있다. 축농증(부비동염) 수술을 받기 위해 병의원을 찾았다가 마취에서 깨어나지 못해 사망하기도 한다. 간단한 성형 수술 도중 마취에서 깨어나지 못해 숨지는 경우도 있다.
　약물 이상 반응으로 환자가 숨질 수도 있지만 의사가 마취제를 과다 투여해 사고가 생기는 경우도 있다. 의료 사고는 불가항력적인 경우가 없는 것은 아니지만 대개는 의료진의 실수나 오진, 부주의, 의사소통 부재, 시스템 오류 등의 결과로 생긴다. 따라서 사전에 좀더 신중하고 체계적으로 진행한다면 의료 사고는 충분히 예방 가능한 것이다.

그 대표적인 사례가 2011년 5월 16일 사망한 원로 탤런트 박주아 씨의 '의료 사고' 사건이다. 과실에 의한 의료 사고 여부를 놓고 병원과 유족 간 다툼이 벌어지고 있어 의료 사고로 확정된 것은 아니지만 지금까지 나온 박씨 쪽과 병원 의료진의 증언, 진료 기록 따위를 면밀히 살펴보면 의료 사고일 가능성이 매우 높다.

그동안 이루어진 언론 보도를 종합해보면, 박주아 씨 사망 사건은 간단한 초기 암수술 → 로봇수술 중 의사 과오로 인한 의료 사고 → 병원 내 슈퍼박테리아 감염 → 중환자 관리 소홀 → 의료진 실수 → 병원의 의료 사고 부인 등으로 이어진, 의료 사고에서 생길 수 있는 거의 모든 것이 한꺼번에 벌어진 사례라 할 수 있다.

박씨의 사고는 대한민국 최고 수준의 대학병원인 신촌세브란스병원에서 일어났다. 통상 생길 수 있는 수술 합병증으로 숨졌기 때문에 책임이 없다고 사건 뒤 병원 쪽은 밝혔다. 신우암 로봇수술 도중 십이지장 천공이 생긴 것은 통상 일어날 수 있는 합병증에 해당한다는 것이 병원 쪽의 주장이다.

신우(腎盂, 콩팥에서 방광으로 소변을 흐르게 하는 통로인 수뇨관 상단부에 있는 부분으로 콩팥깔때기라고도 함) 부위를 수술하는데 십이지장에 왜 구멍이 뚫리는지 이해하기 어렵기도 하고 또 그것이 합병증이라는 말은 1983년부터 의학 담당 기자를 맡은 뒤 10년 넘게 보건의료계 분야를 취재한 경험이 있는 나로서는 처음 듣는 이야기다.

우리는 많은 의료 사고에서 병원과 의사들이 보인 행태를 박주아 씨 사건에서도 그대로 보았다. 의료 사고가 생긴 병의원에서는 십중팔구 이를 잘 인정하지 않는다. 물론 순순히 인정하는 병원이 없는 것은 아니다. 의료 사고임을 인정할 경우 병원의 권위가 추락하고 실력 없는 병원이란 낙인이 찍힐 것을 두려워한다. 피해자 쪽에서 막대한 보상을 요구할 가능성이 높다. 이 때문에 법정에 가서 지는 한이 있더라도 부인하거나 적어도 공방으로 끌고가는 것이 바로 인정하는 것보다 모든 면에서 유리하다고 대부분의 의료인들은 생각한다.

그래서 병원과 의료진의 이런 행태에 대해 의료 사고를 겪은 대부분의 유족들은 분노한다. 때론 폭력 시위까지 벌이기도 한다. 피켓 시위나 1인 시위는 그래도 점잖은 쪽에 속한다. 이런 와중에 서로 합의하는 경우도 있지만 감정 대립이 심할 경우나 의료 사고임을 병원 쪽이 인정하지 않을 경우 길고 지루한 법정 공방이 이어진다. 의료 사고는 그것으로 인해 환자와 그 가족 또는 유족이 엄청난 피해와 충격을 받는 것에 그치지 않고, 그 사고 책임과 배상을 둘러싸고 다시 한 번 환자와 가족들이 심신의 충격을 받는 경우가 많다.

박주아 씨의 경우 병원 쪽이 로봇수술을 권유하면서부터 문제가 불거졌다. 박씨는 신우암 초기로 진단을 받았기 때문에 많이 해오던 수술법에 따라 개복 수술이나 복강경 수술을 받았더라면 별다른 일이 벌어지지 않았을 가능성이 크다. 이들 수술법은 오랜 기간 수없이 많이 시행되어왔고 국민건강보험의 적용을 받기 때문에 수술비용 또한 별로 들지 않는다.

반면 로봇수술은 극히 최근에 이루어지고 있는 신기술이어서 국민건강보험이 적용되지 않아 기존 수술보다 2~6배가량 진료비가 비싸다. 물론 신촌세브란스병원은 2005년 우리나라 최초로 로봇수술을 한 병원이고 다른 병원에 견주어볼 때 그 경험이 가장 많다.

1997년 처음 개발돼 사용해온 복강경 로봇수술은 미국의 경우 전립선암 등 기존 수술법으로 조직을 다루기가 쉽지 않은 비뇨기과 영역에서만 이루어진 데 반해, 뒤늦게 도입한 우리나라에서는 여러 진료 영역에서 다양하게 이루어지고 있다.

최근 병원마다 로봇수술을 할 수 있는 '다빈치'(르네상스 시대 때 이탈리아의 예술가이자 과학자였던 레오나르도 다빈치는 수많은 발명품을 만들어냈으며, 특히 1495년 알람을 울리는 기계화된 인형을 처음 만들어낸 인물이다. 그의 이름을 따 로봇수술 기기에 다빈치란 이름을 붙였다)라는 기기를 앞다퉈 설치하고 있다. 이 기기가 없는 병원은 삼류 병원이라도 되는 듯이 말이다. 마치 10~20년 전에 컴퓨터단층촬영장치(CT)나 자기공명영상장치(MRI)를 경쟁적으로 마구 도입했던 것처럼.

박주아 씨 사건 이전에도 로봇수술과 관련해 크고 작은 사고나 환자 쪽의 불만은 있어왔다. 최근 로봇수술이 입길에 오르자 한국보건의료연구원은 "로봇수술은 비싼 반면 효과는 의문"이라며 유용성 문제를 지적했다. 한 대학병원 의사는 로봇수술에 대해 "로봇수술의 가장 큰 단점은 로봇 팔이 촉감을 느끼고 구별하지 못한다는 것이다. 촉감을 느낄 수 없어서 실로 꿰매거나 칼로 절단할 때 잘되고 있는지, 주변 조직에 손상을 주고 있지 않은지 정확히 모를 위험이 있다"고 밝혔다. 그는 또 "능숙한 외과의사라도 로봇수술에 적응해 수술 시간과 출혈량을 줄이려면 50여 차례의 로봇수술을 해봐야 안정적으로 가능하다"며 "무엇보다 기존의 수술법보다 좋다는 연구가 많지 않은데도 로봇수술이 각종 암의 수술에 적용되고 있는 것이 문제"라고 꼽았다. 박주아 씨 사건의 발단이 바로 이 교수의 지적처럼 주변 조직, 즉 십이지장에 손상을 주고 있는지를 정확히 몰랐던 것에 해당하는 것이다.

다빈치는 한 대당 약 30억~40억 원이고, 연간 유지비용도 2억~2억 5,000만 원이 들어간다. 의료기관은 연간 150~200건, 월 평균 15건 이상의 수술을 해야 유지비용을 충당할 수 있다. 이 때문에 병원들은 의사들에게 로봇수술을 권하고 있고 의사들은 다시 환자들에게 로봇수술을 권한다. 박주아 씨도 로봇수술이라는 게 있는 줄도 몰랐다가 의사가 이 수술의 장점을 설명하며 권유해 받은 것이 뜻하지 않은 결과로 이어진 것이다.

신촌세브란스병원은 국내 최초로 환자 안전관리체계 관련 국제 인증(JCI)을 받은 병원이다. 박씨의 사망이 유가족이나 환자 단체의 주장대로, 감염관리 부재로 감염성 반코마이신 내성 장내구균(VRE) 감염, 장 천공 발생에 따른 응급수술 지체, 산소호흡기 튜브가 빠져 뇌사 상태 발생 등 병원 측 과실 때문이라면 이는 매우 아이러니컬하다. 국제 인증을 받았다고 해서 의료 사고가 발생하지 말라는 법은 물론 없을 것이다. 만약 박주아 씨 사망이 이런 일련의 부주의와 관리 소홀 등이 겹친 사고라면 다른 병의원에서는 훨씬 더 빈번하게 사고가 발생할 개연성이 높다는 것을 뜻한다.

신촌세브란스병원은 사고 뒤 유족에게 사망 때까지 들어간 진료비 2,200만 원과 합의금 8,000만 원을 주고 유족들한테서 앞으로 어떠한 이의도 제기하지 않는다는 각서를 받아냈다. 의료 사고가 아니고 병원의 잘못이 없는데도 1억 원이 넘는 돈을 준다는 것은 상식적으로 이해하기 어려우므로 이는 결국 의료 사고임을 병원이 스스로 인정하는 것으로 볼 수도 있는 대목이다.

유족들은 명백한 의료 사고일 수 있다는 것을 알고 뒤늦게 성급하게 돈을 받은 것에 대해 후회했다. 의료 사고와 관련해 환자나 가족들이 지켜야 할 수칙을 몰랐던 것일까?

의료 사고 발생 시 행동 요령
- 의무 기록 사본을 요청하라 : 현행 의료법은 환자 측의 요청이 있는 경우 의료 기관이 진료 기록의 사본을 의무적으로 교부하도록 하고 있다. 의무 기록은 의료인 또는 의료기관 종사자가 치료의 경과와 과정에 대하여 기술한 모든 치

료 관련 기록이므로 사고 발생 시 사고의 원인을 입증해줄 중요한 자료가 될 수 있다.

- 증거를 확보하라 : 물증과 증인 확보를 위해 우선 담당 의사에게 의료 사고 발생 상황에 대한 설명을 요구해 메모하고, 가능하면 녹취해둔다. 이때 가까운 친인척이나 친구 가운데 의료인이 있다면 그와 동행을 하는 것이 유리하다. 의료 분쟁 초기에 입수한 증거가 위조나 변조 가능성이 낮아 신빙성이 높으므로 신속히 행동한다. 일부 병원이나 의사들은 진료 기록을 변조할 수도 있음을 명심하라.
- 사고 경위서를 작성하라 : 의료 사고 초기부터 시간적 순서에 따라 사실관계를 육하원칙에 맞춰 정리한다. 실제로 사고 발생 시 흥분한 마음에 병원에 가서 소리를 지르고, 의료진을 폭행하고 기물을 파손하는 경우가 있다. 하지만 어떠한 상황에도 폭력을 사용하는 것은 안 된다. 이러한 행동은 분쟁 발생 시 상황을 불리하게 만들 뿐이다. 침착한 대응이 필요하다.
- 의료 사고 뒤 병원과의 합의는 신중하게 하라 : 법정에서의 의료 분쟁은 피해자 쪽에 불리하다는 통념 때문에, 또 순간적으로 병원이 제시하는 돈에 끌려 실제 보상받아야 할 액수에 터무니없이 못 미치는 돈을 받고 합의를 한 뒤 뒤늦게 이를 후회하는 경우가 종종 있으므로 합의에 앞서 주위 사람과 충분히 협의하는 등 심사숙고해야 한다.

의료 사고는 우리 주변에서 흔하게 볼 수 있는 위험에 속한다. 특히 우리나라에서도 1989년 전국민의료보험 시대가 열리고 병원에서 입원 치료 또는 수술을 받는 사람이 급증하면서 의료 사고 또한 덩달아 늘어나고 있다. 우리나라에서는 의료 사고 발생 건수를 보고하거나 공식 집계하는 기관이나 시스템이 없어 정확한 의료 사고 통계는 없다.

하지만 법정 분쟁 의료 사고와 소비자원, 대한의사협회 공제회에 접수된 의료 사고 건수를 보면 2000년대 초반 연간 1,500건가량이던 것이 2000년대 중반 2,000~2,500건가량으로 늘어났다. 물론 이런 수치는 실제 전체 의료 사고 건수와 비교하면 빙산의 일각에 지나지 않는다고 관계 전문가들은 지적한다. 사소한 의료 사고와 분쟁까지 가지 않은 의료 사고까지 모두 더할 경우 실제 발생 건수는 매우 많을 것으로 추정하고 있다.

세계보건기구는 비행기 사고로 숨질 위험이 1,000만 명당 1명인데 비해 병원 감염과 의료 사고로 사망할 위험성은 300명 중 1명꼴이라고 밝혔다. 또 미국 하버드대학 보건대학원 위해성분석센터가 2002년 펴낸 『리스크』란 책에서도 의료 사고는 그 발생 가능성이 중간 정도이고 이로 인한 희생자 등은 암이나 심장 질환, 비만과 거의 같은 수준으로 매우 높다고 분석했다.

미국 국립의학연구원(IOM, Institute of Medicine)은 1999년 펴낸 의료 사고와 관련한 기념비적인 보고서인 《인간은 실수하기 마련이다 : 보다 안전한 보건의료 시스템 구축하기(To Err Is Human: Building a Safer Health System)》에서 미국 병원에서 예방이 가능한데도 연간 의료 사고로 숨지는 사람이 4만 4,000~9만 8,000명이라고 추정했다. 사망까지는 아니지만 부상이나 손상, 후유증을 겪는 사람은 연간 100만 명이나 될 것으로 추정됐다. 이를 우리나라에 그대로 대입해 인구 비례로 따져보면 대략 1만~2만 명가량이 의료 사고로 숨지고 20만 명가량이 의료 사고 손상을 입는 셈이다. 또 병원 등급 보고서는 2000년, 2001년, 2002년 미국에서 해마다 평균 19만 5,000명이 예방할 수 있는 의료 사고 때문에 병원에서 숨진다고 밝혔다. 한편 1999년의 IOM 연구를 추적, 조사한 2006년 연구 결과 해마다 150만 명이 의사의 처방 오류로 약화 사고를 당하고 있고, 이 가운데 40만 명은 예방할 수 있으며 80만 명은 노인 장기요양시설에서 53만 명은 노인 외래 진료에서 일어나고 있다고 분석했다.

의료 사고는 비교적 가벼운 약화 사고나 회복 지연 등에서부터 엉뚱한 팔다리나 장기를 잘라내는 수술, 수술 도구를 몸 안에 둔 채 봉합하는 등의 어처구니없는 실수 그리고 의사들의 엉터리 처방이나 의료진의 처방전 오독 등으로 인한 과다 약물 투여나 치명적 실수로 인한 사망 등에 이르기까지 그 형태나 정도가 다양하다. 신생아 관리 소홀로 아기가 뒤바뀌는 사고 등도 종종 있다. 이는 많은 드라마의 소재로 널리 쓰이고 있고 각종 의학 드라마에서도 의료 사고와 이를 은폐하려는 의사, 이에 맞서 진실을 파헤치려는 가족 등이 때론 흥미진진하게 그려지기도 한다.

미국에서는 1994년 미국 전역에 널리 알려진 유명 의학 전문 기자였던 《보스턴 글로브》의 벳시 레만(Betsy Lehman)이 유방암 치료 도중 의료 사고로 숨지는 사건이 벌어졌다. 그녀는 당시 미국에서 권위 있는 보스턴의 다나-파버암전문병원에서 항암 요법 치료를 받았는데 의료진의 실수로 하루 최대 허용량의 4배나 되는 강력한 항암제를 투여받고 심장 이상으로 숨지고 말았다. 이를 계기로 '환자 안전과 의료 사고 감소를 위한 벳시레만센터'가 설립돼 의료 사고를 줄이기 위한 캠페인과 제도 개선 등이 진행 중이다.

우리나라의 경우 의료 사고와 관련한 조사, 분석이나 연구, 통계 산출 등이 거의 이루어지지 않고 있다. 보건복지부가 매년 펴내는 《보건복지백서》 어디에도 의료 사고와 관련한 통계나 정책 등은 보이지 않는다. 이 때문에 의료 사고시민연합 등 몇몇 의료 사고 피해자 단체들이 민간 차원에서 자발적인 모임을 만들어 의료 사고 상담이나 의료 사고 대처 요령 전파 등의 극히 초보적인 피해자 권익 활동을 하고 있다.

미국에서 레만 의료 사고 사망 사건을 계기로 본격적인 환자 안전과 의료 사고 감소 노력이 이루어지고 있는 것처럼, 우리나라도 의료계에서는 물론이고 정부 차원에서 의료 사고를 줄이기 위한 사회적 투자와 제도 개선을 서둘러야 할 것이다.

• 의료 사고를 피하는 요령 •

☐ 엑스선, CT 등 방사선 촬영은 꼭 필요한 때만 한다.
☐ 검증되지 않은 약, 수술, 치료법은 되도록 피하고 응할 경우 그 치료법의 부작용, 위험성 등에 대해 충분히 설명을 듣고 결정한다.
☐ 대형 병원이라고 해서 의료 사고를 안심할 수 있는 것은 아니므로 수술 의사의 실력 등을 꼼꼼하게 미리 따져본다.
☐ 병의원에서는 처방전이나 의무 기록을 우리말로 모두가 알아볼 수 있게 쓰도록 제도화하고 점검한다. 의료 사고 가운데 상당수는 의사가 처방전에 글씨를 날려 쓴 것을 다른 의료진들이 잘못 읽거나 오인해 일어난다.

한국인의 두통약
'게보린'의 정체는?
약 위험불감증의 실태

  한국인은 약을 좋아한다. 오랜 옛날부터 '약' 하면 보약을 떠올린다. 우리나라 사람치고 보약 한 첩 먹어보지 않은 사람을 보기 힘들 정도다. 요즘 10대, 20대는 보약 먹는 것이 예전 같지는 않지만 여전히 자녀에게 보약을 먹이는 30~40대 학부모들이 많다.

  물론 보약의 개념은 예전과는 많이 다르다. 키를 크게 해준다는 약, 머리를 좋게 해준다는 약, 살을 빼준다는 약 등등. 과거 한약은 주로 몸이 허약한 사람이나 마른 사람들이 살찌기 위해 먹었다면 요즘은 거꾸로 뚱뚱한 어린이들이 살을 빼기 위해 한약을 먹는다.

  한국인만큼 약을 좋아하는 국민도 찾아보기 어렵다. 유럽 선진국 국민은 병이 났을 때 의사로부터 대개 2~3알 정도의 약을 처방받아 복용한다. 반면 한국인은 평균 5~6알 정도의 약을 받는다. 심지어는 약을 적게 주거나 처방해주지 않는 의사는 실력이 없다고 소문이 나고 그런 곳에는 환자가 잘 가지 않는 경우도 있다.

그래서 어쩔 수 없이 거의 모든 처방에 신경안정제나 위보호제, 소화제 등이 들어간다. 서양인은 일반 감기에 걸리면 안정을 취하면서 물을 충분히 마시고 집 안 습도를 잘 조절해주며 영양 섭취에 신경을 쓰는 것으로 대처한다. 하지만 한국인은 병원을 찾아가 주사 한 방 맞고, 이런저런 성분의 약을 몇 알씩 처방받아 4~5일, 길게는 열흘씩 병원과 약국을 오간다. 링거액이나 알부민을 투여받는 경우도 있다. 이런 잘못된 처방에 대해 의사는 환자 탓, 환자는 의사 탓을 하고 있다.

한국인들이 가장 즐겨 먹는 약 가운데 하나가 진통제(두통약)와 소화제일 것이다. 과식했다 싶으면 소화제를 찾고 머리가 좀 아프다 싶으면 두통약을 찾는다. 적절히 심신을 안정시키고 약간의 운동을 하면 좋으련만 움직이기 싫고 쉽게 상황을 벗어나려 약에 의존하는 것이다.

여기에는 제약회사들의 대대적인 광고도 한몫을 하고 있다. 수십 년간 유명 연예인 등을 내세워 '펜잘', '게보린', '사리돈'을 텔레비전과 신문 등의 대중매체를 통해 외쳐대니 소비자는 그 부작용을 생각하지 않는다. 너무나 익숙한 약이름에 약국에 들어서자마자 자기도 모르게 바로 "○○○ 주세요"라고 말한다.

약은 필요할 때, 필요한 만큼만 사용해야 한다. 약은 독이기 때문이다. '독은 양이다(poison is quantity)'라는 말이 있다. 아무리 좋은 약이라도 한꺼번에 많이 먹거나 장기적으로 복용하게 되면 몸에 독이 될 수 있다는 것이다. 우리가 음료수처럼 사 마시는 박카스와 같은 자양강장제도 한꺼번에 여러 병을 마시거나 하면 가슴이 두근거리고 머리가 어지러워지는 부작용을 경험하게 된다. 술도 한두 잔은 때에 따라 보약이 될 수도 있지만 많이 마시면 건강을 해치고 심한 경우 생명까지 앗아가지 않는가.

2011년 10월 11일 나의 귀를 의심케 하는 뉴스를 접했다. 학생들이 공부하기 싫어 조퇴하거나 등교하지 않기 위해 진통제인 '게보린'을 과량 복용하는 일이 유행병처럼 번지고 있다는 것이다. 그 원조가 누구이고 언제부터인지는 알 길이 없다. 아마 이 약을 과량 복용한 학생이 그 부작용으로 몸에 이상이 생겨 등교하지 못하거나 조퇴한 소식이 마침내 확산 속도가 빠른 인터넷을 통해 급속히 퍼진 것이 아닌가 추측해본다.

게보린을 과량 복용할 경우 소화관 내 출혈, 급성 간부전 등 심각한 부작용이 나타날 수 있다고 식품의약품안전청은 경고했다. 소화관 내에서 과다 출혈이 발생할 경우 피를 토하게 될 수 있고 짧은 시간에 많은 출혈이 있으면 오래 서 있을 경우 저혈압, 어지러움, 메스꺼움, 식은땀 등이 동반되기도 한다.

"두통, 치통, 생리통에 게보린", "한국인의 두통약", "두통엔 게보린"이라는 문구의 광고카피를 들어보지 않은 사람은 거의 없을 것이다. 청소년도 이런 광고에 무방비로 노출돼왔다. 김동현, 김영란, 송재호, 강남길, 하희라, 임현식, 박원숙, 이경실, 클론, 서경석 등 대중과 친숙한 스타들이 1980년대부터 줄지어 게보린 광고의 주인공으로 나왔다. 우리가 잘 아는 스타들이 귀에 못이 박히도록 외치는 약이름이어서 과량 복용해도 잠시 학교를 쉬거나 수업에 빠질 수 있는 정도로만 생각하지 치명적인 부작용이 있다는 것까지는 생각하지 않았으리라.

제약회사마다 효자 품목이 있다. 그 품목이 그 회사의 살아 있는 역사나 다름없는 경우가 많다. 동아제약의 박카스에 해당하는 것이 삼진제약의 게보린이다. 1977년 게보나라는 이름으로 나와 1979년 게보린으로 이름을 바꾼 뒤 30여 년간 한국인의 대표적인 진통해열제로 자리매김했다.

1982년부터 텔레비전 광고를 했다. 게보린을 모르면 간첩이라는 말이 나올 법하다. 1996년부터 6년 연속 한국능률협회가 선정한 진통제 부문 브랜드 파워 1위를 차지했다. 2001년에는 연간 매출 100억 원을 돌파했다. 삼진제약에서 게보린이 차지하는 비중이 어느 정도인지를 짐작할 수 있다.

해열진통제에는 아세트아미노펜을 단독으로 사용한 단일 제제인 타이레놀과 아세트아미노펜, 이소프로필안티피린, 그리고 무수(無水) 카페인을 일정 비율로 배합한 복합 제제인 게보린, 사리돈에이 등이 있으며 아세틸살리신산 성분의 아스피린, 이부프로펜, 덱시부프로펜 성분의 해열소염진통제 등이 있다. 게보린과 같은 약은 사리돈 에이를 비롯해 10여 제품이 있다. 그런데도 마치 게보린만 문제인 것처럼 부각된 까닭은 그만큼 게보린을 제품 선전의 광고카피처럼 '한국인의 두통약'처럼 여겼기 때문일 것이다.

미국 등 여러 선진국에서는 해열진통제 성분 가운데 이소프로필안티피린의 부작용이 심하다는 판단에 따라 이들 성분의 해열진통제는 판매 금지하고 있다. 우리나라에서는 2008년에 이소프로필안티피린의 부작용 문제를 '건강 사회를 위한 약사회'가 줄기차게 제기한 이후 해마다 안전성 논란을 빚고 있다.

2008년 당시 종근당은 이소프로필안티피린이 문제가 되자 자사 해열진통제 제품인 펜잘에서 발 빠르게 이 성분을 뺀 펜잘큐를 제조, 시판하고 있다. 2011년 3월 식품의약품안전청은 중앙약사심의위원회 자문 결과를 토대로 이소프로필안티피린 함유 의약품의 효능과 효과를 '진통 및 해열 시 단기 치료'로 제한하고, 15세 미만 소아는 투여를 금지시켰으며, 수 회(5~6회) 복용해도 나아지지 않으면 복용을 중지하고 의사 또는 약사와 상의하도록 했다. 하지만 이런 조치는 15세 미만인 중학생들이 이를 오남용하는 사건들이 불거지면서 아무런 실효성이 없는 것으로 돼버렸다.

학생들의 게보린 오남용 사건을 보면서 게보린 또는 이소프로필안티피린 제제에만 비난의 화살을 돌릴 일은 아니라는 생각이 든다. 다른 성분의 해열진통제도 정도의 차이만 있을 뿐 부작용이 있으며 특히 과량 사용할 경우 그 정도가 심해질 것이기 때문이다. 해열진통제뿐만 아니라 모든 약은 부작용을 지니고 있다고 보는 것이 약화를 막는 좋은 자세다.

몇십 년씩 별탈 없이 잘 사용하던 약도 오랜 시간 후 문제가 되기도 한다. 이는 부작용이 뒤늦게 나타나 빚어진 경우도 있지만 그동안 부작용 사례를 쉬쉬하거나 체계적으로 수집해 분석하지 않은 때문일 수도 있다.

약화 사고의 대명사는 탈리도마이드(Thalidomide) 기형아 사건이다. 1953년 서독에서 입덧 방지약으로 만들어져 그뤼네탈이 1957년 8월 1일부터 판매하기 시작했다. 각종 동물실험에서 부작용이 거의 드러나지 않았기 때문에 '부작용 없는 기적의 약'으로 선전되었다. 처음에는 독일과 영국에서 주로 사용하다가 곧 50여 개 나라에서 사용하기 시작했다.

그러나 1960년부터 1961년 사이에 이 약을 복용한 임신부들이 팔과 다리 등이 없는 기형아를 출산하면서, 그 위험성이 드러나 판매가 중지되었다. 탈리도마이드에 의한 기형아 출산은 전 세계 46개국에서 1만 명이 넘었으며, 특히 유럽에서만 8,000명이 넘었다. 미국에서는 단 17명밖에 생기지 않았는데 판매회사와 FDA 간 부작용 논쟁 때문에 시판이 미뤄졌기 때문이다. 탈리도마이드는 가장 비극적인 의약품 부작용 사례로 기록되었다.

우리 사회는 아직 이런 대형 약화 사고를 경험하지 않은 탓인지 약의 무서움을 잘 모르고 있다. 청소년 게보린 오남용 사건이 그 방증이

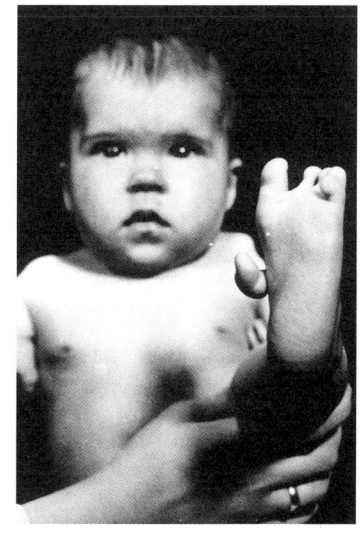

1962년 태어난 탈리도마이드 기형아. 오른팔이 거의 없고 발가락이 붙은 모습이다.

다. 물론 이번 사건을 청소년들의 철없고 무분별한 행동 탓으로 돌릴 수도 있다. 하지만 이런 태도로만 이번 사태에 대응하려 한다면 이는 리스크 커뮤니케이션의 원칙에서 한참 벗어난 것이다. 리스크 커뮤니케이션을 해야 할 때 어떻게 대응하느냐가 위기를 잠재울 수도 있고 위험을 확산시킬 수도 있다. 우리나라에서는 특히 식품회사나 제약회사가 리스크 커뮤니케이션에 대해 깊은 관심을 가져야 한다.

가장 성공적인 리스크 커뮤니케이션 사례로는 1982년 타이레놀 독극물 사건을 꼽을 수 있다. 미국에서 타이레놀을 복용한 사람들이 8명이나 숨졌다. 미국뿐만 아니라 전 세계인들이 충격에 빠졌다. 조사 결과 제품에는 아무런 문제가 없었다. 누군가가 제조사인 존슨앤드존슨을 음해하기 위해 청산가리라는 독극물을 타이레놀 약에 집어넣어 발생한 사건이었다. 회사는 문제가 없는 제품까지 모두 리콜하여 전 미국인에게 즉각 이런 사실을 알렸다. 그리고 그 뒤 미국인들은 존슨앤드존슨을 더욱 신뢰하게 됐다. 이 사건은 회사에게 오히려 전화위복의 계기가 됐다.

삼진제약은 게보린 사건을 통해 전화위복의 계기로 삼는 자세를 취해야 한다. 일부 학부모들은 청소년 사이에 게보린 과다 복용 조퇴법이 이미 널리 퍼졌는데 지금까지 회사와 정부는 무엇을 했느냐고 질타한다. 게보린을 자주 복용하는 어떤 소비자는 약 복용 후 종종 메스꺼움을 느꼈는데 이렇게 유명한 약에 위험성이 있을 것이라고는 생각도 못했다고 불만을 드러낸다.

이런 불만과 비난이 모이고 모이면 위기가 될 수 있다. 제약회사에게는 소비자의 신뢰가 중요하다. 돈만 안다거나 부작용을 숨기려 든다고 소비자들이 생각하는 순간 그 제약회사가 제조, 판매하는 약에 대한 불신으로까지 이어진다. 효과적인 리스크 커뮤니케이션을 위한 원칙이 여럿 있지만 그 가운데 하나는 청중, 즉 소비자의 목소리에 귀를 기울이라는 것이다.

이런 사건은 단지 제약회사의 위기 또는 불신에 머물지 않고 의약품 제조·판매를 허가하고 부작용을 감시·관리하는 식품의약품안전청으로까지 불똥이 튈 수 있는 성격을 띠고 있다. 미국 등 일부 선진국에서는 게보린과 같은 약은 오래전부터 판매 금지를 시켰다는데 왜 우리는 아직 시판을 허용해주고 있느냐고 비판할 수 있다.

자칫 하면 혹시 제약회사와 식약청 간 뒷거래가 있는 것이 아니냐는 의혹 제기까지 나올 수도 있다. 이런 오해를 막기 위해서는 해열진통제뿐만 아니라 앞으로 모든 약을 함부로 먹지 말도록 하는 대대적인 공익광고를 벌여야 한다. 또 왜 지금까지 우리는 게보린과 같은 진통해열제를 시판하도록 허용할 수밖에 없었는지를 국민의 눈높이에서 전달할 수 있어야 한다.

이번 기회에 제약회사는 물론이거니와 식약청으로서도 어디까지 약 광고를 허용할 것이며 약의 부작용에 대해 언제, 어떻게 교육할 것인가를 고민할 필요가 있겠다. 청소년 때부터 약물의 오남용이 가져오는 심각성을 체계적으로 가르쳐야 한다. 해열진통제뿐만 아니라 항생제, 스테로이드제제, 비만 치료제 등에 대해서. 그리고 전문 의약품뿐만 아니라 일반 의약품도 오남용할 경우 부작용이 있기 때문에 좀더 신중할 필요가 있다.

의사들은 불필요한 약 처방 안 하기 운동을, 약사들은 소비자들이 약을 오남용하지 않도록 복약지도 철저히 하기 운동을 벌여야 한다. 청소년 게보린 오남용 사건을 전화위복의 계기로 삼는 지름길은 바로 이런 일들을 실천하는 것이다. 그리고 우리의 목표는 약 좋아하는 한국인, 한국 사회라는 오명을 씻고 꼭 필요할 때 필요한 양만큼만 약을 복용해 약화 위험 없는 사회를 만드는 것이다.

☐ 가정상비약이라고 해서 진통제, 소화제 등을 다량 구입해 자주 복용하면 안 된다. 한국인은 과식했다고 소화제를 습관적으로 복용하는 사람들이 상당할 정도로 약의 부작용에 대한 경각심이 부족하다. 박카스도 하루에 여러 병을 한꺼번에 마시면 가슴 두근거림 등 부작용이 생긴다.

☐ 사용하다 남아 오래된 약은 약국에 가서 폐기 처분하라. 오래된 약은 약효가 떨어질 수도 있고 자칫 약이 듣지 않는 엉뚱한 증상에 약을 복용할 수 있다.

☐ 술과 함께 약을 먹는 일, 특히 진통제 등은 절대 피하고 커피나 녹차 등과 함께 약을 먹지 마라. 정확한 복용법을 약사에게 물어보는 습관을 길러라.

☐ 농약을 음료수병에 넣어두지 말고 약을 처음 담긴 약병이 아닌 곳에 넣어두지 마라. 자칫 생명까지 앗아가는 사고로 이어질 수 있고 실제로 그런 사고가 심심찮게 일어난다.

☐ 약은 어린이의 손에 닿지 않는 곳에 두고 아이가 손으로 쉽게 열 수 없는 안전캡이 있는 약병을 사용하라.

☐ 정력제, 살 빼는 약 등을 인터넷 등에서 함부로 구입해 복용할 경우 그 약 안에 마약 성분이나 발기제 성분 등이 들어 있어 오히려 건강에 악영향을 끼칠 수 있다는 점을 명심하라.

☐ 자신의 지레짐작이나 비전문가인 지인의 말을 듣고 약을 구입해 복용하는 일을 삼가라.

☐ 집 안에 어르신이 있으면 이들이 이른바 만병통치약이나 신경통약 등을 사이비 건강기능식품 판매꾼이나 약장사꾼에 속아 사는 일이 없도록 주의해야 한다. 이런 약을 장기간 잘못 먹으면 오히려 건강을 해칠 수가 있다.

자살

이제 자살은 인생을 더 살고 싶은 의지가 약한 사람들만의 최후 선택지가 아니다. 자살은 더는 생명에 대한 개인의 선택 문제가 아니다. 15년 전부터 갑자기 증가하기 시작한 우리나라의 자살은 브레이크가 고장나 멈출 줄 모르는 자동차나 기관차처럼 내달리고 있다. 자살 증가율은 세계에서 그 유례를 찾기 힘들 정도로 가파르게 증가하고 있다. 매스컴에서 뉴스로 듣는 유명인이나 안타까운 사연의 자살뿐만 아니라 자신의 친구나 친인척, 이웃 가운데에서도 자살했다는 소식을 들을 수 있을 만큼 흔해졌다.

자살은 우리나라 전체 사망 원인 4위, 청소년 사망 원인의 1위를 차지함으로써 국가 차원의 사회적 문제가 됐다. 자살 뒤에는 빈곤, 질병, 고독 등 여러 요인이 있으나 가장 관심을 가져야 할 부분은 우울증이다. 우울증은 마음의 감기라는 표현을 쓸 정도로 정신 질환 가운데 가장 흔한 질병이다. 우울증은 어떤 질병이며 어떤 상태를 가리키는지를 살펴보는 것도 심각한 우울증과 자살을 막는 지름길이다.

자살 공화국에서
생명 공화국으로
자살에 대한 오해와 진실

신문이나 텔레비전은 하루가 멀다 하고 자살 소식을 전한다. 농림부 장관 출신의 현직 국립대학교 총장의 자살 소식이 귓가에서 아직 떠나가지도 않았는데, 이번에는 전남문화산업진흥원장이 자살했다는 소식이 들려온다. 2012년 6월 26일에는 월 15만 원의 노령 연금으로 살아온 60대 부부가 생활고와 사회 및 가족과의 단절에 따른 외로움을 견디다 못해 자살한 이야기가 우리를 서글프게 만들었다.

단 하나뿐인 생명이기에, 소중하지 않은 생명은 없기에 이들의 자살 소식은 더욱 안타깝다. 자살은 자살한 이들의 가족이나 친지, 친구, 이웃들도 함께 큰 고통을 겪게 하는, 그래서 어떤 경우에는 뒤이어 자살하게 만드는 위험한 행동이다.

너무나 심각한 자살 실태에 대한민국 헌법 제1조를 바꿔야 하는 것이 아닐까 하는 생각까지 해보았다. 2003년 영화제목으로까지 쓰였던 '대한민국 헌법 제1조'는 학창 시절 달달 외웠듯이 "대한민국은 민주 공화국이다".

물론 "대한민국이 과연 민주 공화국일까?" 하고 선뜻 동의하지 않는 사람도 꽤 있을 것이다. 하지만 "대한민국은 자살 공화국이다"라고 한다면 아마 고개를 끄덕일 사람이 많을 것이다. 전직 대통령에서부터 현직 대학 총장, 유명 텔런트와 가수, 유명 축구선수, 유명 아나운서, 재벌가 자녀, 수재 대학생, 노동자, 노인, 중고등학생 등에 이르기까지 대한민국에는 자살이라는 '바이러스'가 신종플루처럼 빠른 속도로 퍼지고 있다.

왜 우리 사회에서 이처럼 자살이 만연하는 것일까? 자살 위험은 우리 사회에서 어느 정도인가? 자살에 대해 조금만 관심을 가진다면 이제 자살은 나약한 사람들이 저지르는 개인적인 일이 결코 아니라는 사실을 알 수 있다. 자살은 사회적 문제이며 국가적 문제다. 다음 퀴즈를 풀어보자(정답은 이 글의 끝에 있다).

(1) 대한민국은 세계에서 자살률이 몇 번째일까?(2010년 기준, 이하 같음)
   ① 1위 ② 2위 ③ 3위 ④ 4위
(2) 대한민국은 OECD 국가 가운데 자살률이 몇 위일까?
   ① 1위 ② 2위 ③ 3위 ④ 4위
(3) 대한민국은 세계에서 자살 증가율이 몇 위일까?
   ① 1위 ② 2위 ③ 3위 ④ 4위

당신은 몇 문제를 맞혔는가? 두 문제를 맞혔다면 자살에 대해 상당한 관심을 지녔거나 자살에 대한 상식이 풍부하다고 할 수 있다. 세 문제 모두 맞혔다면 당신은 자살에 대해 해박한 지식의 소유자다.

2010년 대한민국에서는 하루에 42명이 자살했다. 한 해 동안 무려 1만 5,566명이 자살했다. 인구 10만 명당 31.2명이 자살한 것이다. 세계 1위 리

투아니아와는 '도토리 키 재기'라는 말이 어울릴 정도로 엇비슷하다.

자살은 2011년에도 암, 뇌혈관 질환, 심장 질환에 이어 우리나라 전체 사망 원인 4위를 차지했다. 당뇨병으로 숨진 사람보다 훨씬 많다. 교통사고로 죽은 사람과는 비교가 안 될 정도다. 1999년 사망 원인 7위에서 2008년부터 교통사고, 간 질환, 당뇨병 등을 가볍게 제치고 4위로 껑충 뛰었다.

자살은 10~30대에서는 사망 원인 1위다. 30대에서 남녀 모두 사망 원인 1위이고 40대에서는 남녀 모두 2위를 차지했다. 50대에서는 남자의 경우 4위, 여자의 경우 3위를 차지했다. 60대의 경우 남자는 4위, 여자는 5위를 기록했다.

우리나라는 이전부터 자살이 많았던 나라일까? 물론 그렇지 않다. 아시아에서는 그동안 일본이 자살 공화국이란 타이틀을 거머쥐고 있었다. 우리나라는 1980년대와 1990년대 초반까지만 해도 자살한 사람이 한 해 3,000명대 수준에 그쳤다. 이것이 1995년 5,000명대 수준으로 늘었고 외환위기를 겪으면서 1998년 8,622명으로 급증했다. 외환위기를 슬기롭게 극복해 나가던 1999년, 2000년, 2001년에는 6,000명대로 다소 줄어드는 모습을 보이다가 카드 대란, 양극화 심화 등이 이어지면서 다시 자살자가 늘어났다. 2002년 8,612명, 2003년 1만 898명, 2005년 1만 2,011명, 2007년 1만 2,174명, 2008년 1만 2,858명에서 2009년 1만 5,413명으로 정점을 찍은 것이다.

전염병(감염병)이 바이러스나 세균 등 미생물에 의한 질병이라면 자살은 사회적 전염병이다. 특히 유명인의 자살이 다른 사람에게 끼치는 영향은 매우 크다. 가장 대표적인 사건은 역시 2009년 5월 노무현 전 대통령의 자살이었다. 통계청에 따르면 2009년 5월부터 8월까지 자살자 수는 5,899명으로 전년 같은 기간에 비해 1,924명이 늘어나 50퍼센트 가까이

자살자의 모습을 그린 헨리 월리스의 작품. 〈채터턴의 죽음(The Death of Chatterton)〉, 1856.

증가했다.

이처럼 자살자가 짧은 기간에 급속히 늘어난 이유는 무엇일까? 어떤 이들은 우리나라 사람들의 나약성을 말한다. 한국인들이 나약하다는 말에도 동의하기 힘들지만 자살하는 사람은 나약하다는 사고 자체도 문제다. 과거 흔히 마음을 단단히 먹지 못해 목숨을 끊는다는 말을 많이들 해왔는데 그 연장선상에서 국민성 때문이라는 말이 나온 것이 아닐까 싶다.

자살을 개인의 성격이나 국민성 탓으로 돌리기보다는 자살이 급격하게 늘어난 시기에 있었던 사회 상황에 주목할 필요가 있다. 1990년대 후반과 2000년대는 구제금융시기에 이어 경제적 양극화, 실업 대란, 가계 파탄 등이 있었다.

흔히들 자살은 우울증과 관련이 깊다고 말한다. 자살자의 대다수가 실은 우울증을 심하게 앓고 있었다는 것이다. 문제는 이 우울증이 어디에서 비롯했느냐는 점이다. 또 자살 예방 전문가들은 자살이 술과 우울증과 관련이 깊다고 한다.

술에 탐닉하는 사회, 우울증 환자가 넘쳐나는 사회, 알코올 의존증 환자가 증가하는 사회의 밑바닥에는 나눔 문화의 부재, 승자 독식, 황금만능주의, 복지 안전망 미비, 급격한 고령화, 치열한 경쟁 사회, 개인주의, 해고와 실업, 대기업과 부자 세상 등과 같이 우리 사회에 만연해 있는 건강하지 못한 정치·사회·경제 시스템이 자리 잡고 있다.

보건복지부 자살예방특별대책위원장 강지원 변호사는 2011년 민간 자살 예방 단체인 생명사랑문화운동본부 발대식에 참석해 옆자리에 있던 내게 이런 말을 했다. "의문의 죽음을 당한 주검을 부검하듯이 자살한 사람은 정신적, 심리적 부검을 할 필요가 있다." 그의 말에 일리가 있다고 생각했다.

우리 사회는 죽은 사람에 대해서는 매우 관대한 편이다. 심지어는 그가 비리를 저지르거나 물의를 일으킨 뒤에 자살을 택해도 언론은 고인을 미화하거나 생전에 있었던 좋은 일에 대해서만 다루는 경향이 있다. 신체 부검이 사인을 밝혀내 범인 검거 등에 활용되는 것처럼 자살 부검은 자살을 택한 원인을 찾아내 앞으로 그와 유사한 사례를 막기 위해 필요하다.

세계보건기구는 대부분의 자살은 예방할 수 있다고 단언한다. 이를 위해 국가와 지역 공동체는 농약 등 자살 수단 접근 금지, 우울증, 알코올 의존증, 정신분열증 등 정신 질환자 관리, 자살 시도 경험자 추적 관리, 미디어의 책임 있는 보도, 그리고 1차 보건의료 종사자 훈련 등을 해야 한다고 강조했다.

자살 예방과 생명 존중 문화에 대한 정부 차원의 대응은 너무나 더뎠다. 물론 자살 예방과 생명 존중 문화 확산의 책임이 오롯이 정부에게만 있는 것은 아닐 터다. 하지만 이를 격려하고 분위기를 조성하고 제도를 만드는 것은 정부의 몫이다. 2011년 3월 국회에서 제정, 공포되어 2012년 3월 시행된 '자살 예방 및 생명 존중 문화 조성을 위한 법률'이 멈출 줄 모르고 달리는 기관차의 브레이크를 잡아줄 수 있는 구실을 할지는 더 두고봐야 할 것이다.

1년에 1만 5,000명이 넘는 승객을 태우고 죽음을 향해 달리는 기관차를 멈추기 위해서는 예산과 사람, 조직을 아끼지 말아야 한다. 하지만 정부가 자살 예방과 생명 존중 문화에 쏟아 붓는 돈은 연간 수십억 원에 불과하다. 이를 보면 아직 정부와 국회가 이에 대해 그리 관심을 보이지 않는 것이 아닌가 하는 의구심이 든다.

언제까지 대한민국 국민을 세계에서 가장 위험한 자살 사회의 한복판에 둘 것인가. 정부와 민간이 가동할 수 있는 모든 자원을 한 데 모아 자살이라는 유령을 우리 사회에서 쫓아내야 한다. 그리하여 '자살 공화국'이라는 오명을 '생명 공화국'이라는 희망의 이름으로 바꾸어야 한다.

- 176쪽 문제 정답 : (1) ② (2) ① (3) ①

자살에 대한 8가지 오해와 진실

☐ 자살자는 유서를 남긴다.
☞ 유서를 남기는 경우는 12~20퍼센트에 불과하다.

☐ 자살하는 사람은 다른 사람들에게 사전에 알리지 않는다.
☞ 자살자 10명 중 8명은 자신들의 의도에 대해 사전에 뚜렷한 단서를 남겼다.

☐ 자살을 자기 입으로 말하는 사람은 그저 관심을 끌려는 것일 뿐이다.
☞ 자신들이 어떤 기분으로 살고 있는지를 누군가에게 먼저 알리지 않고 자살하는 사람은 드물다.

☐ 이미 자살을 결심한 사람은 말릴 방법이 없다.
☞ 오랜 기간 심리적 고통을 겪거나 우울해할 수는 있지만 실제 자살 위기를 겪는 것은 상대적으로 짧은 기간일 수 있다. 다만 위기는 반복될 수도 있다.

☐ 당사자의 상태가 개선되면 위험은 지나간 것이다.
☞ 심각한 우울 상태가 개선되기 시작한 지 몇 개월 내에 많은 사람이 자살한다.

☐ 자살을 한 번 시도한 사람은 다시 시도할 가능성이 낮다.
☞ 자살자 중 80퍼센트는 자살 시도 전력이 있다.

☐ "자살을 생각하고 있느냐?"라고 묻지 말라. 그런 생각을 심어줄 우려가 있다.
☞ 자살 위험이 있는 당사자와 자살에 대해 터놓고 이야기하는 것은 당신이 할 수 있는 가장 도움이 되는 행동이다.

☐ 자살에 실패했다는 것은 정말로 죽고 싶지는 않았다는 뜻이다.
☞ 일부 사람들은 자살 방법에 대해 순진한 생각을 갖고 있다. 방법보다는 자살을 시도했다는 사실 자체가 중요하다.

우울증, 당신도 예외가 아니다!
자살과 우울증의 관계

우리는 신문과 방송을 통해 "가정주부가 어린아이와 함께 아파트에서 뛰어내려 동반 자살했다"는 소식을 듣고서 놀라기도 하고 한편으론 안타까워하기도 한다. 정확하게는 그가 자살한 것은 맞지만 동반 자살했다는 말은 틀렸다. 아이를 살해했다는 표현이 적절했을 것이다.

흔히 '바늘 가는 데 실 간다'고 말한다. '한약방의 감초 같다'는 말도 있다. 여기에 '자살 뒤에 우울증이 있다'는 말을 보태고 싶다. 모든 자살에 우울증이 관여하는 것은 아니지만 자살 원인 가운데 가장 많은 부분을 우울증이 차지하고 있다. 자살이 우리나라 사망 원인 가운데 무려 4위를 기록하고 있다는 사실은 그만큼 우울증 환자도 많을 것이라는 점을 방증한다. 우리나라에서 자살 사망자가 10만 명당 30명을 웃돌고 해마다 1만 5,000명가량이 자살로 생을 마감한다.

우리나라 우울증 환자는 얼마나 될까? 건강보험심사평가원의 2010년 통계를 보면 해마다 그 수가 늘고 있는 추세이며 10만 명당 1,057명꼴로 환자가 발생하고 있다. 100명당 1명인 셈이다. 우리나라에서 50만 명가량의 우울증 환자가 병원 치료를 받는 것이다. 우울증인데도 그냥 방치하거나 병원을 찾지 않는 환자까지 더하면 실제 환자 수는 이보다 훨씬 많을 수 있다.

우울증은 현대인의 병이며 한국도 더는 우울증을 방치할 수 없는 지경에 이르렀다. 더구나 우울증은 여성에게서 훨씬 많이 발생하며 고령화 사회를 맞아 노인 인구, 특히 여성 노인 인구가 급속히 증가하고 있는 우리의 현실에서 개인적으로나 사회적으로 깊이 관심을 가져야 할 질환임에 분명하다.

흔히들 우울증을 '마음의 감기'라고 한다. 그만큼 잘 걸릴 수 있는 질병이라는 뜻에서 붙인 별명이다. 세계보건기구는 전 세계에서 1억 5,000만 명이 우울증에 시달리고 있다고 2010년 보고서에서 밝혔다.

우울증 환자는 매사에 흥미를 잃고 잘못한 것도 없는데도 죄의식을 느끼며 '내가 사회에서 무슨 소용이 있느냐'와 같이 자신의 존재 가치를 느끼지 못한다. 불면증에 시달리며 식욕이 떨어지고 활력이 저하되며 집중이 되지 않는 것도 우울증의 주요 증상 가운데 하나다. 이들은 또 슬프고 공허하며 아무런 희망이 없다는 느낌을 갖는다. 소화불량, 과도한 잠, 만성피로, 두통 등도 우울증 증상으로 꼽힌다. 이런 증상은 만성적일 수도 있고 사라졌다 나타났다를 반복할 수도 있다. 그리고 마침내 일상생활에서 자신이 반드시 해야 할 일들을 하는 데 실질적인 장해로 이어진다. 만약 이런 증상이 2주 이상 계속되면 우울증 환자일 가능성이 매우 높다.

이러한 우울증 증상은 경계선 성격 장애와 같이 다른 여러 정신 질환 증후군의 주요 증상으로 나타나기도 하지만 비정신적 질환의 증상으로 나타나기도 한다. 예를 들면 두 종류의 바이러스에 복합 감염돼 발생하는 단핵구증(monocytosis)은 우울증과 유사한 정신적 장해 증상으로 이어지며 갑상선 기능 저하증의 초기 증상의 하나도 우울증이다. 생체리듬 혼란도 우울증에 관여한다.

우리가 우울증에 흔히 걸릴 수 있다는 점에서 '마음의 감기'에 비유했지만 감기처럼 얕보았다간 큰 코 다친다. 우울증은 감기가 아니라 독감처럼 대해야 한다. 독감이 노약자와 어린이들에게서 때론 폐렴으로 번져 생명까지 앗아갈 수 있듯이 우울증도 초기에 적절한 치료 등을 하지 않고 방치했다간 자살과 같은 끔찍한 사건으로 이어질 수 있다.

자살자는 남성이 많지만 우울증 환자는 여성이 훨씬 많다. 성별로 보면 여성이 해마다 남성보다 2배가량 높았다. 2010년 10만 명당 여성 환자의 수는 1,485명으로 남성 환자 수 637명보다 2.3배 높은 수치를 보였다.

연령대별로는 고령일수록 우울증 환자 수가 많은 것으로 나타났다. 2006년과 2007년에는 60~69세에서 환자 수가 가장 많았으나 2008년 이후에는 70세 이상의 고령층에 가장 많은 것으로 집계됐다.

우리나라 사망 원인 통계는 기관별, 즉 통계청이나 경찰청이 서로 약간의 차이가 난다. 경찰청 자살자 통계를 보면 2009년 1만 4,722명, 2010년 1만 4,779명으로 거의 같다. 이를 유형별로 보면 정신적, 정신과적 문제, 즉 우울증으로 인한 자살이 자살 원인 1위이며, 2009년 4,132명(28.1퍼센트)에서 2010년 4,357명(29.5퍼센트)으로 증가 추세를 나타냈다.

연도별·원인별 자살자 현황(단위: 명, 경찰청 통계)

구분	계	정신적, 정신과적 문제	육체적 질병 문제	경제 생활 문제	가정 문제	남녀 문제	사별 문제	직장 또는 업무상의 문제	학대 또는 폭력 문제	기타	미상
2009년	14,722	4,132	3,230	2,363	1,844	1,042	166	960	28	175	782
2010년	14,779	4,357	3,442	2,327	1,519	607	92	899	65	800	671

자살은 전 세계적 문제이며 특히 한국인과 한국 사회의 문제이기도 하다. 해마다 전 세계에서 100만 명이 자살로 생을 마감한다. 1,000만~2,000만 명이 매년 자살을 시도하며 5,000만~1억 2,000만 명이 자살에 심각하게 영향을 받는다. 아시아는 전 세계 자살의 60퍼센트를 차지하고 있으며 6,000만 명이 자살 또는 자살 시도와 관련이 있다.

하지만 아시아 국가에서 자살에 대한 관심은 유럽이나 북미에 견주어 상대적으로 낮다. 여기에는 정신 질환에 대한 낙인, 사회경제적 요인 등이 주요한 역할을 한다. 한국도 실제 자살 규모에 비해 자살에 대한 개인적, 사회적, 국가적 관심이 낮은 편이다. 자살 뒤에는 우울증이 버티고 있고 이를 환자 자신과 가족 모두 숨기려 하기 때문이다.

몇 년 전 자살로 젊은 생을 마감한 유명 탤런트이자 배우였던 이은주 씨의 경우도 심각한 우울증 판정을 받았으나 정기적으로 병원을 찾아서 치료하라는 의사의 말을 듣지 않고 집으로 돌아간 뒤 얼마 후 스스로 목숨을 끊었다고 한다. 자신이 우울증을 앓고 있다는 것을 주변에 알리기 싫은 이유가 한몫했을 가능성이 높다.

자살과 우울증은 매우 심각하고 서로 연관된 공중 보건 문제다. 세계보건기구는 2020년께가 되면 우울증이 선진국과 개발도상국 모두에서 장해의 가장 중요한 단일 원인이 될 것으로 추정했다. 전 세계 대부분에서 우울증과 그리고 다른 자살과 관련된 정신 장해에 걸린 사람들의 대다수는 치료를 받지 못한다. 그래서 세계보건기구는 우울증을 적절히 치료받고 자살의 위험을 줄이려는 목표를 지닌 중재를 받는다면 우울증 환자가 실질적으로 감소할 것이라고 보고 있다.

우울증 환자가 치료를 받지 못하는 것은 다양한 요인 때문일 수 있다. 우울증과 자살에 대한 공중의 이해 부족 또는 심리학적인 문제와 연관된 낙인이 위험에 처한 개인이 필요한 치료를 받는 데 방해를 한다. 이러한 이유 때문에 많은 국가들에서는 자살과 우울증에 관해서 일반대중을 교육하는 것을 중요한 목표로 삼고 있다. 즉 정신 건강에 대한 무지를 일깨우는 것이다.

우리 사회는 자살과 우울증에 대해 학생들은 물론이고, 어른들과 노인들을 얼마나 교육하고 있는가? 자살과 우울증 예방 교육에 얼마나 투자하고 있는가? 어떤 방법으로 교육하고 있는가? 이 글을 읽는 여러분은 우울증에 관해 얼마나 알고 있으며 학교나 사회에서 관련 교육을 받은 적이 있는가? 혹 있다면 그 교육은 얼마나 제대로 되었는가?

우울증은 뇌의 특정 물질 변화와 관련이 깊다. 여기서 특정 물질이란 신경전달물질을 말한다. 신경전달물질은 뇌의 신경세포가 서로 신호를 교환하도록 해주는 역할을 한다. 세로토닌, 도파민, 노르에피네프린 등이 바로 그들이다. 이들 신경전달물질의 농도는 무엇보다도 신체 질병, 유전, 호르몬 변화, 약물, 노화, 뇌 손상, 계절의 빛 주기 변화, 사회환경에 영향을 받는다.

따라서 우울증은 특정 요인을 관리한다고 해서 해결될 수 있는 성격이 아니다. 다양한 요인에 대한 중재와 차단이 필요하다. 알코올 중독에 빠지지 않도록 하는 것과 실업, 빈곤 등에서 탈출시키려는 노력 등도 매우 중요하다. 겨울에도 햇빛을 보기 어려운 어두컴컴한 골방이나 쪽방, 지하방이 아니라 환한 햇빛을 볼 수 있는 주거공간을 마련해주는 일도 뒤따라야 한다.

우울증은 이처럼 여러 요인과 관련이 있으므로 그 치료 또한 다양한 방법으로 이루어지고 있다. 인지 및 행동 치료뿐만 아니라 음악 치료, 예술 치료, 집단 치료, 심리 치료, 애완동물 치료, 신체 운동, 항우울제 처방 등을 꼽을 수 있다.

　우울증과 관련해 가장 중요한 것은 조기 진단해 자살로 이어질 위험성이 매우 높은 중증으로 나아가지 않도록 하는 것이다. 우리 모두 한 번쯤은 우울증 자가진단 테스트를 해보고 혹여 자신이 그냥 지나치기 어려운 우울 상태라면 병원을 찾아 '자살 바이러스'가 몸에서 활동하는 것을 막아야 한다. 개인과 가족과 사회의 안녕을 위해서.

다음은 국내 한 대학병원에서 만들어 사용하고 있는 우울증 자가진단 테스트이다. 각 설문 문항에 대해 '항상 그렇다'(3점), '자주 그렇다'(2점), '가끔 그렇다'(1점), '아니다. 거의 그렇지 않다'(0점) 가운데 하나씩 골라 답하라.

• 우울증 자가진단 설문 •

□ 자꾸 슬퍼진다.
　　항상 그렇다　　자주 그렇다　　가끔 그렇다　　아니다. 거의 그렇지 않다

□ 스스로 실패자라는 생각이 든다.
　　항상 그렇다　　자주 그렇다　　가끔 그렇다　　아니다. 거의 그렇지 않다

□ 앞날에 대해 비관적이다.
　　항상 그렇다　　자주 그렇다　　가끔 그렇다　　아니다. 거의 그렇지 않다

□ 일상생활에서 만족하지 못한다.
　　항상 그렇다　　자주 그렇다　　가끔 그렇다　　아니다. 거의 그렇지 않다

□ 죄책감을 자주 느낀다.
　　항상 그렇다　　자주 그렇다　　가끔 그렇다　　아니다. 거의 그렇지 않다

☐ 벌을 받고 있다는 생각이 들 때가 많다.
　　항상 그렇다　　자주 그렇다　　가끔 그렇다　　아니다. 거의 그렇지 않다

☐ 나 자신이 실망스럽다.
　　항상 그렇다　　자주 그렇다　　가끔 그렇다　　아니다. 거의 그렇지 않다

☐ 다른 사람보다 못하다는 생각이 들 때가 많다.
　　항상 그렇다　　자주 그렇다　　가끔 그렇다　　아니다. 거의 그렇지 않다

☐ 자살을 생각한 적이 있다.
　　항상 그렇다　　자주 그렇다　　가끔 그렇다　　아니다. 거의 그렇지 않다

☐ 평소보다 많이 운다.
　　항상 그렇다　　자주 그렇다　　가끔 그렇다　　아니다. 거의 그렇지 않다

☐ 평소보다 화를 더 많이 낸다.
　　항상 그렇다　　자주 그렇다　　가끔 그렇다　　아니다. 거의 그렇지 않다

☐ 다른 사람들에게 관심이 없다.
　　항상 그렇다　　자주 그렇다　　가끔 그렇다　　아니다. 거의 그렇지 않다

☐ 집중력이 떨어지거나 결정을 잘 내리지 못한다.
　　항상 그렇다　　자주 그렇다　　가끔 그렇다　　아니다. 거의 그렇지 않다

☐ 내 모습이 추하게 느껴진다.
　　항상 그렇다　　자주 그렇다　　가끔 그렇다　　아니다. 거의 그렇지 않다

☐ 일할 의욕이 없다.
　　항상 그렇다　　자주 그렇다　　가끔 그렇다　　아니다. 거의 그렇지 않다

☐ 평소처럼 잠을 자지 못한다.

  항상 그렇다 자주 그렇다 가끔 그렇다 아니다. 거의 그렇지 않다

☐ 쉽게 피곤해진다.

  항상 그렇다 자주 그렇다 가끔 그렇다 아니다. 거의 그렇지 않다

☐ 식욕이 떨어진다.

  항상 그렇다 자주 그렇다 가끔 그렇다 아니다. 거의 그렇지 않다

☐ 몸무게가 줄었다.

  항상 그렇다 자주 그렇다 가끔 그렇다 아니다. 거의 그렇지 않다

☐ 건강에 자신감이 없다.

  항상 그렇다 자주 그렇다 가끔 그렇다 아니다. 거의 그렇지 않다

☐ 성생활에 대한 관심을 잃었다.

  항상 그렇다 자주 그렇다 가끔 그렇다 아니다. 거의 그렇지 않다

설문 결과 (선택한 답안의 점수를 모두 합한 후 아래 결과를 확인하면 된다)

- 50점 이상: 심한 우울증 상태로 즉각적인 치료가 필요합니다.
- 35~49점: 중간 정도의 우울증이 있습니다.
- 25~34점: 경증의 우울증이 있습니다.
- 15~24점: 우울증상의 초기입니다.
- 14점 이하: 걱정할 정도의 우울증상은 아닙니다.

음주

알코올은 흡연 다음으로 우리 몸과 사회에 해악을 끼치는 유해물질이다. 하지만 오랫동안 '술 권하는 사회'라는 문화 속에서 살아온 탓인지 알코올의 위험성을 제대로 알지 못하는 사람이 여전히 많다. 술의 위험성에 대한 자각이 크지 않은 것은 술을 적당량 마시면 기분이 들뜨고 대화를 터주며 때론 혈액순환도 도와주는 등 백해무익한 담배와는 달리 긍정적인 요인도 상당하기 때문이다. 하지만 술은 확실한 뇌 중독물질이다. 한 번 알코올 중독에 빠지면 헤어나기가 쉽지 않다. 그래서 알코올 중독자의 끔직한 모습을 통해 그 위험성을 살펴볼 필요가 있다. 자신은 술을 즐길 뿐 알코올 중독은 아니라고 말하는 사람이 주변에 많다. 그런 사람 가운데 대부분은 실은 알코올 중독이다. 알코올은 이제 어른이나 남성의 전유물이 아니다. 청소년과 여성들도 날이 갈수록 많이 마시는 식품이 돼버렸다.

알코올은 그 자체로도 유해물질이지만 술에 취한 채 운전을 하거나 폭력을 휘두르는 이른바 음주운전과 주취폭력 등이 우리 사회에 끼치는 해악 또한 매우 크다. 이는 술을 마시지 않는 사람도 술의 위험에서 벗어날 수 없다는 것을 뜻하기도 한다. 술은 개인적 위험인 동시에 사회적 위험이다. 우리와 가장 친숙한 위험, 다시 말해 가장 노출되기 쉬운 위험이며 그 해악 또한 '음복', '애주가'란 미명으로 가릴 수 없다.

술, 담배, 게임…
한 번 중독자는 영원한 중독자?
중독의 위험학

 현대 사회는 중독 사회다. 휴대폰(스마트폰) 중독, 게임 중독, 인터넷 중독, 텔레비전 중독, 쇼핑 중독, 일 중독, 섹스 중독, 포르노그래피(야동) 중독, 음식 중독(탐식증), 마약(약물) 중독, 담배 중독, 알코올 중독, 도박 중독, 운동 중독, 종교 중독(광신) 등등 중독의 종류는 물론이고 중독 환자 또한 날이 갈수록 늘어가고 있다.
 중독의 사회경제적 폐해는 정말 심각하다. 개인의 생명을 앗아가고 건강을 악화시키며 정상적인 사회생활을 하기 힘든 폐인으로 만들기도 한다. 중독생활을 유지하기 위한 돈을 마련하려고 범죄를 저지르는 경우도 있고 사회와 단절해 나 홀로 지내기도 한다. 이들 가운데 어떤 이들은 현실 세계와 사이버 세계를 구별하는 능력마저 떨어져 '묻지마 살인'을 저지르는 등 중독되지 않은 사람에게도 심각한 영향을 끼친다. 중독은 가정 파괴범이며 사회악이다.
 좋은 중독은 없다. 모든 중독은 위험하다. 현대인은 전통적 중독에다 현대적 중독까지 보태 중독의 바닷속에서 허우적거린다. 알코올 중독, 담배 중독, 도박 중독, 마약 중독 등이 오래된 전통적 중독이라면 최근에는 인터넷 중독, 게임 중독, 휴대폰 중독, 텔레비전 중독 등 현대 과학기술의 산물에 의한 중독이 심각하다. 이런 중독은 어른뿐만 아니라 어린이까지 그 대상이 된다는 점에서 더욱 문제가 되고 있다.

중독은 크게 납, 카드뮴, 이황화탄소, 일산화탄소 등 유해 중금속이나 가스, 화학물질에 의한 중독(poisoning 또는 intoxication)과 술, 담배, 마약처럼 의존성을 지니는 중독(addiction)으로 나눌 수 있는데 여기에서는 의존성을 지닌 중독을 다루기로 한다. 이런 의존성 중독은 정상적인 생활을 어렵게 한다.

미국 중독의학회(The American Society of Addiction Medicine)는 최근 '중독'을 다음과 같이 정의했다.

"중독은 보상, 동기 부여, 기억 등에 관련한 뇌의 회로 이상을 수반하는 주요하고도 만성적인 뇌 질환이다. 이들 회로에서 생기는 기능 장애는 매우 특징적인 생물학적, 정신적, 사회적, 영적 표출들로 이어진다. 이것은 물질 사용과 다른 행위들에 의한 보상과 위안을 추구하는 개인들에게 나타난다. 중독은 행동 통제 장해, 갈망, 일관된 금욕 장해, 그리고 자신의 행동과 타인과의 인간관계와 관련해 심각한 문제가 있다는 것에 대한 인식 저하 등의 특징을 지니고 있다. 다른 만성 질환처럼 중독은 완화됐다가 다시 재발하는 순환을 한다. 치료를 받거나 회복활동을 하지 않으면 중독은 계속 진행되며 결국에는 장해와 조기 사망에 이른다."

우리는 마약이나 약물 중독에서 헤어나지 못해 젊은 나이에 세상을 떠난 많은 유명인사들을 알고 있다. 메릴린 먼로 등 세계적인 유명배우나 가수, 연주가들은 일일이 열거하기 어려울 정도로 많다. 술에 절어, 담배 중독으로 천수를 누리지 못하고 죽은 이들도 많다. 우리나라에서는 담배 중독(폐암 등)의 희생자로 코미디언의 황제 이주일을 꼽을 수 있고 알코올 중독의 제물이 된 사람으로는 신화 연구가로 유명한 소설가 이윤기를 들 수 있다.

한국 사회는 오랫동안 중독에 대해 관대해왔다. 도박 중독자에 대해서는 노름을 좋아한다거나 고스톱, 카드놀이를 즐긴다는 말로 얼버무려왔다. 알코올 중독자에 대해서는 애주가나 호주가(好酒家) 따위의 표현으로, 담배 중독자에게는 애연가나 골초라는 이름으로 불러 질환을 지닌 사람, 즉 치료를 받아야 할 사람이란 사실을 희석시켜왔다.

이제 중독은 개인의 문제로 돌리기에는 환자 수가 너무 많아지고 그 사회경제적 피해 또한 엄청나게 빠른 속도로 불어나고 있다. 중독은 사회와 국가 차원에서 다루어야 할 주요 위험이 되어버렸다.

중독은 왜 생기는 것일까? 똑같이 고스톱을 쳐도, 똑같이 마라톤을 해도, 똑같이 술을 마셔도 중독되는 사람이 있고 중독되지 않는 사람이 있다. 도박이나 술에 중독되는 사람은 타고나는 것일까? 중독에 빠질 성향의 사람이 따로 있는 것일까?

미국 국립약물남용연구소와 다른 연구기관들은 최근 중독 성격 장애를 겪고 있는 사람에 대해 뇌 질환을 지니고 있다고 정의한다. 중독 성격을 띠는 사람들은 스트레스에 매우 민감하다. 그들은 자신들이 직면한 상황, 심지어는 매우 짧은 기간 동안 생긴 사건을 적절히 다루는 데 애를 먹고 있다. 또 이들은 종종 자존감이 떨어지고 과도한 카페인 섭취, 인터넷 사용, 초콜릿 또는 다른 당 함유 식품 섭취, 텔레비전 시청 또는 달리기와 같은 충동적인 행동을 보인다.

물질 남용과 의존은 중독 성격이 가장 흔하게 드러나는 표출이라 할 수 있다. 특히 알코올은 우리가 가장 흔하게 사용하는, 정신에 영향을 주는 물질이다. 미국의 경우 성인 인구의 13퍼센트에 이르는 2,000만 명이 알코올 문제를 지니고 있다고 한다. 알코올 외에도 중독 성격 장애와 연계돼 있다고 말할 수 있는 다른 향정신성 약물은 마약, 흥분제, 항불안제 등을 포함한다. 약물 남용과 의존은 물론 모든 사람에게 일어날 수 있지만 중독 성격을 지닌 사람에게서는 확실히 더욱 잘 일어날 수 있다.

중독 성격 장애를 겪는 사람들은 자신들의 스트레스를 관리하는 데 어려움을 많이 겪는다. 사실 스트레스 내성 결핍은 감추려고 해도 드러나기 마련인 이 장애의 징후다. 그들은 스트레스가 많은 상황에 직면하면 그런 조건에서 벗어나기 어렵다는 것을 안다. 중독 성격 장애를 지닌 사람들은 단기 목표를 해결할 수 있는 스트레스에 초점을 맞추기 때문에 장기 목표를 달성하기 어렵다. 그런 성향은 종종 이전 중독에서 오는 즐거움을 잃는 순간 다른 즐길 수 있는 활동으로 전환하게 될 것이다.

중독자들은 다른 사람과 관계를 맺게 될 때 매우 불안함을 느낀다. 중독 성격의 사람은 술이나 다른 형태의 약물 또는 다른 즐거움을 주는 활동에 점점 중독되는 것에 의해 감정을 관리하면서 늘 우울과 불안을 해결하려 한다.

미국과 서구에서는 물론 우리 사회에서도 최근 점점 늘어나고 있는 대표적인 중독은 일, 운동, 휴대폰 중독이다. 우리 사회는 열심히 일한 만큼 보상한다. 하지만 가족이나 친구, 관심과 취미가 갑자기 중요하지 않은 것이 될 때 일이 강박관념처럼 될 수 있다. 이처럼 운동에 자신의 몸을 극도로 내맡기는 것도 때론 자신을 파괴하고 해로운 행동으로 이끄는데 이 또한 중독 행동의 보기이다. 다른 보기로는 휴대폰 사용을 꼽을 수 있다. 최근 연구에서 문제가 될 만한 휴대폰 사용은 낮은 자존감과 자기 감독과 같은 중독 행동과 연관이 있는 특성과 서로 관련돼 있는 것으로 나타났다. 휴대폰 중독도 다른 중독 행동과 마찬가지로 사람에게 파괴적이 될 수 있다.

중독 성격과 이에 따른 중독들은 치료하기 힘들다. 그리고 더욱 심각한 것은 중독 행동 그 자체가 자주 장기적인 정신적 악영향을 가져온다는 것이다. 육체적 중독은 중독자의 뇌 화학을 바꿔놓을 수도 있어 회복으로 가는 길을 더디게 만들거나 더욱 어렵게 만든다.

이를 뒷받침하는 것으로 최근 국내 한 연구진의 연구 결과 인터넷 게임에 중독된 사람의 대뇌 영역이 마약 중독자와 유사한 대뇌 신경학적 기전을 보이며 충동 성향 또한 높은 것으로 밝혀졌다. 그동안 인터넷 게임의 과다 이용 혹은 병적인 이용은 내성과 금단을 동반하는 행동성 중독으로 심각한 사회경제적인 폐해를 유발하는 현상으로만 여겨졌다.

분당서울대병원 핵의학과 김상은 교수팀은 2010년 양전자방출영상진단 장치(PET)를 이용해 인터넷 게임 중독 척도에 따른 성인 인터넷 게임 정상 사용자 9명과 과다 사용자 11명의 안정 상태에 대한 대뇌 포도당 대사 및 충동성을 비교 측정한 결과, 과다 사용자는 정상 사용자보다 높은 충동성을 보였으며 과대 사용자에게선 오른쪽 안와전두피질과 왼쪽 미상핵 그리고 오른쪽 도회에서 정상 사용자에 비해 높은 대뇌 활동성을 보이고 있음을 확인했다.

우리 사회에 유행하는 문구 가운데 하나가 "한 번 해병은 영원한 해병이다"라는 말이다. 나는 이 유행 문구에서 '한 번 중독자는 영원한 중독자'라는 말을 떠올렸다. "어떤 중독이든 한 번 중독 진단을 받으면 살아 있는 동안에 '끊었다'고 자만하면 안 된다. 평생 회복 중인 상태로 살아가는 것이지 회복됐다고 생각하지 말라"는 한 국내 중독 치유 전문가의 말이 생각났기 때문이다.

그도 그럴 것이 친구 가운데에도 오랫동안 담배를 피우다 몇 년간 끊었는데 집안에 우환이 생기자 다시 담배를 피우게 됐다고 하는 사람이 있다. 또 어떤 친구는 "담배 끊은 지가 10년이 지났대도 가끔 꿈속에서 담배를 맛있게 피우는 자신을 발견하곤 깜짝 놀란다"고 털어놓았다. 한 번 중독에 빠진 사람들이 얼마나 중독 유발 물질에 대한 갈망이 큰가를 엿보게 해주는 대목이다.

중독자들의 특성 가운데 하나는 중독 상태에서 일시적으로 벗어났다 하더라도 약간의 자극만 주어지면 다시 너무나 쉽고 빠르게 중독 상태에 빠져든다는 사실이다. 알코올, 마약, 담배, 도박, 게임 등 거의 모든 중독 유발 인자에 대해 이는 적용된다. 중독 전문가들은 "접근할 수 있는 기회가 많아질수록 중독에 빠질 확률은 더욱 높아지고, 끊지 못하고 반복되는 것이 바로 중독의 특성이며 10년, 20년 동안 중독 행위를 하지 않았더라도 딱 한 번의 기회로 가장 심각했던 상태로 돌아갈 수 있다"고 설명한다. 이런 중독의 특성을 이해하지 못하고 중독자나 중독에서 겨우 벗어난 사람에게 '이번 딱 한 번만' 또는 '딱 한 잔만', '한 모금만'을 강요하는 것은 그를 다시 지옥으로 떨어뜨리는 일임을 명심할 필요가 있다.

따라서 한 번 중독에 빠진 경험이 있는 사람이나 중독 성향이 강한 이들은 늘 자신을 유혹할 수 있는 환경을 피해야 한다. 예를 들면 담배를 끊은 사람은 특히 담배를 피워도 제재하지 않는 술자리나 장소를 피해야 한다. 술 등을 강권하는 사람 곁에는 아예 가지를 말아야 한다.

특히 청소년 때 음주나 흡연을 시작한 사람은 중독자가 될 위험성이 높다. 또 이들은 뒤늦게 중독이 된 사람에 견줘 중독에서 빠져나올 가능성이 더 낮다. 최근 증가하고 있는 인터넷 중독이나 게임 중독 환자들은 대개 청소년이거나 청소년 때 인터넷과 게임에 빠진 결과이다.

우리 사회에서 50대 이상에서는 알코올 중독, 흡연 중독, 도박 중독, 일 중독, 섹스 중독 등을 찾아볼 수 있지만 게임 중독 환자나 인터넷 중독, 휴대폰(스마트폰) 중독 환자는 찾아보기 어려운 것도 이들이 10~20대 때는 인터넷 게임이나 휴대폰, 인터넷 등이 없었기 때문이다. 만약 지금의 10~20대 가운데 새로운 첨단기술이 빚어낸 중독에 빠진 뒤 이를 제때 치유받지 못한다면 이들은 지금의 장년 세대와 달리 50대, 60대가 되어서도 이들 중독으로 큰 곤란과 고통을 겪게 될 것이 분명하다.

현대 사회가 안고 있는 중독 위험의 특징은 그 형태가 다양화하고 있으며 중독에 빠질 위험이 우리 주변에 너무 가까이 있어 중독에 빠질 확률이 매우 높다는 것이다. 또 중독 유발 요인이 24시간 우리 몸에 붙어 다니기 때문에 중독인 것을 알면서도 가족이나 친구, 동료들이 중독에서 헤어나도록 도와주기가 쉽지가 않은 것도 사실이다. 예를 들자면, 알코올 중독자나 흡연 중독자의 경우 중독 행위를 할 때 주위에서 이를 말릴 수 있지만 휴대폰 사용이나 인터넷 게임은 거리를 걸어가면서, 화장실에서, 버스, 지하철 등 언제 어디서도 할 수 있기 때문에 중독 행위에 대한 제재를 제대로 할 수 없다.

중독 가운데 상대적으로 그나마 나은 중독이 있다고 여기는 사람이 있다. 자신을 계발하고 돈을 더 벌어다주며 사회에서 인정을 받는 데 도움을 주는 일 중독이나 적정 체중을 유지하며 심장 등 장기를 튼튼하게 해주는 운동 중독은 알코올이나 흡연과 같은 중독과는 달리 좋은 중독이 아니냐고 생각할 사람이 있을 수 있다. 하지만 일 중독이나 운동 중독 또한 되레 건강을 해치고 정상적인 가정생활과 사회생활을 무너뜨릴 수 있어 결코 긍정적으로 볼 수 없다.

중독은 마약이나 도박 등 일부 행위를 제외하면 그 자체가 범죄는 아니다. 하지만 중독자들은 자신의 중독 상태를 유지하거나 중독물질을 구입하기 위해 폭력이나 불법 대출, 사기, 절도, 강도 등의 범죄를 저지를 위험성이 높다. 따라서 중독과 연계돼 범죄를 저지른 사람에 대해서는 형벌을 가하는 것뿐만 아니라 그 근본 뿌리인 중독을 치유하는 일이 반드시 함께 이루어져야 한다.

중독은 한 개인의 몸과 마음을 피폐하게 만들뿐 아니라 한 가정을 파괴할 수도 있고 이는 나아가 사회의 안녕과 질서를 무너뜨리는 매우 중요한 요인이 될 수 있다. 술 권하는 사회, 흡연 또는 간접흡연에 대한 규제가 느슨한 사회, 게임이나 게임산업을 규제하는 것이 아니라 오히려 키우고 장려하는 사회, 인터넷 문화가 발달한 사회, 휴대폰 보급이 많은 사회에서는 바늘과 실의 관계처럼 중독이 이들 문화나 기기와 함께하고 있다.

어떤 이들은 알코올이나 흡연, 게임, 도박 등이 스트레스를 해소해주고 다른 사람과의 관계를 매끄럽게 해준다고 말한다. 이는 매우 잘못된 생각이다. 이들 중독물질이나 중독 유발 요인의 노예가 된 이들이 중독물질 부족 등으로 정상인들이라면 전혀 겪지 않을 스트레스를 받게 되고 이때 중독물질 등이 몸에 보충되면 마치 정상 상태인 것으로 착각하는 우리 몸의 생리·화학적 메커니즘 때문에 빚어진 일이다.

최근 과학자들이 관심을 기울이는 부분은 중독에 빠지기 쉬운 사람이 따로 있는가다. 일부에서는 중독에 관여하는 유전자에 관한 연구를 벌이고 있다. 분명 중독에 잘 빠지는 사람이 있기는 하지만 선천적 요인뿐만 아니라 어린 시절부터 현재까지 경험한 개인의 문제가 특정 종류의 중독으로 발현되기 때문에 한마디로 어떤 사람이 중독자가 될 것이라고 예상하기는 어렵다.

그럼에도 무엇인가에 중독된 사람에게는 공통적인 특징이 있다. 이른 나이에 중독물질이나 요인에 빠져들수록 위험하다. 예를 들자면, 어린 시절 술, 담배를 경험하고 대수롭지 않게 접근할 수 있다고 인식할수록 뭔가에 중독되기 쉽다. 또 술 권하는 가정, 부모가 때와 장소를 가리지 않고 담배를 피우는 집 안에서 성장한 청소년은 그만큼 이들 중독 위험에 빠지기 쉽다. 학교생활에 적응하지 못할수록 대인관계가 원만하지 못할수록 위험에 빠지기 쉽다.

승부사 기질이 있고 남에게 지기 싫어하는 성향이 있으면 도박으로 문제를 겪을 가능성이 높다. 이 외에도 소외감, 반사회성, 의존성, 회피성 등 여러 가지 성향이 중독에 관여하고, 스트레스 대처 능력이 부족한 사람들이 스트레스 해소나 도피처로 중독을 선택하는 경향도 많다.

우리는 흔히 담배나 술을 못 끊는 사람, 게임이나 텔레비전 홈쇼핑에 빠져든 사람들에 대해 개인의 의지가 약해 그렇다고 생각한다. 주변에서는 단박에 술이나 담배를 끊은 경우가 있기 때문에 이런 이야기에 고개를 끄덕이는 사람이 많다. 그래서 중독자 가운데에는 자신의 중독을 인정하지 않고 언제든지 마음만 먹으면 끊을 수 있다며 중독 치료를 거부하는 경우가 많다. 중독 치유에는 본인의 의지가 중요한 것이 사실이기는 하지만 이것만으로는 중독을 끊기가 쉽지는 않다. 가족들의 도움과 전문가 상담, 치유 활동 등 다방면에서 집중적인 치료와 관리가 필요하다.

술만 마시지 않으면 멀쩡하고 착한 사람으로, 도박을 하지 않을 때에는 그 누구와도 비교할 수 없을 만큼 온화하고 다정한 사람이라고 보듬어주고 문제를 덮어주게 되면 그는 중독에서 더욱 헤어나기 어렵다. 중독자에게는 냉정한 사랑이 중요하다. 전문 치료 프로그램에 집어넣거나 병원에 입원시켜 중독의 뿌리를 뽑아야 한다. 중독자나 중독자 가정이라는 낙인을 두렵게 생각하면 중독에서 벗어나기 그만큼 더 어려워진다는 사실을 마음속 깊이 새길 필요가 있다.

술 맛있습니까?
술도 '독약'입니다!
음주의 건강학

　신문사에 있을 때 부장으로, 나중에는 사장으로 모셨던 분이 최근 일흔을 넘기지 못하고 세상을 떠났다. 그와 알고 지낸 지 20년이 넘게 지났지만 술과 관련해 또렷이 기억나는 일이 많다.

　그분은 거의 매일 술을 마셔댔다. 나도 1주일에 2~3번은 그와 대작(對酌)을 한 것 같다. 자정 무렵까지 이어지는 술자리로 그는 몸을 가눌 수 없을 지경이었고 때론 집까지 택시를 태워 바래다줘야만 했다. 그는 다음날 그런 사실을 전혀 기억하지 못했다. 이른바 필름이 끊기는 '블랙아웃'(단기기억상실)을 시도 때도 없이 겪고 있었다.

　그 당시 보건복지 담당 기자로 활동했던 나는 주위 사람들에게 알코올 중독 단계로 보이므로 그와 술자리를 자주 하지 말 것과 1차만 할 것을 조언했다. 하지만 저녁만 되면 대작할 사람을 물색하는 등 그의 중독 행동을 당시 사회 분위기와 신문사 풍토에서는 막기가 쉽지 않았다. 1980년대는 술을 권하지 않는 사람은 대화에 끼일 수도 없고 조직에서 욕먹을 정도였기 때문이다.

2010년 8월 27일 번역가로, 소설가로 대중의 사랑을 받던 이윤기 씨가 숨졌다. 언론은 그의 사인(死因)에 대해 특별히 말이 없었다. 보통 암이나 지병 또는 노환, 사고 등 사망 원인을 이야기하지만 그에 대해서는 그런 언급을 하지 않았다. 63세이니까 어찌 보면 한창 활동을 할 연배다. 그를 잘 아는 사람은 오랜 알코올 중독생활이 그의 몸 장기 곳곳을 망가뜨려 많지 않은 나이에 세상과 이별하게 만든 것이 아니냐고 여기고 있다.

그는 10대 때부터 술과 가까이 지냈으며 청년 시절에는 공사판을 전전하면서 거의 매일 술을 마시다시피 했다고 한다. 그의 이런 생활은 죽을 때까지 이어졌으며 알코올 중독 치료는 받지 않았다고 한다. 병원에 가면 장기 입원해 알코올 중독 치료를 받으라고 의사가 진단할까봐 병원 문턱 자체를 넘지 않은 것이 아니냐는 생각이 든다.

우리 주변에는 이들처럼 알게 모르게 술 문제를 안고 있는 사람이 많다. 이 가운데 자신뿐만 아니라 다른 사람에게 고통을 주고 그 가족을 힘들게 만드는 사람도 많다. 과거 이들은 애주가나 두주불사, 약주를 좋아하는 사람으로 불렸다. 하지만 이들 가운데 상당수는 실은 치료를 받아야 할 중증 알코올 의존증 환자들이다.

앞서 이야기한 언론사 선배와 이윤기 씨 같은 부류들이다. 이들이 일찍 숨진 것은 자신의 건강관리를 하지 않은 탓도 있지만 술에 관대하고 술을 권하는 우리 사회의 잘못된 풍토 때문도 있다. 술은 개인적인 위험인 동시에 사회적 위험이다.

대한민국은 알코올을 별로 위험하게 생각하지 않는 '술 위험불감증 사회'다. 대한민국은 아직도 술 권하는 사회다. 음주운전으로 인한 위험성에 대한 경각심 등 때문에 예전보다는 술을 강권하는 분위기가 많이 사라졌지만 여전히 술에 대한 경계심을 늦출 수 없는 형편이다. 과거보다 젊은이들이 술을 덜 마신다고는 하지만 여성 흡연 인구 증가와 더불어 여성 음주는 오히려 날이 갈수록 늘고 있다. 여성 음주는 우리 사회에서 새로운 위험으로 등장했다.

술의 역사는 담배보다 비교할 수 없을 정도로 오래됐다. 인간과 그만큼 친숙하다는 것이다. 그래서인지 사람들은 흡연의 위험에 대해서는 잘 알고 금연운동에 별 거부감을 못 느낀다. 하지만 음주 폐해나 절주운동 또는 건전 음주의 필요성에 대해서는 상대적으로 신경이 무디다.

담배의 신은 없어도 주신(酒神)은 있다. 그리스·로마인들은 담배를 피우지 않았기 때문이리라. 그리스 신화에서는 디오니소스가 포도밭과 포도주를 관장하는 술의 신으로 등장한다. 로마 신화에서는 술의 신이 바쿠스(Bacchus)이다. 디오니소스는 한 번 죽었다 다시 살아난 신으로 죽음에서 부활한 구원의 신, 생명력의 신, 잔인함과 즐거움이 공존하는 도취와 쾌락의 신이다. 그리스 디오니소스제전에서 인간들은 무절제하고 음란했다고

술의 신 바쿠스(중앙)가 요정들과 술을 즐기는 모습을 담아낸 세자르 반 에베르딘겐의 1660년 작품.

한다. 옛날이나 지금이나 술이 인간에게 끼치는 영향은 크게 바뀐 것이 없는 것 같다.

흔히들 술은 적당히 마시면 약이 되지만 절제하지 못하면 독약이 된다고 한다. 하지만 술은 절제하기가 쉽지 않은 중독성물질이다. 절제하는 사람은 스스로 자신의 건강을 해치지 않고 남에게 폐를 끼치지 않을 정도로 주량만큼 마시지만 술에 탐닉하는 사람, 즉 알코올 중독자(알코올 의존증 환자)는 주량만큼 마시는 것이 아니라 술이 술을 먹고 결국에는 술이 사람을 먹는 단계로까지 넘어간다.

그 어떤 술도 약이 되는 약주(藥酒)는 없다. 약주는 술꾼들과 술을 만들어 파는 사람들이 만들어낸 허황된 말일 뿐이다. 그 어떤 약초를 넣어도 술은 술일 뿐이다. 다시 말해 많이 마시면 무조건 해롭다. 어떤 술에는 어떤 효능을 지닌 물질이 많아 몸에 이롭다고들 한다. 인삼주, 들쭉술, 복분자술, 머루주, 포도주 등 몸에 좋은 성분을 지닌 열매 등을 넣어 만든 술이 요즘 참살이(웰빙)주란 그럴듯한 이름으로 많이 팔린다. 새빨간 거짓말이다. 그 성분을 몸에 좋을 정도로 섭취하려면 그 전에 술병(酒病)에 걸리거나 술로 죽고 말 것이다. 그 성분을 원한다면 그냥 먹거나 갈아 마시는 등 다른 방법으로 섭취하는 것이 훨씬 좋을 것이다.

술은 담배에 견줘 분명 좋은 점이 있긴 하다. 담배가 '백해무익'하다면 술은 '백해십익'쯤 되지 않을까. 식욕을 돋우고, 기분을 들뜨게 해 서로 잘 모르는 사람끼리도 말문을 트이게 하는 따위의 장점이 확실히 있다. 바로 이런 점 때문에 금연(禁煙)운동은 있어도 절연(節煙)운동은 없고 절주(節酒)운동 또는 건전음주운동은 있어도 금주(禁酒)운동은 없다.

술은 알코올(더 정확하게 말하면 에틸알코올) 성분과 물이 섞인 것이다. 알코올이 섞인 정도에 따라 도수가 낮은 술(맥주, 막걸리, 청주, 포도주 등)과 높은 술(소주, 위스키, 브랜디, 보드카, 고량주, 백주, 데킬라 등) 등으로 나눌 수 있다. 도수가 낮은 술은 대개 발효주이고 높은 술은 이를 증류하여 만든 증류주다. 주량이 약한 사람은 도수가 낮은 술을 주로 마실 것이고 주량이 세거나 알코올 중독인 사람은 알코올 도수가 높은 술을 선호하는 경향이 있다.

인체에 끼치는 영향은 술의 도수와 관계가 있는 것이 아니라 몸에 들어가는 알코올의 총량과 관련이 깊다. 알코올 도수 4퍼센트짜리 맥주 1,000밀리리터나 40퍼센트짜리 양주 100밀리리터에는 같은 함량의 알코올이 들어 있다. 따라서 이들은 인체에 서로 엇비슷한 영향을 끼친다. 물론 이들을 짧은 시간에 마시느냐와 긴 호흡을 두고 마시느냐에 따라, 즉 인체가 알코올을 충분히 분해할 수 있는 시간을 가지느냐에 따라 그 영향이 달라지기는 하겠지만 말이다.

알코올은 핏속에 녹아 혈관을 타고 온몸을 돌아다니기 때문에 거의 모든 인체장기에 영향을 끼친다. 특히 알코올을 분해하는 간과 뇌에 가장 큰 영향을 끼친다. 다시 말해 담배 못지않게 위험한 유해물질이자, 중독물질이 알코올이다. 뿐만 아니라 술은 음주 운전을 통해 많은 사람의 목숨을 순식간에 앗아간다. 얼마 전 충청남도 태안군에서 있었던 농림수산식품부 공무원들의 죽음이 이를 잘 보여준다. 술을 마시고 난 뒤 자신을 자제할 수 없어 폭력을 행사하거나 성폭력 또는 성추행을 저지르기도 한다. 어떤 이들은 술김에 할 말 안 할 말 가리지 못하고 마구 떠들었다가 공중에게 알려져 쌓아놓았던 탑을 하루 만에 무너트리기도 한다.

술 때문에 몸을 제대로 가누지 못해 길에서 넘어지거나 계단 같은 곳에서 떨어져 낭패를 당하는 경우도 많다. 과음으로 직장에 늦거나 툭하면 결근을 해 직장에서 눈 밖에 나 승진도 못하는 사람도 꽤 있다. 술로 인한 건강 위험뿐만 아니라 사회적 위험도 매우 크다는 데 이의를 달 사람은 아마 없을 것이다. 다만 그런 것을 애써 모른 척할 뿐이다.

우리는 다양한 이유로 다양한 스트레스에 시달리고 있다. 학생은 성적 때문에, 청년층은 취업 때문에, 결혼 적령기의 남녀는 애인이 없어, 병자는 질병의 고통과 치료비 걱정으로, 직장인들은 승진 문제로, 40~50대 중장년층은 실직의 공포로, 노인들은 경제력 상실과 소외감으로 힘든 삶을 이어간다. 이때 힘든 순간을 잊기 위해 술에 탐닉한다면 술의 노예가 되기 쉽다. 술은 재충전과 생활의 활력소가 될 정도의 사회적 음주로 충분하다. 이런 사회를 만들기 위해서는 주위의 알코올 의존증 환자는 하루빨리 치료를 받도록 하고 술도 담배 못지않게 해악이 크다는 사실을 깨달아야 한다.

코미디언 이주일 씨는 흡연으로 인한 폐암으로 죽어가면서 이런 말을 남겼다. "담배 맛있습니까. 그거 독약입니다." 하지만 아직 술로 인한 간 질환이나 알코올 중독으로 죽어가면서 이런 의미 있는 말을 남긴 사람은 찾아보기 힘들다. 나라면 이렇게 말하겠다. "술 맛있습니까. 술도 독약입니다."

자신이나 주변에 술 문제로 고민하는 사람이 있다면 알코올 전문 병원 또는 의원을 찾거나 대한보건협회 홈페이지에서 알코올 의존증 진단을 한번 받아보길 권한다.

노숙인으로 전락한 A씨,
치명적 유혹에 넘어가서…
알코올 중독은 또 다른 질병

인간에게는 절제할 수 있는 능력이 있다. 물론 맞는 말이다. 하지만 반드시 맞는 것은 아니다. 골초, 알코올 중독자, 게임 중독자, 도박 중독자 등의 행태를 보면 틀린 말이다. 이들의 지독한 탐닉 행동을 보면 인간에게는 절제할 수 있는 능력이 없다는 말에 고개를 끄떡이게 된다.

지독한 알코올 중독자(최근 전문가들과 세계보건기구는 이 표현보다는 알코올 의존증 환자라는 말을 쓴다)들을 만나 그들의 사연을 자세하게 들을 기회가 많았다. 알코올 중독의 위험이 어떤 것인지를 일반인들에게 알려주기 위한 글을 건전 음주 전문 잡지에 싣기 위해 몇 년 동안 그들을 인터뷰해왔다. 이 인터뷰를 통해 상상하기도 어려운 알코올 중독의 실상을 알았다. 이 가운데 두 사례를 소개한다.

A씨는 50대 남성이다. 술을 잘 마시는 집안 내력을 지녔다. 그의 주량은 소주로 5병 정도. 친구들과의 모임에 참석할라치면 미리 술을 마시고 간다.

맨 정신에 가면 그들과 어울리기 힘들어서였다. 소주 2병을 마시면 그는 멀뚱멀뚱했다. 친구들은 얼큰하게 취해버린다. 그래서 그는 모임 한두 시간 전에 슈퍼마켓에 가서 소주 2병을 사서 들이키고 난 뒤에야 모임에 간다. 모임에서 소주 3병 정도를 더 마시면 서로 분위기가 맞았다.

그는 1주일 내내 거의 하루도 거르지 않고 소주 네다섯 병을 마셨다. 아내는 그의 곁을 떠나고 온전한 직장생활도 할 수 없었다. 결국 노숙자로 전락했다. 노숙자 쉼터에서 희망 없는 삶을 이어오다 어느 종교단체의 도움으로 마음을 다잡아 겨우 알코올 중독의 수렁에서 벗어나 지금은 사회적 기업을 꾸려가고 있다.

B씨는 60대 남성이다. 그는 집안의 장손이었다. 10대 때부터 술에 절었다. 얼마나 술을 많이 마셨던지 20대 젊은 나이에 이미 환각, 환청 등의 심각한 증상이 나타났다. 집안에서 그를 알코올 치료 병원에 집어넣었다. 하지만 그 병원을 나와서 다시 술에 탐닉했다. 집안 식구들은 그를 기도원에도 보냈다. 하지만 아무런 소용이 없었다.

한때 고깃집을 운영해 돈을 벌기도 했으나 이때에도 손님들과 늘 대작을 하며 술을 즐겼다. 50대가 되어서는 온몸에 이상이 생겼다. 생명의 위험을 느꼈다. 의료진의 권유로 알코올 치료 병원에 입원해 오랜 기간 사회와 격리된 채 술과의 접촉 자체를 원천 차단해 금주에 성공했다. 지금은 자그마한 커피숍을 알코올 중독에서 헤어난 동료들과 함께 운영하고 있다.

이 두 사람의 사례에서 볼 수 있듯이 알코올 중독자들은 대개 10대 때부터 술과 빈번하게 접촉했다. 그리고 몇 잔에 얼굴이 붉어지고 몸을 가누지 못하는 체질이 아니라 술이면 마다지 않는 두주불사형이 많았다. 대체로 술에 강한 집안 내력을 지녔다.

술이 센 것은 결코 자랑할 게 못 된다는 사실을 이들의 사례로 잘 알 수 있다. 이들은 가정생활을 정상적으로 꾸릴 수 없거나 꾸리더라도 가족은 물론이고 주변 사람에게 많은 피해를 끼친다. 사회생활도 정상적으로 하기 힘들다. 마침내 몸과 마음이 모두 망가진다. 헛것이 보이고 헛소리가 들리는 정신 질환으로까지 진전된다.

사람들은 술과의 싸움에서 이길 수 있다고 생각하기 쉽다. 몸이 좋지 않으면 언제든지 끊을 수 있다고 여긴다. 술을 마실 수 있다는 건 그만큼 몸이 받쳐주기 때문이라고도 자위한다. 하지만 알코올 중독이 되면 사람이 술을 마시는 것이 아니다. 술이 술을 마시고 나중에는 술이 사람을 마시는 단계로까지 연결돼 있는 것이 알코올 중독의 세계다.

알코올 중독증(의존증)은 일반적으로 술에 의존증이 생겨 정상적인 사회생활에 어려움이 있는 상태를 말한다. 알코올 의존증은 의학적으로 매우 심각한 질병으로 취급된다. 알코올 의존증이 있는 사람이 술을 끊으면 오랜 흡연자가 금연할 때 불안, 초조와 담배를 피우고 싶은 욕구를 못 참는 것과 같은 극심한 금단 증상을 겪듯이 몹시 술을 마시고 싶어하고 손이 떨리며 식은땀이 나기도 하고 속이 울렁거리기도 하며 신경이 예민해지는 금단 현상이 생긴다. 우리 주위에는 이런 사람이 생각보다 많다.

이 정도는 아니지만 알코올 의존 전 단계에 해당하는 사람은 더욱 많다. 흔히들 알코올 남용이라고 부르는 알코올 의존 전 단계는 술 때문에 툭 하면 밤늦게 또는 새벽에 귀가하고 다음날 직장에 나가지 못하는 등의 문제를 일으키거나 과음으로 몸이 못 견디는데도 그 다음날 다시 술을 계속 마시는 경우다. 1주일에 4~5일 이상 한두 잔이 아니라 그 이상을 마셔대는 사람은 알코올 남용일 가능성이 있다.

알코올 의존증 환자는 두 가지 유형이 있다. 하나는 거의 매일 지속적으로 마시는 형이다. 다른 하나는 한 번 마셨다 하면 며칠씩 밤낮 가리지 않고 폭음하는 유형이다. 이 두 유형이 겹쳐서 나타나는 경우도 많다. 술자리를 만들기 위해 사람들을 모으고 다닌다면 알코올 의존증 초기일 가능성이 있다. 혼자서 술을 즐겨 마시거나 주변 사람들한테서 주사가 있다고 지적을 받거나 한 번 마셨다 하면 만취할 때까지 마신다면 이 또한 알코올 의존증 초기를 의심해야 한다.

초기에서 중기에 접어드는 순간에는 알코올성 단기기억상실(필름이 끊기는 블랙아웃 현상)이 나타난다. 일시적 건망증이 6개월에 2회 이상 나타난다면 이미 알코올 의존증이다. 필름이 끊기는 현상이 계속되면 나중에는 술을 마시지 않아도 필름이 끊기는 '베르니케 증후군'에 걸릴 수도 있다. 술을 한 번 마시면 연속 며칠을 마시고, 술이 없으면 불안하거나 잠이 오지 않으며, 금주를 결심했다가도 번번이 실패하는가 하면 직장과 가정에서 술 문제로 퇴직과 이혼 압력을 받는다면 알코올 의존증이 상당히 진행된 상태다.

술 마신 다음날 해장술을 찾는 사람이 종종 있다. 음주 조절 능력을 상실한 이런 사람 역시 알코올 의존증이 상당히 진전된 상태에 있다. 실제로 많은 알코올 의존증 환자들은 술을 마신 뒤 잠이 들고, 잠이 깨자마자 술을 찾는 경향이 있다.

알코올 의존증 환자는 입원 치료 후에 신체적 기능 회복이 이루어졌다고 해서 다시 음주를 하면 안 된다. 스스로 술을 조절할 능력이 있다손 치더라도 절대로 술을 입에 대서는 안 된다. 술을 절제해 마실 수 있는 능력을 조절하는 뇌의 조절판은 한 번 손상이 되면 회복이 불가능하기 때문이다. 이런 사실을 잘 모르는 사람들은 알코올 의존에서 겨우 벗어난 사람에게 술을 권하거나 강요하는 경우가 있다.

알코올 의존증 환자들은 자신은 아무런 술 문제가 없다고 현실을 부정한다. 자신은 언제든지 술을 끊을 수 있으며 단지 끊을 필요성을 못 느낄 뿐이라고 말한다. 알코올 의존증 환자는 자기중심적이고 자신감이 없다. 다른 사람을 배려하는 마음도 적다. 이들은 술 마실 구실을 찾기 위해 거짓말을 자꾸 한다. 나중에는 아무런 양심의 가책도 느끼지 않고 천연덕스럽게 거짓말을 한다. 성격이 변하기도 한다. 성격 문제가 더욱 심해지고 열등감이 많아지며 의심이 많아지거나 우울증이 생기기도 한다.

알코올 의존증은 누구나 걸릴 수 있는 병이지만 앞서 살펴본 사례처럼 잘 걸리는 부류가 있다. 부모나 가까운 친척 가운데 알코올 의존증 환자가 있다면 일단 조심하는 게 좋다. 수동적이고 내성적이며 화가 나도 겉으로 표현을 잘 안 하는, 열등감이 많은 성격에 흔히 나타난다. 우울증, 불안증, 불면증과 같은 신경성 장애가 있을 때 잘 발생한다. 어려서부터 술에 대해 관대하거나 잘못한 일을 야단치지 않는 가정 분위기에서 자라났을 경우 알코올 의존증 환자가 나타나기 쉽다.

알코올 의존증 환자는 일반인에 비해 사망률이 3배나 높다. 특히 자살률이 매우 높다. 알코올 의존증을 치료하려면 금주해야 한다. 금주 후 약 1주일간 금단 증상이 나타난다. 3~4일간 손과 발이 떨리고 깊은 잠에 빠지기도 한다. 금주는 가장 간단한 치료법이지만 실제로는 쉽지 않아 본인의 의지가 매우 중요하고 주변 사람의 도움이 필요하다. 우리는 주변에서 술을 너무 쉽게 접할 수 있고 여전히 술에 관대한 문화에 젖어 있어 알코올 의존증 환자에 대해서도 그냥 술 좋아하는 사

1910년 프랑스에서 알코올 중독을 경고하는 포스터. 술병에 해골이 그려진 모습이 눈길을 끈다.

람, 애주가 정도로 치부하며 너그럽게 대하는 경향이 있다. 이들이 단주하기가 쉽지 않는 또 다른 이유다.

미국은 알코올 중독 때문에 연간 1,167억 달러의 손실을 입는다고 한다. 우리나라는 미국보다 알코올 중독 환자 비율이 상대적으로 더 높다. 따라서 알코올 중독증으로 인한 손실은 우리나라가 훨씬 더 심각하다고 볼 수 있다.

우리 사회에서 알코올 의존증은 주로 남성에게서 나타난다. 알코올 의존증 환자를 남편으로 둔 아내는 절망감과 자신이 살피지 못한 때문이라는 죄책감에 시달린다. 심지어는 시댁에서 아들이 술 먹는 이유가 여자 때문이라고 뒤집어씌우기도 한다. 알코올 의존증 환자 자녀들의 정서에도 악영향을 끼쳐 평소에 공포감, 증오심, 죄책감, 외로움이 가득 차 있고 성격이 삐뚤어지는 경우가 많다. 술 취한 상태에서 부인이나 자녀들을 폭행하는 경우도 있다. 이런 경우 가족들의 심신 건강은 최악의 상태가 된다. 이를 견디다 못해 아내와 자녀들은 가출하거나 이혼을 하게 된다.

알코올 중독은 배우자나 자녀들의 잘못으로 생기는 병이 결코 아니다. 이는 치료가 가능한 질병이다. 하지만 가족이 치료하기는 어렵다. 전문가들에게 맡겨야 한다. 술이 깨고 난 뒤 후회하는 알코올 중독자의 행동에 자신의 감정이 흔들린다면, 집 안에서 일어나는 일이라고 해서 친지나 이웃들에게 이를 숨기려 들면 문제를 해결하기 어렵게 된다. 자녀들에게도 아빠가 나쁜 사람이 아니라 단지 술에 중독된 환자라는 사실을 명확하게 설명해주는 자세가 중요하다.

효리야, 이젠 제발
'위험하다' 말해줘!
술의 위험에 관한 모든 것

술에는 계절이 없다. 더울 때는 시원한 맥주나 막걸리를, 추울 때는 소주를 마신다. 기분 좋아서 한 잔, 기분 나빠 한 잔, 축하한다고 한 잔, 회식자리나 식사 반주로 한 잔, 동창모임이나 명절, 제사 때 음복으로 한 잔 등등. 술은 1년 내내 24시간 밤낮 가리지 않고 우리와 함께하는 친구 같은 사이다.

알코올의 위험에 대해서는 매우 익숙하다. 술은 알코올성 간 질환과 알코올 의존증과 같은 만성 위험도 있지만 과음으로 인한 사망과 같이 급성 위험도 있어서 거의 모든 사람들이 술이 몸에 나쁘다는 사실을 너무나 잘 알고 있다. 하지만 잘 알고 있다는 그 사실이 오히려 술에 대한 경계심을 느슨하게 만들고 있다.

몇 년 전 내가 우리나라 여론 주도층을 대상으로 주요 환경보건 위해물질에 대한 위험(위해성) 인식도를 조사한 결과, 술에 대해서는 그 위험성을 크게 느끼지 않는 것으로 나타났다. 환경 및 보건 담당 공무원들은 21개 물질 가운데 술을 17번째, 시민단체 활동가들은 가장 위험성이 없는 것으로 느껴 21번째 위험한 물질로 각각 꼽았다. 상대적으로 언론인(6번째)과 연구원(7번째)은 이들보다 술의 위험성에 대해 더 크게 인식하고 있었지만 유전자변형식품(유전자재조합식품)이나 환경호르몬(내분비계장애물질), 다이옥신, 살충제 등에 견주어서는 그 위험이 낮은 것으로 인식됐다.

보건 측면에서 실제로 많은 인명 손실을 가져오고 있고 국가 차원에서도 심각한 사회경제적 피해를 주고 있는 술의 위험에 대해 이처럼 무딘 것은 술에 대해서는 잘 알고 있고 자신이 얼마든지 통제 가능하다고 믿기 때문일 것이다. 하지만 실제로는 술이 간 등 몸에 나쁘다는 사실 정도만 정확하게 알고 있을 뿐 구체적으로 어떤 위험성이 있는지는 모르는 사람이 많다.

알코올은 일단 몸에 흡수되면 온몸으로 퍼져나간다. 따라서 술은 온몸에 영향을 주는 물질이다. 알코올은 위장과 소장에서 흡수되는데 소장에서 더 빨리 흡수된다. 위 내에서 오래 머물면 그만큼 흡수되는 속도가 느려진다. 빈속에 술을 마시면 흡수가 빨라지고 음식을 먹은 뒤, 특히 기름기 있는 음식(예를 들면 삼겹살)을 먹고 난 뒤 또는 먹으면서 술을 마시면 천천히 흡수된다. 천천히 취하게 되는 것이다.

빨리 핏속 알코올 농도를 높여 중독된 체내 시스템을 유지하려는 알코올 의존증 환자들은 그래서 안주를 잘 먹지 않고 빈속에 술을 벌컥벌컥 들이키게 된다. 안주를 많이 먹거나 기름진 안주를 먹으면서 술을 마시면 취하는 속도나 정도를 줄일 수 있지만 이는 비만 등 다른 질병의 원인이 될 수 있고 주량보다 더 많이 먹게 만드는 원인이 된다.

섭취한 알코올의 2~4퍼센트는 콩팥으로 배설되고 4퍼센트는 호흡으로 배설된다. 90~98퍼센트는 주로 간에서 대사되며 일부는 소변, 땀, 호흡으로 대사되지 않고 바로 배설된다. 간에는 알코올 탈수소효소와 알데히드 탈수소효소라는 알코올 대사와 관련된 효소가 있다.

이런 효소들은 인종, 사람, 성별에 따라 큰 차이가 있다. 흔히 술이 세다고 하는 사람들은 이런 효소들이 많다. 술이 약한 사람은 조금만 마셔도 얼굴이 발개지거나 정신을 못 차린다. 이는 알코올의 유독성 대사물질인 아세트알데히드가 축적되어 나타나는 현상이다.

이런 증상이 있는 사람들은 지속적으로 술을 마실 경우 조직 손상이 더 클 수 있으므로 조심하는 것이 좋다. 이들에게는 소량의 술이라도 치명적으로 작용할 수 있다. 따라서 이런 사람들에게 술을 자꾸 권하는 것은 자칫 심각한 위험에 빠트리게 할 수 있는 행위이다.

술을 마신 사람의 간세포에 있는 유전자 촉진자는 알코올 분해를 돕는 알코올 탈수소효소의 생산성을 높인다. 술을 많이 마실수록 간에서 알코올 탈수소효소도 많이 생산된다. 술이 더 들어올 것을 예상함에 따른 생물학적 반응이다. 선천적으로 알코올 탈수소효소가 부족한 사람도 자꾸 술을 마실 경우 나중에 주량이 세지는데 알코올에 대한 내성은 이렇게 해서 생긴다.

그 반대로 한동안 술을 마시지 않으면 알코올 내성이 떨어진다. 알코올 탈수소효소가 정기적으로 필요하지 않다고 느끼면 체내 생산량이 줄어들기 때문이다. 원래 주량이 셌는데 한동안 마시지 않다가 술을 마시게 되면 과거보다 적게 마셨는데도 일찍 취하는 것은 바로 이 때문이다.

술은 발암물질이다. 세계보건기구 산하 국제암연구소(IARC)는 1998년 알코올을 1군 발암물질, 즉 인간을 대상으로 발암성이 확인된 물질로 규정했다. 이 연구소는 알코올 대사물질인 아세트알데히드를 2군B 물질, 즉 인간에게 발암이 가능한 물질로 규정했다. 술이 발암물질이라는 사실은 다시 말해 술에는 안전한 양이 없다는 것을 뜻한다.

술은 간암만 일으키는 것이 아니다. 술은 다양한 암 발생과 깊이 관련돼 있다. 일반인보다 음주량이 높은 사람을 대상으로 한 6개의 후향적 코호트(retrospective cohort) 연구(특정 인구집단을 '코호트'라고 하는데 코호트 연구는 연구 대상을 선정하고 그 대상으로부터 특정 질병의 발생에 관여하리라 의심되는 어떤 특성, 즉 음주와 흡연 따위와 같이 질병의 원인이라 생각되는 인자에 폭로된 정보를 수집한 후, 특정 질병의 발생을 관찰하는 연구법이다. 후향적 코호트 연구는 잠복기간이 긴 질병의 경우 연구가 계획되기 훨씬 이전에 이미 폭로 여부를 측정한 자료를 이용하게 된다)에서 구강암과 인후두암의 위험성을 조사했다.

이 가운데 5개의 연구에서 이들 암의 발생률과 사망률이 2~5배 증가했다. 구강암과 인두암 환자를 대상으로 한 연구에서는 주류 소비량에 비례하여 발암성이 높아졌다. 이 두 암은 흡연과도 관련이 깊다. 그래서 흡연 인자를 보정했다. 이후에도 이 결과는 그대로 지속되었다. 흡연의 수준과 상관없이 음주를 매일 한 집단에서 위험성이 높았다. 비흡연자의 경우 음주량에 비례하여 발암성이 높았다.

역학 연구에 따르면 음주는 구강암, 인후두암, 식도암의 발병과 관련이 있으며 이는 주류의 종류와는 무관하였다. 음주는 위암과도 관련이 있다. 하지만 이 결과는 식사의 영향을 보정하지 않은 것이어서 음주와 위암과의 관계는 명확하지 않다.

음주를 하는 경우 간암의 위험성이 높았다. 특히 B형간염 항원 보균자의 경우 음주와 간암 사이의 관련성이 매우 높았다. B형간염 바이러스는 간암을 일으키는 인자로 드러났는데 여기에 음주까지 더해지면 그 위험성은 더 높아지는 것으로 보인다.

음주는 유방암 발병과도 관련성이 있다. 음주를 많이 할수록 유방암 발생률이 1.5~2배가량 높았다. 이는 주류의 종류와는 무관했다. 최근 우리나라에서도 서구처럼 여성 음주가 크게 늘고 있고 유방암 발생도 함께 크게 늘고 있다. 유방암 증가에는 서구식 식이 행태 등 다른 여러 원인이 있겠지만 여성 음주 증가도 한몫을 하는 것이 아닌가 싶어 국가 차원에서 이를 줄일 수 있는 방안을 만들어 실천하는 것이 매우 중요한 과제로 대두되고 있다.

알코올은 발암성 외에도 유전 독성, 생식 독성, 면역 독성, 신경 독성, 발생 독성, 내분비계 독성, 심혈관 독성, 간독성, 위장관계 독성, 전신 독성, 혈액 독성, 호흡기 독성, 근골격계 독성 등 거의 모든 체내 독성을 보인다. 이 밖에도 피부, 눈, 몸무게, 대사 등에도 악영향을 끼친다.

유명 연예인을 광고모델로 내세워 이들 미녀들의 선정적인 모습을 통해 소주 판촉을 하고 있는 주류 광고를 비판하는 포스터.

호흡기 독성을 보면 심한 중독 이후 호흡부전이 일어날 수 있으며 술에 취해 구토를 하다 구토물을 잘못 들이마셔서 호흡기로 들어갈 경우 폐렴 및 폐부종을 일으킬 수 있다. 심혈관계 독성을 보면 알코올을 한꺼번에 과량 마시면 심실세동과 심방차단이 보고되었다. 소아의 경우 심부전이 보고되었다. 심장병 기왕력이 있는 사람의 경우 심박출량이 감소할 수 있다.

이형협심증(variant angina)이 있는 사람은 일상적인 알코올을 섭취 후에도 관상동맥 경련 및 심근 허혈로 인한 흉통을 경험할 수 있다. 만성적인 과음을 하는 사람에게는 갑작스런 심부전, 부정맥, 무증상의 좌심실 기능부전 및 심장의 형태 변형이 일어날 수 있다.

알코올 중독증에서는 빈혈, 혈소판감소증이 일어날 수 있다. 또 알코올 중독자의 경우 근골격계 독성을 보여 급만성 골격근병증이 보고되었다. 만성적인 알코올 중독자는 골밀도가 낮으며 높은 혈중 칼슘농도를 나타냈다.

술을 마시면 가장 먼저 식도를 거쳐 위장관으로 알코올이 들어간다. 위장관계 독성을 보면 음주 후 상부위장관에 알코올의 농도가 높아져서 국소 자극을 유발할 수 있고 오심, 구토, 위장관 출혈, 복통이 일반적으로 발생하며 설사가 일어날 수 있다. 술 마신 후 설사를 하는 사람은 음주를 삼가야 한다.

술이 간독성을 지녔다는 것은 이미 오래전부터 익히 알고 있는 터이지만 그 구체적 내용은 모르는 경우가 비일비재하다. 장기간 음주를 하게 되면 지방간, 알코올성 간염, 간세포괴사, 섬유화 및 간경화가 나타날 수 있다.

알코올은 부신수질 분비에 영향을 끼쳐서 비뇨기 아드레날린 및 노르아드레날린의 분비를 증가시킨다. 이는 교감신경 증가작용과 관련이 있다. 알코올 중독으로 나타나는 합병증으로 저혈당 후 경련 혹은 혼절이 있다.

알코올은 면역 독성을 나타내 드물게 과민성쇼크(아나필락시스)가 보고되었으며 알레르기 등도 때때로 보고되었다. 술 속의 불순물, 대사물질 혹은 첨가물이 이런 반응의 원인으로 여겨진다.

과학기술부장관, 건설교통부장관 등 장관을 가장 많이 한 인물이며 언론사 사장과 아주대학교 총장, 건국대학교 총장 등 대학 총장도 여럿 거친 오명 씨는 술을 마시지 않는 인물로 유명하다. 그도 젊었을 때 한때 술을 즐겨 마셨으나 어느 날 온몸에 음주 후 두드러기가 나 그 뒤 술을 완전 끊었다고 한다. 그가 바로 이런 과민성 반응의 대표적인 예라 할 수 있다.

알코올의 신경 독성은 급성 독성과 만성 독성으로 나눌 수 있다. 급성 독성으로는 혼돈, 운동실조, 정서 불안정, 인지 및 감각 이상, 운동 부조화 등이다. 중추신경계 억제는 혼절로 이어질 수 있다. 저혈당으로 인한 경련이 소아에서 보고되었다. 만성 독성으로는 베르니케 뇌병변, 코사코프 정신병,

의존성 및 금단증상, 만성 소뇌 증후군이 일어날 수 있다.

알코올은 생식 독성도 있어 혈중 알코올 농도가 높으면 생식기관의 구조에 영향을 끼치며 태아의 체중 감소, 자궁에서의 흡수율 증가 및 태아의 최기형성을 유발할 수 있다. 일부 동물실험에서는 알코올 투여로 태아의 행동발달에 영향을 끼칠 수 있는 것으로 나타났으며, 임신 중 혹은 수유 중 알코올을 투여한 경우 출생 후 성장 감소로 이어졌다.

임신 중 여성이 음주한 경우 태아 알코올 증후군이 발생할 수 있다. 다시 말해 임신 중 과음은 태아의 정신적 신체적 이상을 초래할 수 있으며 중추신경계, 심장, 신장 및 팔다리의 손상을 유발할 수 있다.

알코올은 유전독성도 있어 알코올 중독자의 말초 림프구에서 염색체 이상 등의 발생률이 높았다. 알코올 중독자의 경우 급만성 골격근병증이 보고되었다. 만성적인 알코올 중독자는 골밀도가 낮으며 높은 혈중 칼슘농도를 나타냈다.

술은 이처럼 사람에게 심각하고 다양한 정신적, 신체적 피해를 가져다준다. 그중 가장 심각한 피해는 사망이다. 특히 알코올 의존증(중독증) 환자들은 조기 사망할 위험이 높다.

보건복지부의 의뢰로 서울대 의대 조맹제 교수 등이 실시한 2011년 정신 질환 실태 역학 조사에 따르면 성인 남성 5명 중 1명은 평생 한 번 이상 병적 음주(알코올 사용 장애)를 겪는 것으로 나타났다. 병적 음주의 평생 유병률은 전체 13.4퍼센트로 남자 20.7퍼센트, 여자 6.1퍼센트 등으로 남성이 여성에 견줘 3배 이상 높은 것으로 나타났다. 알코올 사용 장애 1년 유병률은 전체 4.3퍼센트였으며 남자 6.6퍼센트, 여자 2.1퍼센트로 역시 남성이 여성에 견줘 3배 이상 높은 것으로 나타났다.

이는 조 교수 등이 지난 2006년 조사한 것과 비교해 알코올 사용 장애

평생 유병률 등이 약간 낮아지기는 했지만 그 심각성은 여전하다. 2006년 조사에서는 알코올 사용 장애 평생 유병률이 남자 25.5퍼센트, 여자 6.9퍼센트, 전체 16.2퍼센트로 2011년보다 2.8퍼센트 높게 나타났으며 2006년 한 해 동안 알코올 사용 장애에 이환된 사람은 5.6퍼센트로 2011년에 견줘 1.3퍼센트 높았다.

이러한 술의 위험을 아는 것도 중요하지만 그 위험에서 벗어나기 위한 노력은 더욱 중요하다.

알코올 전문가들과 건전 음주 시민단체들은 알코올 폐해를 줄이고 건전 음주를 실천하기 위해서 술잔 돌리기 금지를 비롯해 다음과 같은 수칙을 실천할 것을 권고하고 있다.

☐ 1주일, 1개월 동안의 적정 음주량 및 횟수를 정하고 지킬 것.
☐ 음주는 천천히, 충분한 음식과 함께 할 것.
☐ 신체, 정신에 이상 증상이 있을 시에는 음주를 삼갈 것.
☐ 음주 중 주기적으로 본인의 음주 상태를 체크할 것.
☐ 갑자기 취하지 않도록 대화를 하며 천천히 마실 것.
☐ 자신의 음주 상태를 살펴줄 수 있는 가족과 함께 마실 것.
☐ 중요한 일을 앞둔 경우 음주를 삼갈 것.
☐ 작업 중 또는 운동 중 음주를 삼갈 것.
☐ 분노나 스트레스 해소를 위한 음주를 삼갈 것.

술(알코올)
alcoholic drink

흔히 우리는 술을 알코올과 같은 말로 사용한다. 하지만 알코올에는 에틸알코올(에탄올), 메틸알코올(메탄올) 등 여러 종류가 있으므로 엄밀하게 말하면 술이 곧 알코올은 아니다. 우리가 마시는 술에는 물과 에틸알코올, 그리고 술에 따라 약간의 다른 성분들이 포함돼 있다. 이 약간의 성분에 인체에 해로운 화학물질 등이 있을 수 있지만 여기서는 거론하지 않기로 한다.

알코올은 하이드록시기(-OH)가 알킬 또는 치환한 알킬기 탄소원자에 결합된 유기화합물이다. 사슬형 알코올의 일반식은 C_nH_2n+1OH이며 그중 에탄올(C_2H_5OH)이 일반적으로 말하는 알코올이다. 에탄올이 포함된 음료 자체를 뜻하기도 한다. 알코올은 이슬람에서 주로 쓰는 아랍어 알쿨을 어원으로 하고 있으며 라틴어 의학용어를 차용한 프랑스어를 거쳐 16세기 영어에서 쓰이기 시작했다.

인류가 처음 술을 만들어 먹은 것으로 추정되는 때는 약 9,000년 전으로 메소포타미아 지역에서 이미 맥주를 만들어 마신 것으로 보고 있다. 와인은 고대 그리스 시대에 지중해 연안 곳곳에서 생산되었다. 한국에서는 삼국 시대 이전부터 술을 만들어 먹었다. 오늘날 한국인들이 가장 즐겨 마시며 막걸리와 더불어 한국을 대표하는 술인 소주는 고려 시대 원나라를 통해 들어왔다.

흔히들 우리나라 사람들이 술을 가장 많이 마신다는 말들을 하지만 실은 체코, 헝가리, 러시아, 우크라이나 등 옛 소련 연방 국가 국민들이 술을 가장 많이 마시는 것으로 세계보건기구의 2011년 조사 결과로 나타나 있다. 우리나라는 11위를 기록하고 있다. 이는 다시 말해 우리나라 사람들은 술에 많이 노출돼 있으며 그로 인한 경제적 피해뿐만 아니라 건강 피해도 매우 심각하다는 것을 뜻한다.

    2010년 유럽 성인 36만 명의 음주 습관과 암 발생률을 조사한 결과 암 환자 중 남자의 경우 10명 중 1명(10퍼센트), 여자의 경우 30명 중 1명(3퍼센트)이 술로 인해 암에 걸린 것으로 나타났다. 남자의 술로 인한 암 비율은 44퍼센트가 식도암, 후두암, 인두암, 33퍼센트가 간암, 17퍼센트가 대장암, 직장암으로 나타났고 여자는 대장암보다 유방암의 비율이 더 높게 나타났다.

    알코올이 암을 일으키는 이유는 술의 주성분인 이 알코올이 인체가 공기 또는 음식물로 흡수한 다른 여러 발암물질을 녹여 점막이나 인체조직에 쉽게 침투할 수 있게 해주고 또 간이 알코올 분해효소, 즉 알코올 탈수소효소(Alcohol Dehydrogenase)로 알코올을 분해할 때 나오는 분해산물인 아세트알데히드는 강한 독성물질로서 DNA의 복제를 방해하거나, 활성산소를 만들어 DNA를 파괴해 암을 직접적으로 일으키기 때문이다.

흡연

한국 사회에서, 아니 전 세계 차원에서 인간을 가장 위험에 빠트리는 유해물질(요인)을 꼽으라면 주저하지 않고 흡연이라고 말하겠다. 흡연은 특히 각종 암과 질환의 가장 큰 원인으로 작용해 인명 피해를 많이 내는 것이 특징이다. 술이나 다른 유해물질에 견줘 최근 흡연을 까다롭게 규제하는 것은 이로 인한 피해도 피해지만 간접흡연의 피해 또한 상당하기 때문이다. 흡연자들이 담배를 마구 피워대는 바람에 비흡연자들이 목숨을 잃고 건강을 잃는다면 이것만큼 억울한 일도 없을 것이다. 국가가 나서서 이를 강제적으로 막을 책임이 있다. 담배 중독은 마약 중독만큼이나 아니 이보다 더할 만큼 중독성이 크기 때문에 흡연자의 건전한 양식이나 행동에 호소해 사람들이 있는 곳에서는 흡연을 삼가달라고 해보아야 십중팔구 소용없다. 흡연자들은 중독자들이기 때문에 자신의 행동을 스스로 조절할 능력이 많이 결여돼 있다.

담배 중독의 위험성, 특히 간접흡연의 위험성을 지금까지 이루어진 연구 결과를 통해 살펴보면 왜 최근 정부뿐만 아니라 기업과 지자체가 앞다퉈 금연조례나 금연프로그램을 활발하게 만들어 흡연자를 교육시키는지를 이해할 수 있다. 아울러 2011년부터 서서히 거론되기 시작한 3차 흡연이 무엇인지를 다루었다.

'흡연자=간접살인자'
동의 못하는 당신은?
가장 두려워해야 할 위험

문제를 한 번 내보겠다. 다음에 열거한 것 가운데 앞으로 당신을 가장 위험하게 만들 위험은 어떤 것이라 생각하는가. 또 개인적 차원을 떠나 한국 사회에서 어떤 위험이 가장 문제가 되리라 보는가. 찬찬히 생각해보고 각 질문에 하나씩 골라보자.

핵무기, 오존, 핵발전소, 비행기 사고, 자동차 사고, 오토바이 사고, 자전거 사고, 보행 교통사고, 중금속, 선박 사고, 벼락, 가뭄, 지진, 농약, 유전자 조작 식품(GMOs), 내분비계 장애물질(환경호르몬), 다이옥신, 흡연(간접흡연 포함), 술, 에이즈, 독감, 감기, 신종플루, 사스(중증급성호흡기증후군), 유행성 출혈열, 폐암, 위암, 간암, 전립선암, 자궁경부암, 위암, 췌장암, 대장암, 뇌졸중(중풍), 관상 동맥 질환, 당뇨병, 휘발성 유기화합물, 벤젠, 라돈, 석면, 포름알데히드, 전쟁, 테러, 우울증, 자살, 방사선 조사 식품, 식품첨가물, 강도, 항생제, 산업재해, 직업병, 약화 사고, 마약, 수술 사고, 버스 폭발, 고감미료, 화재,

실내 안전사고, 치매, 결핵, 식중독, 자외선, 전자기장, 전자파, 아황산가스, 미세먼지.

사람마다 개인적으로 가장 위험하게 생각하는 것은 다 다를 수 있다. 청소년은 교통사고나 오토바이 사고, 자전거 사고 등에 더 신경을 쓸 것이고 노인은 우울증이나 치매, 암, 뇌졸중, 당뇨 같은 만성 질환이나 심혈관계 질환, 그리고 노인성 질환을, 중장년층은 산업재해, 술, 흡연, 자동차 사고와 각종 암을 위험하게 여길 것이다. 흡연자는 흡연 및 폐암 등 흡연 관련 질환에, 술을 많이 마시는 사람은 간 질환을 비롯한 알코올 관련 질환과 안전사고 등에 더 신경이 쓰일 것이다. 남성은 또 전립선암이나 간암에, 여성은 유방암이나 자궁경부암 등에 관심을 둘 것이다. 따라서 여기에는 정답이 없다.

두 번째 질문, 즉 한국 사회에서 가장 문제가 되는 위험이 무엇인가에 대한 나의 답은 흡연(간접흡연)이다. 아마 여러분 가운데 흡연을 고르지 않은 분들도 많을 것이다. 다이옥신이나 환경호르몬, GMOs를 고른 분들도 있을 것이다. 당신의 직업과 학력, 전공, 성별에 따라 다를 수도 있다.

내가 흡연을 선택한 것은 우리나라 암 가운데 사망자가 가장 많은 것이 폐암이고 그 원인 중 부동의 1위가 흡연(간접흡연)이기 때문이다. 흡연(담배)은 폐암 외에도 췌장암, 후두암, 구강암 등 각종 암과 호흡기 질환, 심혈관계 질환을 일으키거나 악화시킨다. 또 운전 중 흡연으로 교통사고를 유발하기도 하고 산불을 비롯한 각종 화재의 주요 원인 중 하나다.

흡연을 선택한 또 다른 이유는 흡연으로 인한 의료적 손실과 사회경제적 손실이 엄청나다는 것이다. 조기 사망에 따른 손실과 직간접 비용을 모두 더하면 족히 10조 원이나 된다는 분석이 나오고 있다. 흡연은 중독성이 워낙 강해 강력한 금연정책을 도입한다 해도 흡연자를 줄이기가 쉽지 않고, 줄인다 하더라도 그 효과는 당장 눈에 띄게 드러나는 것이 아니라 앞으로도 상당 기간 그 피해가 여전할 것이라는 점도 작용했다.

담배가 얼마나 중독성이 강한지를 잘 보여주는 사례가 남미에서 발생했다. 2010년 칠레에서는 광산 사고로 33명의 광부가 지하 700미터 아래 갱도에 갇혔다. 전 세계인들이 이들의 구조 소식을 마음 졸이며 기다리는 가운데 한 달이 지나 이 갱도까지 자그마한 구멍을 뚫어 소통을 하고 간단한 물품도 전달할 수 있게 되었다. 이때 이들이 간절히 원한 것은 다름 아닌 술과 담배였다.

죽느냐, 사느냐의 갈림길에 있으면서도 담배를 피울 수 있게 해달라는 이들의 메시지를 비흡연자는 이해하기 어려울 것이다. 광부 가운데에는 담배 중독자가 많았을 것이며 이들은 심각한 금단 증상에 시달렸던 것으로 보인다. 물론 이들에게 담배는 제공되지 않았다. 흡연 광부들이 너 나 할 것 없이 담배를 피우면 갱도 내 공기는 심각하게 오염될 것이기 때문이다. 그래서 금단 증상을 줄여주는 한 방법으로 니코틴 패치와 니코틴 껌을 내려보냈다.

중독에 걸린 사람들은 이처럼 비정상적 사고와 행동을 한다. 담배와 밥 모두 하루를 굶은 사람들에게 돈 3,000원을 주고 라면을 사 먹을 것인가, 담배를 사 피울 것인가를 선택하라고 하면 담배를 사 피울 사람이 제법 많이 나올 것이다. 밥은 굶어도 담배는 꼭 피워야 한다는 것이 그들의 철학이다. 내가 대학생 시절 옆에서 지켜보

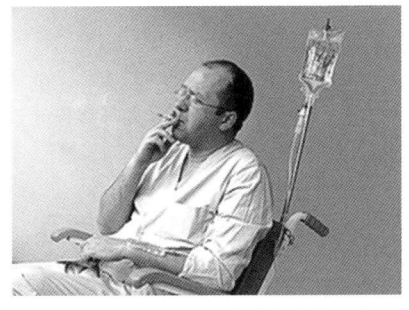

링거액 주사를 맞고 있는 환자가 담배를 피우는 장면을 담은 이 금연 포스터는 담배가 얼마나 중독성이 강한지를 잘 보여준다.

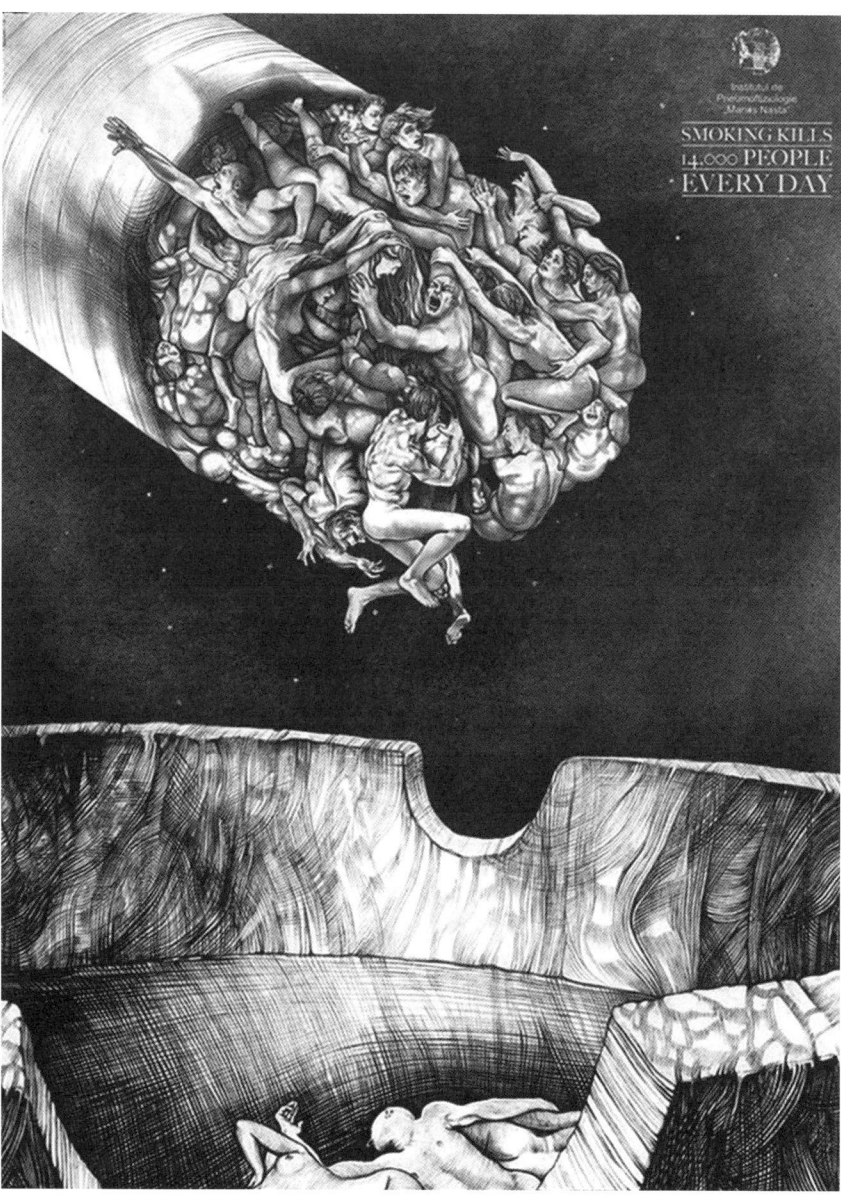

앗던 실화이기도 하다.

　흡연이 나쁘다는 것은 삼척동자도 알지만 주변에 담배를 피우는 사람들은 여전히 많다. 이들 가운데 대다수가 자동차를 운전하면서, 길거리를 걸어가면서, 술집이나 식당에서 주위 사람을 아랑곳하지 않고 담배를 피운다. 이들에게 도덕심이나 양심에 호소해보아야 십중팔구 소용이 없다. 담배 중독은 알코올 중독처럼 일종의 질환이기 때문이다.

　알코올 중독과 담배 중독자의 가장 큰 차이점은 알코올 중독자는 술을 마시는 과정에서 인체에 위해한 알코올을 타인에게 직접 전달하지는 않지만 흡연자의 경우 담배를 피우는 과정에서 타인에게 생담배 타는 연기와 입에서 내뿜는 담배연기를 통해 타인에게 심각한 건강 피해를 준다는 것이다. 이는 때론 담배연기에 노출된 사람의 생명까지 앗아갈 수 있다. 간접흡연 피해는 흡연자가 곧 간접 살인자라는 것을 일깨워준다.

　흡연 중독자들은 담배를 못 피우게 하는 사람을 극도로 싫어한다. 그리고 금연구역에서 담배를 피울 수 있게 해주는 사람에 대해서는 온갖 좋은 말을 해댄다. 담배를 못 피우게 하는 사람은 실제로는 그를 아끼는 사람이요, 그가 간접살인을 저지르지 않도록 하는 사람이다. 하지만 담배 중독자들은 이런 명료한 사실까지 거꾸로 받아들인다. 최근 정부가 정부종합청사를 완전 금연 빌딩으로 만들고 비상계단에 두었던 재떨이를 치우는 등 그에 따른 조치를 내리자 담배 중독자들이 불평불만을 터트린 것도 같은 맥락에서 해석할 수 있다.

　내가 몇 년 전 국민건강보험공단에 있을 때 건강검진에 관한 국제 세미나를 하면서 미국의 저명한 보건학자를 초청해 강연을 들은 적이 있다. 그는 파워포인트로 열심히 미국의 건강검진제도를 소개하고 금연과 운동, 조기 검진, 암 검진, 영양 조절 등 건강 증진의 중요성을 차례로 설명했다.

그리고 마지막 슬라이드를 보여주면서 조기 건강검진이나 암 검진, 운동, 식이 등 모든 것을 포함해 이 하나만 실천하면 성공이라고 말했다. 그리고 꼭 실천하기를 당부했다. 그 슬라이드에는 이렇게 쓰여 있었다.

"Quit Smoking!"

간접흡연으로 해마다 3,000명이 죽는다!
간접흡연의 위험학

아파트에 살던 시절 나는 종종 아랫집에서 피워대는 담배연기가 열어놓은 베란다 창문을 통해 들어올 때마다 서둘러 문을 닫곤 했다. 아마 누군가가 자신의 방이나 거실에서는 담배를 피우지 않고 베란다에서 담배를 피우는 모양이다. 그는 가족과 자녀들을 위해 그런 행동을 하면서도 자신의 담배에서 나온 연기가 이웃에까지 영향을 준다는 것을 미처 생각하지 않았을 수도 있다. 아니면 알면서도 담배를 피우고 싶은 욕구가 강해 이웃집이야 알 바 아니라는 생각에서 담배를 피우는지도 모르겠다. 지금 이 순간에도 많은 사람들이 옆집이나 아랫집에서 피워대는 담배연기 때문에, 길거리를 오가다 담배연기를 내뿜는 골초 때문에, 음식점과 술집 등에서 몰염치하게 막무가내로 담배를 피우는 사람 때문에 기분 나빠 하거나 인상을 찌푸릴 것이다.

담배를 피우는 사람들은 담배를 기호품이라고 주장한다. 그들은 또 담배를 피우지 않을 권리도 있지만 담배를 피울 권리도 있다고 한다. 2004년 헌법재판소는 흡연권과 혐연권 모두 헌법에 명시된 행복추구권과 사생활의 자유에 해당하는 기본권으로 보았다. 하지만 이 두 권리가 충돌할 경우에는 혐연권이 우선한다고 밝혔다. 헌법재판소의 이런 판단은 바로 간접흡연 때문이다.

간접흡연은 수동흡연, 2차 흡연, 환경흡연(ETS, Environmental Tobacco Smoke) 등으로 불린다. 환경흡연을 인체발암물질로 미국 환경청(EPA)이 지난 1992년 규정했으므로 2012년인 지금 20년을 맞이한다. 간접흡연을 발암물질로 규정한 뒤 세계 각국에서 간접흡연에 대한 규제가 날로 강화되고 있다. 여기서 다시 흡연권이 국민의 기본권이냐 아니냐의 논쟁을 벌이는 것은 시대에 뒤떨어지는, 시간낭비로만 보여 적절치 않아 보인다.

담배를 피우는 사람은 자신의 건강을 해칠 권리(물론 바람직한 것은 아니지만)가 있지만 타인의 건강과 생명까지 위협할 권리는 없다고 하겠다. 하지만 많은 흡연자들은 이런 점을 고려하지 않고 있다. 어떤 흡연자는 가족들 앞에서는 담배를 피우지 않다가 직장이나 음식점, 술집, 길거리 등에서는 틈만 나면 피운다. 심지어는 금연구역에서조차 아랑곳하지 않고 담배를 마구 피워댄다. 나쁘게 말하면 자신의 아내와 자녀들 건강이 소중한 것은 알면서도 남의 건강은 나 몰라라 하는 것이다. 이런 흡연자들의 공통된 행태는 자동차를 몰면서 담배를 피워대다가 나중에 담뱃재나 꽁초를 자신의 차 안에 있는 재떨이가 아닌 도로 위에 휙 버린다는 사실이다. 이런 꼴불견은 자동차를 몰아본 사람은 하루에도 몇 차례씩 겪는 일상적인 풍경이다. 이제 이런 몰염치한 흡연자에 대해서 2012년 7월부터 5만 원의 범칙금을 물리고 있다. 하지만 얼마나 효과가 있을지는 모르겠다. 아마 범칙금을 30만 원 내지 50만 원으로 올리면 큰 효과가 있을 것이다.

우리나라에서 담배를 피우는 사람은 거의 대부분이 자신의 건강뿐만 아니라 실내외 흡연으로 다른 사람의 건강까지 좀먹고 있다는 점을 깊이 깨달을 필요가 있다. 직접흡연과 간접흡연은 별개의 것이 아니라 동전의 양면처럼 하나다.

흡연은 헤어나오기 쉽지 않은 중독 현상의 하나이다. 대개 담배는 한두 달이 아니라 몇 년 또는 수십 년 동안 피우게 된다. 담배는 백해무익하고 수많은 유해물질과 발암물질을 지니고 있다. 따라서 흡연은 중독성과 유독성이 결합된 건강 위험이다. 인체에 당장 악영향을 끼치지는 않지만 시간이 흐르면서 서서히 그 영향이 나타나기 시작하며 흡연자들은 어느 순간 폐암 등 각종 암과 심장 질환, 폐 질환 등에 걸려 생을 마감하거나 건강을 잃는다. 흡연도 석면처럼 시한폭탄의 성격을 지니고 있는 것이다. 이런 흡연의 유해성과 중독성은 어린이도 잘 알 정도로 널리 알려져 있으며, 최근에는 직접흡연 못지않게 환경흡연의 위험성에 대한 경각심도 높아지고 있다.

환경흡연(간접흡연)의 장기적 영향을 보면 직접흡연과 크게 다를 바 없다. 연구자들은 흡연자들이 내뿜는 담배연기와 담배가 타면서 바로 나오는 연기가 기관지염과 천식과 같은 폐 질환과 폐암, 심장혈관 질환을 직접흡연과 똑같이 일으킨다는 사실을 이미 과학적 증거로 내놓았다. 환경흡연이 인체에 끼치는 주요 악영향은 다음과 같다.

:: **암**

세계보건기구 산하의 국제암연구소는 2004년 간접흡연과 관련한 전 세계 연구 자료를 검토한 결과 전반적인 암 증가에 기여한다는 사실을 밝혀내고 환경흡연을 인간에게서 발암성이 명백히 입증된 인체발암물질(1군 발암물질)로 결론지었다.

폐암: 환경흡연이 폐암에 끼치는 영향은 광범위하게 연구됐다. 미국은

1986~2003년에 이루어진 일련의 연구를 통해, 영국은 1998년, 호주는 1997년, 국제적으로는 2004년에 각각 이루어진 연구를 통해 환경흡연에 노출된 사람이 폐암에 걸릴 상대적 위험도가 크게 높아졌다는 일치된 연구 결과를 내놓았다.

유방암: 미국 캘리포니아 환경청은 2005년 환경흡연이 젊은 여성, 주로 폐경 전 여성에서 유방암 발병률을 70퍼센트가량 높인다고 결론 내렸다.

신장세포암: 최근 연구 결과 콩팥세포암 발생 위험이 집과 직장에서 환경흡연에 노출된 비흡연자에서 증가한다는 사실을 보여주고 있다.

(참고로 환경흡연은 췌장암과는 관련성이 없는 것으로 나타났다.)

:: **중이염 감염 위험을 증가시킨다.**
:: **순환기계**

심장병의 위험을 높이며 심장박동을 빠르게 한다. 역학 연구 결과 직접흡연과 간접흡연 모두 죽상동맥경화증 위험을 높인다는 사실이 드러났다.

:: **폐 질환**

천식 위험.

:: **인지장해와 치매**

환경흡연은 50세 이상에서 인지장해와 치매 발병 위험을 높일 수 있다.

:: **임신**

저체중아 출산, 조산아.

:: **일반**

천식과 알레르기, 그리고 기타 몸 상태의 악화를 가져온다.

:: **어린이에 대한 위험**

유아돌연사증후군(SIDS): 미국 보건부장관은 2006년 환경흡연과 유아돌연사증후군 사이에는 원인적 인과관계가 있다는 증거가 충분하다고 결론 내렸다.

천식, 폐 감염증, 세기관지염을 더욱 심하게 앓게 만들고 그 상태도 매우 나쁨, 결핵보균자의 경우 결핵발병률이 더욱 높아짐, 알레르기, 크론병, 학습장애, 발달 지연, 신경행동 악영향 등이 나타남, 충치 증가.

:: 미국에서는 어린이와 연간 성인 5만 3,000명의 비흡연자가 환경흡연 때문에 숨지며 이는 미국에서 예방 가능한 사망순위 3번째이다. 우리나라의 경우 환경흡연 피해자 규모에 대한 역학적인 연구 결과가 없지만 선진국의 연구 결과를 토대로 국내 흡연율 등을 감안할 때 연간 3,000명가량이 숨지는 것으로 추정됐다.

부루연(sidestream smoke), 즉 생담배연기에는 포름알데히드, 납, 비소, 벤젠, 방사성 폴로늄-210과 몇몇 입증된 발암물질 등 69종의 잘 알려진 발암물질을 포함해 4,000종이 넘는 화학물질이 들어 있다. 담배회사의 연구에서도 드러난 것처럼 주류연(mainstream smoke), 즉 입으로 들이마신 담배연기보다 생담배연기에 발암물질의 농도가 더 높다.

환경흡연은 공회전 디젤엔진에서 나오는 미세먼지보다 더 많은 미세먼지를 만들어낸다. 이탈리아 국립암연구소의 실험 결과, 실내 담배연기는 실외공기 기준을 웃도는 미세먼지를 만들어내며 그 농도는 공회전엔진에서 나오는 미세먼지보다 10배나 더 높았다.

자동차 안에서 담배를 피울 때도 담배연기로 인한 미세먼지 농도는 매우 심각하다. 날씨가 좋을 때에는 창문을 많이 열어놓고 담배를 피우지만 비 오는 날이나 무더운 날 또는 추운 날에는 자동차 창문을 활짝 열 수도 없다. 주행 중 창문을 활짝 다 열고 담배를 피운다고 해도 차 안의 초미세먼지(PM2.5, 입자지름이 2.5미크론 이하를 가리키며 폐포 깊숙한 곳에까지 들어가 인체에 직접적인 악영향을 가장 많이 끼치는 입자를 말함) 농도는 매우 높다는 연구 결과가 나와 있다. 과학자들이 실제 실험한 결과 주행 중 문을 활짝 열고 흡연을 하는 경우 차 안의 초미세먼지 농도는 대기환경기준의 무려 15배까지 올라가고 담배를 끈 후에도 5분 동안 평균농도도 대기환경기준의 4배나 됐다. 따라서 차 안에 담배를 비롯한 유해물질에 매우 취약한 어린이가 타고 있다면 그는 심각한 건강 악영향을 받을 수 있다. 차 안에서 담배를 피우는 사람들은 대개 어쩌다 한번 그런 일을 저지르는 것이 아니라 거의 상습적으로 하기 때문에, 그런 흡연자의 자녀가 자주 부모와 함께 차를 타고 이동한다면 건강 피해가 드러날 게 분명하다.

문을 활짝 열고 주행하는데도 이 정도이면 문을 조금 열고 운행할 때 차 안에 있는 사람이 영향을 받는 간접흡연 수준은 훨씬 더 심각할 것이다. 그래서 도심주행평균속도인 30킬로미터 주행 때 창문을 10센티미터가량 열고 담배 하나를 운전자가 피우면서 차안의 초미세먼지(PM2.5) 농도를 측정했다. 그 결과 차 안의 농도는 대기환경기준의 40배까지 올라가고 담배를 끈 후에도 15분 동안 평균농도가 대기환경기준의 7배나 되었다. 이런 연구 결과를 접하고도 자신의 아이를 태우고 담배를 피우는 강심장의 부모가 있을까?

흡연자와 마찬가지로 담배연기에 노출된 간접흡연자들도 혈액과 혈관에 즉각적이고도 실질적인 영향을 받는다. 심장병 위험, 특히 이미 그 위험에 놓인 환자에게서 심장병이 발병할 위험을 높인다. 담배연기에 30분간 노출되면 건강한 비흡연자의 관상동맥 혈액 순환 속도가 눈에 띄게 감소된다.

1992년 미국의학협회지에는 2차 흡연과 심장병 사이의 관계를 보여주는 적절한 데이터를 검토한 결과, 간접흡연이 1980년대 초반 미국에서 매년 3만 5,000~4만 명의 사망과 관련이 있다는 논문이 실렸다. 어떤 연구에서는 흡연자와 함께 사는 비흡연자는 심장병으로 숨질 위험이 다른 사람에 비해 25퍼센트 더 높아 심장마비에 걸릴 위험이 더 있으며 어떤 경우에는 생식기암에 걸릴 수도 있다는 사실이 드러났다. 인구가 6,200만 명이고 2010년 흡연율이 30퍼센트인 프랑스는 간접흡연 때문에 해마다 3,000~5,000명이 숨지는 것으로 추정하고 있다. 하루 평균 13명이 간접흡연 때문에 숨지는 것이다. 이를 우리나라에 그대로 대입해보면 흡연율은 서로 비슷하고 인구는 우리가 약간 적으므로 대략 연간 2,400~4,000명, 하루 평균 10명가량이 간접흡연으로 숨지고 있는 것으로 추산된다.

영국 학자들의 더 정밀한 연구에서는 간접흡연에 노출된 비흡연자의 심장병 위험이 60퍼센트가량 더 증가하는 것으로 나타났다. 이는 골초의 심장병 위험도에는 미치지 못하지만 보통 흡연자가 걸릴 심장병 위험도와 비슷한 것이다. 2차 흡연은 85퍼센트의 생담배연기와 15퍼센트의 주류연으로 이루어지는데 생담배연기는 주류연보다 4배나 더 독성이 강한 것으로 밝혀졌다.

부모의 흡연이 어린이와 아기들에게도 영향을 끼칠 수 있다는 사실은 앞서 소개한 바 있으며 저체중아 출산, 유아돌연사, 기관지염, 폐렴, 중이염 등과 관련이 있는 것으로 나타났다.

호주 국립천식위원회도 환경흡연을 가장 중요한 실내 오염물질, 특히 어린이들에게 나쁜 영향을 끼치는 유해물질로 꼽았다.

- 부모의 흡연, 특히 어머니의 흡연은 어린이의 천식 위험을 높인다.
- 가정에서 흡연에 노출된 어린이 가운데 천식에 걸린 경우는 일반적으로 질병의 정도가 더 심하다.
- 천식에 걸린 많은 성인은 환경흡연이 증상에 방아쇠를 당기는 구실을

한다.
- 의사들이 진단하는 천식은 환경흡연에 노출되지 않은 비흡연자보다 노출된 비흡연자에서 더 흔하다.

보건복지부는 몇 년 전 시도 때도 없이 아무 곳에서나 담배를 피워대는 흡연자를 향해 어린이 등을 등장시켜 "No"를 외치거나 "Say No"란 글을 보여주는 금연광고를 공중파 텔레비전을 통해 내보내 눈길을 끌었다. 이는 환경흡연의 위험성과 이를 예방하기 위해서는 아무 곳에서나 담배를 피우지 말 것을 비흡연자들이 말해야 한다는 점을 강조한 것이다.

중앙부처뿐만 아니라 일부 기초자치단체와 서울시 등 광역자치단체에서도 최근 간접흡연을 줄이기 위한 운동과 홍보에 힘을 쏟기 시작했다. '간접흡연' 제로란 슬로건을 내세운 건강걷기대회를 열기도 했다. 금연거리를 선포하는가 하면 청소년과 시민들이 많이 찾는 일부 공원에서는 담배를 피우지 못하게 하기도 한다. 이제 흡연자 또는 담배 중독자들이 직장과 실내, 가정에서뿐만 아니라 야외나 거리에서도 담배를 피우기 힘든 시대가 점점 현실로 다가오고 있는 것이다.

서울 성북구도 몇 년 전 성신여대 입구 하나로거리를 금연시범거리로 지정했다. 이에 앞서 강남구는 거리에 담배꽁초를 버리는 사람에 대해 벌금을 물리는 등 사실상 거리에서 담배를 피우지 못하도록 유도하는 정책을 펴 비흡연자들로부터 좋은 반응을 얻은 바 있으며, 최근 강남대로에서 담배를 피우는 사람에 대해 벌금을 물리고 있다. 여의도공원 등 서울과 지방의 상당수 공원도 금연구역으로 지정돼 운영되고 있다.

서울시는 간접흡연의 피해로부터 시민의 건강을 보호하기 위해 도시의 얼굴인 거리와 광장, 공원, 음식점, 학교 앞 등 시내 모든 공공장소를 금연구역으로 확대 지정하는 '간접흡연 제로 서울' 추진에 힘을 쏟고 있다. 2015년에는 규모에 관계없이 모든 식당을 금연구역으로 만들겠다는 의지를 보이고 있다.

서울시내 주요 공원과 광장은 2010년부터 금연구역으로 지정되기 시작해 2012년 7월 현재 거의 웬만한 공원은 모두 금연구역으로 지정되었다. 또한 지하철에 이어 금연구역으로 지정된 버스정류장도 계속 늘어 앞으로 1~2년 안에 서울시내 대부분의 버스정류장에서는 담배를 피울 수 없게 될 것으로 보인다. 서울시의 이런 금연정책 의지는 다른 지자체로도 확대될 가능성이 높다.

정부와 지자체뿐만 아니라 민간기업도 날이 갈수록 흡연자들을 박대하고 있다. 흡연자들의 처지에서 보면 핍박을 받고 있다는 말이 어울릴 정도로 사원들에 대한 금연압박이 심하다. 그동안 포스코, 금호아시아나그룹, 삼성그룹, 엘지 등의 금연정책은 화제를 몰고 오기도 했다. 사무실 금연은 기본이고 흡연자 승진 감점 등 불과 몇 년 전만 해도 생각지도 못했을 파격적인 조치가 대기업들 사이에 앞다퉈 이루어졌다. 2012년 7월 3일에는 CJ그룹이 사업장 반경 1킬로미터 안에서 직원들이 담배를 피우지 못하도록 선언했다. 간접흡연뿐만 아니라 아예 비흡연 직원들을 3차 흡연의 피해로부터도 막아보겠다는 뜻이다. 회사건물 1층에서 담배를 피우고 사무실에 들어오더라도 3차 흡연의 피해는 막을 수 없기 때문이다. CJ는 이날 지주회사인 ㈜남산사옥, CJ인재원, CJ제일제당센터, CJ푸드빌, CJ프레시웨이 매장 주변 1킬로미터를 직원들의 금연구역으로 지정했고 2013년 1월부터는 모든 계열사 사옥까지 금연을 확대키로 했다고 한다.

CJ그룹은 이런 강력한 금연정책과 함께 절주문화도 정착시켜 나가기로 했다고 한다. 부서 단위로 혹은 직원 개인끼리 1차, 2차, 3차로 이어지는 술

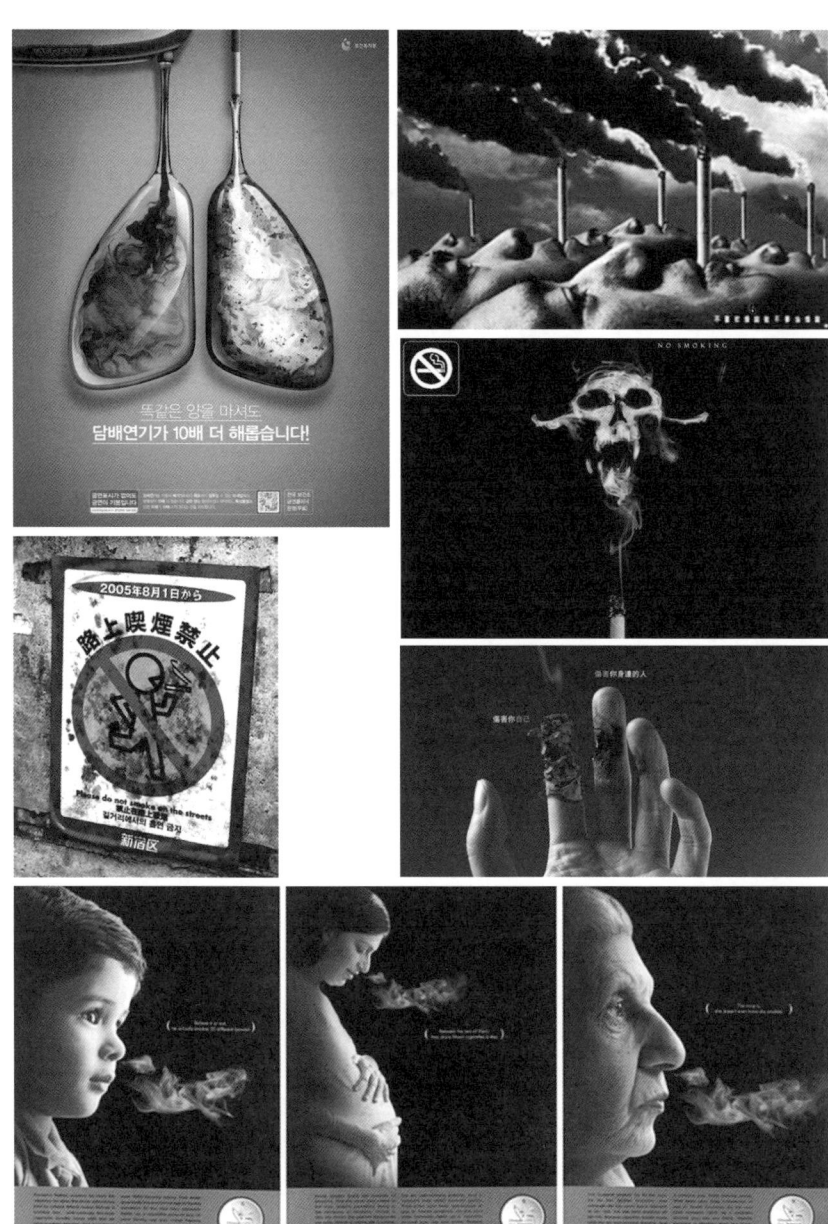

흡연과 간접흡연의 위험을 경고하는 다양한 금연 홍보 포스터.

문화를 바로잡기 위한 것이라고 그룹은 설명했다. 술 회식을 줄이는 대신 다양한 문화예술활동을 하도록 지원하기로 했다. 술과 담배는 실과 바늘처럼 떼려야 뗄 수 없는 관계이기 때문에 이 그룹의 금연 및 절주문화 동시 추진 전략은 정말 제대로 된 것이라고 할 수 있다. 언론들도 이에 대해 호평을 쏟아내고 있다.

현재 대그룹, 대기업이 입주한 대형 건물은 거의 모두 금연건물로 지정되어 있는데 건물 내에서 담배를 피울 수 없게 되자 직원들이 수십 명씩 떼를 지어 건물 밖으로 나와 담배를 피워댔다. 그 바람에 건물 안은 깨끗할지 몰라도 그 주변은 오히려 환경이 더 나빠져 주민과 행인들에게 간접흡연의 피해를 주고 있는 게 사실이라고 언론은 지적했다. 한 신문은 사설에서 이런 식으로 하면서 금연이라고 할 바에야 차라리 건물 안에서 담배를 피우도록 하는 게 나을 것이라고 꼬집으며 CJ의 강력한 금연정책에 대해 박수를 보내며 다른 기업과 건물주도 금연마인드를 가져야 한다고 밝혔다.

전문가들은 우리나라에서 매년 5만 명이 흡연과 간접흡연 등 때문에 숨지는 것으로 추정하고 있다. 하루 평균 130명이 흡연으로 안타깝게 죽음을 맞이하는 셈이다. 이런 피해를 줄이기 위해서는 금연구역 확대와 간접흡연을 줄일 수 있는 제도적, 법적 장치 마련이 매우 중요하다. 이와 함께 금연구역에서 담배를 피우는 흡연자에 대해서는 꾸준하고 실질적인 단속이 확실하게 이루어져야만 간접흡연 피해를 막을 수 있다. 비흡연자들도 거리에서, 금연구역에서, 실내에서 마구 담배를 피우는 흡연자를 향해 "담배 피우지 마세요"를 적극적으로 소리쳐야 한다. 담배는 인체 건강에도, 쾌적한 환경에도 정말 나쁜, 백해무익한 존재이기 때문이다.

세계보건기구는 "간접흡연에는 안전한 노출 농도가 없다"고 밝혔다. 잠시 간접흡연을 하더라도 위험할 수 있다는 것이다. 따라서 간접흡연은 최대한 피하는 것이 좋다. 이는 결국 담배연기 없는 환경을 만들어야 가능하다.

담배연기 없는 환경(tobacco smoke-free environment)을 만드는 것은 국가야 해야 할 기본 책무다. 사무공간, 작업장, 공원이나 버스정류장에서 담배를 못 피우게 하는 것이나 거리에서 흡연을 금지하는 것이 바로 담배연기 없는 환경을 만들기 위한 첫걸음인 셈이다.

지금까지 이를 손 놓고 있었던 것은 한마디로 헌법에 규정된 건강권을 내팽개친 책임 방기였다. 이제 겨우 서울시와 부산시 등에서 극히 일부 공간에서 흡연 규제를 시작한 것에 지나지 않는다.

이제는 정부가 좀더 강력한 금연정책을 펴도 무방하다. 흡연율이 남성의 경우도 50퍼센트 밑으로 떨어졌기 때문에 흡연자 절대 수는 비흡연자보다 적다. 소수가 다수에게 피해를 끼치고 있는 현실이다. 건강에 대한 관심도 높아졌다. 평균수명이 크게 늘어나 이제는 사회 분위기가 건강하게 오래 살고 싶어하는 쪽으로 바뀌고 있다. 지금이야말로 이런 환경을 놓치지 않고 강력한 작업장 금연, 거리 금연 정책을 펴야 할 때다.

서울이나 부산 이외의 다른 지방자치단체들도 더 강력한 금연 조례를 만들어야 한다. 또 서울이나 부산의 경우는 물론 모든 지방자치단체들이 금연구역에서 담배를 피우는 흡연자에 대한 단속과 벌금 부과를 강력하게 시행해야 하며 벌금 액수도 더 높여 '재수 없이 걸리면 벌금 내겠다'는 생각을 아예 하지 못하도록 만들어야 한다.

우리는 음주 운전을 그야말로 자신뿐만 아니라 타인을 죽음으로 몰고 가는 행위라고 비난한다. 흡연, 특히 주위에 많은 사람들이 있는 곳에서 담배를 마구 피워대는 행위 또한 음주 운전과 크게 다를 바 없다. 다른 점이 있다면 음주 운전이 즉각 타인의 생명을 위협하는 행위라면 흡연은 서서히 타인의 생명을 위협하는 행위인 것이다.

　요즘은 송년 모임을 비롯해 술자리에서 차를 몰고 갈 예정이라고 하면 대부분 술을 권하지 않거나 술을 마시지 않도록 이야기한다. 마찬가지로 그런 자리에서 담배를 피우거나 피우겠다고 하면 다른 사람을 죽이는 행위라고 모멸적인 이야기를 할 수 있어야 한다. 이런 이야기를 듣고 그가 담배를 피우지 않거나 끊게 되면 흡연 중독자에게도 좋은 것이 아닌가.

　서울시 등이 과거보다 더 강력한 간접흡연 피해예방정책을 펴면서 흡연자 집단의 반발이나 불만이 터져나오기도 한다. 이들은 "혐연권도 있지만 흡연권도 있지 않은가"라며 담배를 피울 수 있는 공간을 마련해줄 것을 요구한다.

　하지만 단언컨대 흡연권이란 권리는 없다. 흡연권은 곧 살인권이기 때문이다. 흡연 행위는 자신뿐만 아니라 가족, 친구, 동료, 그리고 아무런 관련이 없는 사람까지도 죽이는 행위이다. 흡연권을 인정해달라는 주장은 내가 다른 사람을 죽일 수 있는 권리를 인정해달라는 것이나 다름없다.

　정부나 지방자치단체가 앞으로 당장 해야 할 일은 담뱃값을 1만 원 정도로 대폭 올리고 모든 거리와 자동차 안, 모든 실내 공간, 휴게소, 버스·택시 정류장, 공원, 경기장, 실내·야외 공연장 등에서 담배를 못 피우게 하는 것이다. 그리고 이를 어겼을 때는 지금처럼 10만 원이 아닌 100만 원이나 1,000만 원의 벌금을 물리도록 하는 것이다.

　이런 엄청난 액수의 벌금은 말이 안 된다고 할 사람도 있을 것이다. 하지만 우리보다 훨씬 후진국에서도 이런 정책을 펴고 있다. 금연국가인 부탄은 제쳐두고라도 우리나라 사람들이 즐겨 관광하는 곳인 인도네시아 발리를 예로 들어보자.

　국제 휴양지인 인도네시아 발리 주정부는 최근 호텔과 공항, 관공서, 관광시설 등을 모두 금연구역으로 정하는 강력한 금연 조례를 제정했다. 주의회가 이런 금연 조례를 통과시킨 것은 모든 사람의 건강을 위해 2009년 제정된 건강법 시행을 위한 것이다. 금연 조례는 관광센터와 호텔, 의료 기관, 학교, 놀이시설, 종교시설, 관공서, 전통 시장, 공항, 대중교통 시설 등을 모두 금연구역으로 정했으며 이들 지역에서 담배를 팔고 광고하는 것도 금지하고 있다. 이 금연 조례를 위반하면 최고 6개월 징역형이나 5,000만 루피아, 우리 돈으로 약 630만 원의 벌금형을 받을 수 있다고 한다.

흡연자를 줄이는 방법은 크게 두 가지가 있다. 담배의 유해성을 널리 알리고 교육하는 것과 담배를 피울 수 있는 기회를 박탈하는 것이다. 세계 각국들은 처음에는 담배의 폐해를 알리는 방식, 예를 들어 담뱃갑에 위험 경고문을 게재하는 등의 방식과 교육 등을 통해 담배의 유해성을 알리는 방식을 택했다.

하지만 최근에는 우리나라를 비롯해 세계 많은 나라들이 담뱃값을 올리거나 담배를 피울 수 있는 공간을 줄임으로써 흡연 자체를 줄이려 노력하고 있다. 이는 간접흡연 피해도 줄이고 흡연자도 줄이는 일석이조의 효과를 지닌다.

금연구역 확대와 실질적인 단속이 필요하다. 아직도 많은 금연구역, 예를 들자면 식당에서 담배를 마구 피워댄다. 식당 주인이나 종업원은 이를 모른 척한다. 어떤 곳은 아예 재떨이를 가져다준다. 담배 피우는 손님에게 못 피우게 하면 기분 나빠 다음에는 오지 않을까봐 염려가 돼 아마 제지를 하지 못하는 것일 게다. 하지만 강력한 단속을 하고 식당 주인에게 더 엄한 벌금을 물려야 한다. 앞으로 금연구역 식당에서 손님이 담배를 피우면 10만 원이 아니라 50만 원, 100만 원으로 올려 간접흡연 피해를 막아야 한다.

금연구역 확대와 함께 벌금도 대폭 올려야 한다. 부산시처럼 2만 원의 벌금을 물리면 사람들은 혹 피우다 걸리면 2만 원 물고 말지라는 생각을 갖게 된다. 적어도 서울시 수준으로 올리거나 아니면 강력한 금연정책을 펴는 국가들의 수준으로 올려야 한다. 공공장소 외에도 실제로 많은 근로자들이 하루 여덟 시간 이상 일하는 작업장에서도 금연이 이루어져야 한다. 현재 산업안전보건법에는 석면 사업장 등 극히 일부에 대해서만 법정 금연구역으로 설정돼 있고 나머지 대부분의 사업장에서는 흡연을 막지 않고 있다. 몇몇 선진국에서 모든 사업장에 대해서 금연을 강제하는 것과는 달리 크게 뒤처져 있다고 하겠다.

정부는 앞으로 민간 차원에서 이러한 기업들이 많이 나오도록 유도하고 지원하는 정책을 펴야 하며 이른 시일 안에 법에 따른 강제 사항으로 만들어 앞으로 흡연자들이 직장과 거리, 공공장소 모두에서 담배를 피울 수 없도록 해야 한다.

담배 중독의 수렁에서 허우적거리는 이들을 볼 때마다 측은한 마음이 생긴다. 길거리 흡연을 아예 금지하면 담배 중독 환자가 눈에 띄게 줄어들지 않을까 하는 생각이 이 광경을 보면서 떠올랐다. 그런 날이 하루빨리 오기를 기대해본다.

이제는 3차 흡연도 위험하다

3차 흡연(담배연기)은 담뱃불이 꺼지고 공기 중에서 2차 담배연기가 사라지고 난 뒤 집안이나 옷 등에 남아 있는 담배연기 오염물질이나 이를 들이마시는 것을 가리키는 말이다. 이 이슈는 비교적 최근 나온 것이어서 아직 일반인에게 잘 알려져 있지 않다.

3차 흡연(third hand smoke)이란 말은 지난 2009년 1월 미국 보스턴 다나-파버/하버드 암센터의 소아과 의사 조너선 위니코프가 세계적으로 유명한 학술지인《소아과학(Pediatrics)》에 1,510명의 흡연가정 등을 설문 조사한 결과를 논문으로 발표하면서 처음 사용했다. 그 뒤 2010년 4월《미국국립과학원회보(PNAS)》에 흡연 뒤 남아 있는 담배연기 잔류물이 공기 중의 아질산과 반응해 담배 특이성 니트로스아민을 만들어내 잠재적으로 건강에 해로운 영향을 끼칠 수 있다는, 3차 흡연의 위험성을 구체적으로 밝혀낸 연구 결과가 실렸다.

2000년대 중반부터 연구자들은 담배를 피운 뒤 옷이나 옷 표면에 남아 있는 화학물질을 조사했다. 이들은 옷에 있는 먼지와 흡연자들의 집 바닥이나 벽, 천장 표면 등이 담배연기 잔류물질로 오염된 것을 발견했으며 이것들은 2차 담배연기에서 발견되는 유독물질 가운데 많은 것을 포함하고 있다는 사실을 밝혀냈다. 게다가 이들 담배연기 잔류물이 유아에게 니코틴과 니코틴부산물의 농도를 높인다는 것도 알아냈다. 유아에게 담배연기를 노출시키지 않기 위해 실내가 아닌 베란다나 실외에서 담배를 피우는 흡연자의 유아는 비흡연자 가정보다 5~7배나 더 높은 담배연기 잔류물 농도에 노출되는 것으로 나타났다. 또 집 안에서 담배를 피우는 흡연자의 유아들은 실외에서 담배를 피우는 흡연자 가정의 유아보다도 3~8배나 높은 담배연기 잔류물에 노출되는 것으로 조사됐다.

이어 이루어진 연구에서 대부분의 흡연자들은 3차 흡연으로 인한 어린이들의 건강위험에 대해 잘 알지 못하며 창문을 열거나 팬을 돌리면 해로운 담배연기 잔류물이나 부산물들을 모두 없앨 수 있는 것으로 잘못 아는 것으로 드러났다. 연구자들은 3차 흡연이 어린이들의 건강에 나쁜 영향을 줄 수 있다는 것을 강조해 가정에서 담배를 피우지 못하도록 하는 것이 중요하다고 강조한다. 아직 3차 흡연으로 인한 역학적 위험의 크기는 연구되지 않았다.

우리나라에서도 최근 3차 흡연에 관한 연구가 이루어지기 시작했다. 국립암센터연구팀은 안양시에 거주하는 6~11세 3만 1,000명의 초등학생 부모를 대상으로 설문 조사한 결과 비흡연군이 40.9퍼센트이며 아이들이 있는 데서 흡연을 하는 사람이 18.5퍼센트, 아이들 앞에서는 담배를 피우지 않는 사람이 40.6퍼센트로 각각 조사됐다. 흡연자 중에서 약 30퍼센트는 아이들 앞에서도 담배를 피우는 간 큰 부모인 셈이다. 3차 흡연군의 자녀들은 비흡연군의 자녀에 견줘 기침, 가래 등 호흡기증상이 통계적으로 유의하게 높은 것으로 나타나 3차 흡연 피해가 국내에서도 있는 것으로 처음 확인됐다.

이런 연구들로 미루어 3차 흡연이 특히 어린이 건강에 악영향을 주고 있는 것만은 분명해 보인다. 영유아나 어린이들은 어른보다 바닥의 먼지 등을 더 많이 흡입할 위험성이 있으며 실제로 조사 결과 약 2배가량 더 많은 먼지를 들이마시는 것으로 나타났다. 이제 흡연자들은 자신의 건강과 자신이 피우는 담배연기 때문에 가족의 건강을 해칠까봐 걱정되어 자녀 등 가족 앞에서 담배를 피우지 않는 것은 물론, 베란다나 집 밖에서 담배를 피웠을 경우 옷 등에 묻은 담배연기(냄새)를 충분히 없앤 뒤 집 안으로 들어오는 습관을 길러야 하겠다. 사실 가장 확실한 방법은 담배를 끊는 것이다.

- 초·중·고등학교 때 담배를 피우지 않는 것이 무엇보다 중요하다.
- 담배는 아무리 늦은 나이라도 끊겠다고 마음먹은 순간 결행하라. 60대, 70대에 담배를 끊어도 본인은 물론이고 가족과 사회 건강에 도움이 된다.
- 담배를 끊으려면 되도록 술자리를 피하라. 술이 몸에 들어가면 흡연자들은 더욱 담배를 피우고 싶은 욕구를 느낀다.
- 전자담배는 안전성이 확실히 담보되지 않았으므로 되도록 피하고 자신의 의지로 끊는 것이 가장 중요하다.
- 흡연자가 비흡연자와 함께 있으면서 담배를 피울 때는 분명하게 '안 돼!'를 외쳐라.
- 담배를 베란다나 집 밖에서 피우고 들어와도 흡연자의 옷과 머리카락, 입 안에 유해물질을 묻혀 들어와 자녀와 가족의 건강에 악영향을 끼친다. 간접흡연뿐만 아니라 이런 3차 흡연의 악영향도 무시할 수 없다.
- 순한 담배나 약초 성분이 들어간 담배, 가느다란 담배를 피우더라도 건강에 악영향을 끼치는 정도는 보통 담배와 별반 다르지 않다.
- 담배를 끊을 때에는 운동이나 다른 좋은 취미를 가지는 것이 좋다.

☐ 스트레스 때문에 혹은 안 좋은 일이 생겨 한두 개비 담배를 피운 것이 중독으로 이어지므로, 그 어떤 경우에도 호기심으로 담배를 가까이 하지 마라.

☐ 담배가 스트레스를 해소해준다거나 흡연자가 담배를 끊으면 살이 찐다는 낭설을 믿지 마라. 담배 중독자들의 핑계에 지나지 않는, 허무맹랑한 비과학적 이야기다.

담배
cigarette

백해무익하다는 담배에는 무려 4,000여 종의 화학물질이 들어 있고 암을 일으키는 발암물질만 50여 종이 넘는다고 독성 전문가들은 말한다. 폐암을 일으키는 비소와 벤조피렌, 방광암을 일으키는 나프틸아민, 호흡기암을 일으킬 뿐만 아니라 새집증후군의 원인물질로도 잘 알려진 포름알데히드, 백혈병을 유발하는 것으로 유명한 발암물질인 벤젠 등이 담배연기 속에 들어 있다. 이뿐만 아니라 암과는 관련이 없지만 1950~1970년대 많은 한국인들의 목숨을 앗아간 연탄가스 중독의 주범인 일산화탄소, 화재 현장에서 질식사의 주범인 시안가스 등이 들어 있어 담배연기는 한마디로 각종 발암물질과 독가스, 유해물질로 가득 차 있는 죽음의 연기라고 할 수 있다.

담배에서 가장 잘 알려진 성분은 뭐니뭐니 해도 니코틴이다. 니코틴은 담뱃잎에 2~7퍼센트 들어 있다. 니코틴은 인체에 자극제와 억제제의 역할을 동시에 한다. 니코틴은 매우 적은 양에서, 그리고 니코틴에 노출된 직후에 자극제 구실을 한다. 하지만 많은 양에서, 그리고 노출된 후 몇 분 이상이 지나면 우리 몸에서 억압제로 작용한다. 먼저 니코틴은 핏속 아드레날린 농도를 높인다. 그 결과 분당 10 내지 20박동 수만큼 심박률을 높이며 혈압을 10 내지 20정도 더 올라가게 한다. 니코틴은 혈관을 수축하게 만들어서 좁아지게 된다. 또 혈당치를 높이며 인슐린 생산을 증가시킨다. 니코틴은 피돌기(혈류)에서 혈소판의 응집을 유발해 핏떡(혈액응고, 혈전)을 생기게 한다.

그러나 초기 자극 기간이 지나면 니코틴은 호흡기 근육의 완화를 일으킨다. 니코틴은 특히 단 식품에 많이 들어 있는 단순당에 대한 식욕 억제 작용을 보인다. 니코틴은 위와 식도 사이를 차단해주는 밸브를 느슨하게 해 소화액이 식도에까지 역류하도록 만든다. 요즘 우리나라 40~50대 중장년층 남자들에게서 많이 생기는 역류성 식도염 환자에게 금연할 것을 의사들이 충고하는 것도 바로 이 때문이다.

니코틴은 강력한 중독물질로 마약인 헤로인이나 코카인과 결합하는 수용체들과 유사한 수용체들을 통해 특정 뇌세포들에 결합한다. 이들 수용체들은 사람의 기분을 들뜨게 만드는 신경전달물질인 도파민의 방출에 관여한다. 니코틴은 알코올과 모르핀, 코카인, 헤로인과 비슷한(어떤 학자들은 더 강력하다고 함) 중독성을 지닌 물질이다. 그래서 담배를 조금만 피워도 이런 중독 과정을 촉발시킬 수 있다.

니코틴과 다른 신체 중독성 약물들의 뇌 화학을 보면 이들 중독물질들은 어느 일정 정도까지 내성을 보인다. 그 결과 똑같은 즐거움을 맛보려면 점점 더 높은 수준의 이들 물질 농도를 신체가 필요로 하게 된다. 마약 중독자가 투약하는 마약의 양을 늘려야만 과거 느끼던 쾌감을 맛보듯이, 담배 중독자 또한 한두 개비 피우던 담배가 나중에는 하루 한두 갑을 피워야만 담배를 피우면서 느꼈던 쾌감을 유지할 수 있다. 이 내성이 몸에 한번 생기면, 즉 담배에 중독되면 니코틴을 섭취하지 않더라도 뇌의 생화학에서 내성이 사라지기까지는 수개월이 걸린다. 이것이 담배에 중독된 흡연자들이 담배를 끊지 못하는 이유이며 금연한 뒤 적어도 6개월이 지나야 금연 성공이라고 말하는 이유이기도 하다.

앞서 언급한 담배 속의 각종 발암물질과 담배가 타면서 나오는 각종 독가스, 유해입자들이 한 데 섞인 것을 우리는 흔히들 '타르'라고 부른다. 타르는 과학적이거나 학문적인 용어는 아니며 폐 깊숙이 발달해 있는 자그마한 공기주머니인 폐포(허파꽈리)세포에 달라붙는 검고, 찐득찐득한 물질을 일반적으로 일컫는 말이다. 타르가 폐포에 도달해 달라붙게 되면 조직을 직접적으로 자극할 뿐만 아니라 타르 속의 발암물질이나 독성물질이 그곳에서 오랫동안 머물면서 위해 가능성을 높인다.

담배가 우리 몸에 끼치는 해악은 매우 광범위하다. 이들 해악 가운데 많은 것은 일시적이어서 담배를 끊으면 사라진다. 그리고 흡연자는 담배를 일찍 끊을수록 그만큼 더 건강에 좋다. 어떤 흡연자들은 나이가 60, 70이 넘었는데 이제 끊어보아야 무슨 소용 있느냐고들 하지만 끊으면 많은 것이 좋아진다.

하지만 해악 가운데 어떤 것들은 오래 지속되고 어떤 경우에는 거의 영구적으로 영향을 끼친다. 그래서 금연을 하거나 간접흡연을 하지 않으면 담배로 인한 모든 위험이 줄어들지만 한 번도 흡연을 하지 않았던 사람들에 견줘 담배를 끊고 난 뒤 몇 년 뒤에도 어떤 질병의 경우 위험이 높아진 상태로 유지된다. 담배는 아예 처음부터 피우지 않는 것이, 간접흡연도 당하지 않는 것이 바람직하다는 이야기다.

금연을 하면 좋아지는 것들

하루 뒤	갑작스런 심장사의 위험이 줄어든다.
이틀 뒤	후각과 미각이 되살아나기 시작한다.
2주~3개월 뒤	피의 흐름이 좋아진다.
1~9개월 뒤	기침, 호흡기 자극과 감염, 피로가 줄어든다.
1년 뒤	관상동맥 질환의 위험이 절반으로 줄어든다.
5년 뒤	폐암과 구강암 사망률이 절반가량으로 줄어든다.

(자료 : MEDILINE plus Medical Encyclopedia)

암 |

대한민국 사망 원인 으뜸은 암이다. 그 다음이 흔히들 중풍이라고 부르는 뇌졸중을 포함한 뇌혈관 질환이며 3위는 관상동맥 질환 등 심혈관 질환이며 4위는 자살이다. 암 가운데 가장 많이 사망하는 것은 다름 아닌 폐암이고 그 원인 가운데 80~90퍼센트가 간접흡연을 포함한 흡연이다. 나머지 폐암 사망에 라돈가스, 석면, 비소 등의 순으로 관여하고 있다.

흡연은 폐암뿐만 아니라 후두암, 구강암, 식도암, 췌장암, 방광암, 신장암, 위암, 백혈병, 자궁경부암에도 관여하는 것으로 드러났다.

심장 질환 |

관상동맥 질환의 3분의 1가량이 흡연 때문에 발생한다. 흡연자는 비흡연자에 비하여 심장발작 위험이 2배 이상 크며 급사 위험이 2~4배나 된다. 흡연은 심장혈관 시스템에 몇 가지 방법으로 손상을 주는데 먼저 혈액 응고를 자극해 동맥경화 침착을 하게 만든다. 이것은 혈관 벽에 상흔을 일으킨다. 니코틴은 심장박동과 혈압을 증가시키며 동맥과 모세혈관을 수축시킨다. 담배연기 속의 일산화탄소는 핏속 산소 농도를 재빨리 낮춘다. 65~69세 노인이 되어 금연을 해도 수명은 1년가량 늘어난다.

호흡기 질환 |
만성폐쇄성폐질환(COPD)은 폐기종과 기관지염을 포함한다. 흡연은 만성기관지염과 폐기종의 80~90퍼센트를 일으키는 것으로 추정된다. 최근 우리나라에서도 만성폐쇄성폐질환자가 가파르게 상승곡선을 그리고 있다. 흡연자는 비흡연자에 비해 이 질환으로 숨질 위험이 약 10배나 더 크다.

임신 영향 |
흡연 때 들이마신 물질 가운데 어떤 것은 태반을 통과해, 자라고 있는 태아에게까지 도달한다. 니코틴과 일산화탄소는 태아에게서 정상적으로 건강하게 자라는 데 필요한 산소와 영양분을 빼앗는다. 임신 중 때때로 담배를 피운 어머니에게서 태어난 어린이는 이른바 '태아 담배 증후군'이라고 알려진 질병으로 고생하는데 성장, 지적 및 감정 발달, 행동에 결핍이 생겨난다. 담배를 피운 여성이 아기를 가졌을 때 유산할 위험은 비흡연자에 비해 2~3배 더 높다. 임신 중 흡연을 한 여성에서 태어난 어린이의 20~30퍼센트는 정상 체중 이하로 태어나고 14퍼센트는 미숙아로, 10퍼센트는 조산과 영아 사망을 보인다.

어린이 영향 |
아기가 태어난 뒤 산모가 담배를 피우면 유아급사증후군으로 숨질 위험이 커진다. 하루 10개비 이상의 담배를 피우는 부모에 의해 간접흡연에 노출된 어린이는 천식이 걸릴 위험이 2배나 높아진다. 이미 천식이 있는 어린이들은 담배연기가 자극제가 되어 천식발작을 일으킨다. 흡연에 노출된 어린이는 만성중이염 위험이 2~3배 더 높아진다.

도박/게임

도박은 오래된 위험이다. 반면 인터넷, 게임, 휴대폰 중독 등은 최근의 위험이다. 이들은 모두 비슷한 중독 메커니즘을 지니고 있으며 매우 심각한 개인적, 사회적 위험이다. 특히 중독 전문가들은 앞으로 우리 사회에서 술이나 담배 중독보다도 이 인터넷, 게임, 휴대폰 중독이 더 위험한 중독이 될 가능성이 높으며 머지않아 그렇게 될 것이라고 보고 있다. 도박 중독은 전통적인 화투놀이나 카드놀이도 있지만 복권, 스포츠복권, 경마·경륜·경정·카지노 등이 있으며 최근에는 바다이야기를 비롯해 인터넷 고스톱 등 직접 만나지 않고 사이버 도박을 하는 사람도 급증해 새로운 문제가 되고 있다. 이러한 중독에 빠진 이들은 사회생활을 하기 어렵고 재산을 탕진하며 정신까지 황폐해진다. 때론 도박이나 게임자금을 마련하기 위해 절도나 강도 등 범죄까지 저지른다는 점에서 심각한 사회 문제가 아닐 수 없다.

이런 도박과 게임 가운데 상당수는 국가가 법적으로 인정하고 있어 근절은커녕 오히려 중독자의 수가 늘어나고 있다는 점이 가장 큰 문제로 꼽힌다. 대한민국에서 인터넷을 하지 않는 사람은 아마존 원시부족만큼이나 희귀종에 속할 정도로 만인이 인터넷을 사용하고 있으며 컴퓨터 앞에 있는 시간과 휴대폰을 만지작거리는 시간이 날이 갈수록 길어질 것으로 보여 어디에서부터 어떻게 손을 써야 좋을지 모를 정도다. 이는 당신과 당신의 자녀가 바로 중독 대상이 될 수 있다는 것을 뜻한다.

연 5조 원 '대박' 터뜨린
진짜 '타짜'는?
도박의 치명적 유혹

도박은 불법이기도 하고 합법이기도 하다. 세상에 태어나 복권을 단 한 장도 산 적이 없거나 내기로 당구, 바둑, 카드, 골프 등을 단 한 번도 한 적이 없는 사람은 찾아보기 쉽지 않을 것이다.

특히 대한민국 남성이라면 더욱 그럴 것이다. 만약 그런 남성이 있다면 그는 '화성인'으로 발탁돼 방송에 출연할 수도 있다. 이는 다시 말해 도박이 우리의 일상생활에 아무런 반감 없이 자리 잡고 있는, 오랜 역사를 지닌 문화라는 의미이기도 하다. 도박은 흥분과 쾌감, 부와 패가망신을 함께 주는 치명적인 유혹을 지닌 위험이다.

흔히들 도박을 "불확실한 미래의 특정 결과를 기대하며, 금전을 포함한 가치 있는 어떤 것을 지불하는 행동"으로 정의한다. 이 정의에 따르면 만약 설에 친구들끼리 모여 '점백 고스톱'을 쳤거나 술내기, 밥내기 화투를 쳤다면 이는 도박이라 할 수 있다. 하지만 가족, 친척끼리 모여 돈을 걸거나 내기를 하지 않고 윷놀이를 하거나 고스톱을 했다면 이는 도박이라고 할 수 없다.

도박을 한다고 해서 모두 형사 처분을 받지는 않는다. 카지노, 경마, 경륜, 경정, 복권, 체육진흥투표권, 소싸움 등 국가가 도박판을 깔아주는 이른바 합법적 도박은 당연히 처벌 대상이 아니다. 하지만 인터넷 도박이나 게임 도박 등 국가가 인정하지 않는 불법 도박은 처벌을 받는다. 물론 국가가 인정하지 않는 불법 도박이라 할지라도 친구끼리, 동네사람끼리 '점백 고스톱'을 쳤다면 이는 오락 정도로 보고 처벌하지 않는다.

도박의 역사는 매우 오래 됐다. 하지만 현대에 들어와서 그 종류가 다양해지고 도박을 즐기는 사람 또한 크게 늘어났다. 이제 도박은 선진국과 후진국, 동양과 서양, 남녀노소나 빈부를 가리지 않고 즐기고 있다. 고대나 중세와 달리 현대 도박의 특징이라고 하면 국가가 나서 도박을 합법적으로 용인한다는 사실이다. 주식이나 선물옵션 등도 일종의 도박이라고 할 수 있다. 정부는 한편으로는 도박을 장려하고 한편으로는 도박 중독자를 예방, 치유하는 프로그램을 운영하고 있다. 병 주고 약 주는 격이다. 합법적 도박은 어찌 보면 모순덩어리다.

개인과 사회를 병들게 하는 도박산업, 즉 사행산업은 불황을 모른다. 대한민국에서 서민은 등골이 휘고 피눈물이 나고, 중소기업은 경영이 악화되고, 자영업자는 한숨만 내쉬고, 소득 양극화는 끝 모르고 내달리고 있지만 도박산업만큼은 불황을 모르고 날로 번창한다. 양극화가 심화할수록 오히려 도박과 도박 중독은 늘어만 간다.

자살 또한 우울증 증가와 양극화, 도박 중독자 증가와 함께 늘어난다. 일자리를 잃고 새로운 일자리를 찾지 못한 사람들은 부나방처럼 인터넷 도박, 경마, 경륜, 복권 등 국가가 공인한 도박이나 불법 도박에 몸을 내던지고 있다.

유형별 도박의 종류

구분	종류
놀이도구 사용	화투, 장기, 바둑, 골패, 주사위, 트럼프, 체스, 마작 등.
기계 사용	카지노(슬롯머신, 비디오 게임 등), 경품 오락, 각종 전자오락(바다이야기, 스크린경마, 파친코 등).
추첨 방식	복권, 로또.
스포츠 경기	경마, 경륜, 경정, 체육진흥투표권(토토, 프로토).
동물 경기	소싸움, 투견, 투계 등.
인터넷 사용	사행성 PC방, 인터넷 도박.

대한민국은 세계 최고의 자살 국가라는 불명예와 함께 세계 최고의 저출산 국가, 세계 최고의 고령화 속도 국가로 자리매김했다. 이제 여기에다 세계 최고 수준의 도박 중독자 국가라는 타이틀마저 거머쥐었다. 이는 사행산업통합감독위원회의 사행산업통계포털에 그대로 나타나고 있다.

2011년 공식 통계에만 강원랜드, 외국인전용카지노, 경마·경륜·경정에 몸을 내던진 사람은 연인원 3,738만 명(복권과 체육진흥복권 구입자 제외)에 이른다. 여기에 복권과 체육진흥복권을 보태 모두 18조 2,662억 원을 정부 공인 도박에 쏟아부었다. 2010년에 17조 3,270억 원에 견줘 1조 원 가까이 늘어난 금액이다. 정부는 이 가운데 국세, 지방세 등 세금 명목으로 2조 2,272억 원, 기금 명목으로 2조 4,169억 원 등 모두 4조 6,441억 원이란 막대한 돈을 챙겼다. 도박산업의 성황으로 진짜 대박을 터트리는 곳은 정부인 셈이다.

이를 유형별로 보면 경마장이 7조 7,862억 원(42.6퍼센트)으로 전체 가운데 절반에 가깝고 이어 복권 3조 805억 원(16.9퍼센트), 경륜 2조 5,006억 원(13.7퍼센트), 체육진흥투표권 1조 8,478억 원(10.1퍼센트), 강원랜드 1조

1,857억 원(6.5퍼센트) 등의 순이다. 정부 공인 사행산업의 규모만 보더라도 어마어마한데 수많은 불법 개인 도박, 인터넷 도박 따위를 더한다면 우리나라에서 이루어지는 도박의 규모는 가히 천문학적인 금액이라고 할 수 있다.

사행산업통합감독위원회는 불법 사행산업의 경우 합법 사행산업의 세 배가 넘는 53조 원(2009년)에 이르는 것으로 추산하고 있다. 최근 새로운 도박으로 그 이용객이 급증하고 있는 인터넷을 이용한 신규 사행산업과 사실상 사행산업이랄 수 있는 선물옵션 따위를 보태면 국내 사행산업 규모는 진짜 천문학적으로 늘어난다.

사행산업의 급격한 팽창은 도박 중독자 증가와 샴쌍둥이다. 이는 또 도박 중독자의 치료, 가정 파탄, 자살, 범죄 증가, 이로 인한 범죄 방지 체계 구축, 증가한 범죄자에 대한 교정 비용 등 도박으로 인한 사회적 비용 역시 천문학적으로 증가하게끔 만들고 있다.

우리나라에서 카지노, 경마, 경륜, 복권 등을 포함한 합법적인 도박 관련 사행산업은 1995년까지 연간 2~3조 원에 불과했다. 외환위기 이후 사행산업은 번창했다. 2002년 12조 6,516억 원으로 껑충 뛰었고 2008년 16조 원, 2009년 16조 5,337억 원, 2010년 17조 3,270억 원, 2011년 18조 2,662억 원 등으로 최근에도 해마다 꾸준한 증가세를 보이고 있다. 이는 도박 중독자의 수도 증가할 가능성이 높다는 방증이다.

도박 중독은 자신의 행동을 조절할 수 있는 자제력이 없어져 더 중요한 가족, 직장 등이 있음에도 이는 내팽개친 채 도박에만 몰두하는 것을 말한다. 이들에게 도박은 더는 여가생활이나 즐거움, 스트레스 해소 수단이 아니다. 오로지 돈 놓고 돈 먹기다.

도박 중독은 국가 경제와 재정, 고용과 교육, 범죄와 건강, 가족과 사회 등 모든 면에서 부정적 파급효과가 매우 크다. 중독자 개인 측면에서 보면 신체적 정신적 건강을 저해하며, 여러 가지 행동 문제를 야기하는 등 삶의 질을 크게 추락시킨다. 가족 측면에서도 이혼, 가정불화와 폭력 등과 같은 부정적 영향과 밀접하게 연관돼 있다. 게다가 사회적 측면에서는 개인의 생산성 저하와 직결돼 건강한 경제활동 참가와 사회의 경제 발전을 가로막고, 한탕주의 문화와 범죄 유발 등으로 인하여 도덕적 해이와 사회 병리적 현상을 발생시킨다.

  도박으로 날밤을 샌 직장인이 근무시간에 일을 제대로 할 리가 없다. 당연히 경제적 생산성과 효율성이 떨어지게 마련이다. 직장생활을 온전히 하기 어렵다. 회사를 관두고 빚을 내 계속 도박장으로 출근한다. 신용 불량자가 되거나 이혼을 당하는 것은 시간문제다. 도박 자금을 구하기 위해 거짓말과 사기, 횡령, 절도, 강도 등 범죄까지 저지른다.

  전문가들은 도박으로 인한 사회경제적 비용을 2009년 무려 78조 원으로 추산했다. 국내 한 연구 보고에 따르면 우리나라 도박 중독자 유병률은 6.1퍼센트로 나타났다. 1인당 사회경제적 비용으로 환산하면 2,631만 원에 해당한다. 강원랜드 도박 중독센터가 상담 현황을 분석한 결과 강원랜드에서 도박으로 1억 원 이상 탕진한 중독자가 44퍼센트나 됐다. 전문가들은 지금과 같은 도박 증가가 계속될 경우 2050년에는 도박으로 인한 사회경제적 비용이 무려 361조 원에 이를 것이라고 경고한다. 도박 문제는 우리 사회가 하루빨리 손을 써 해결해야 할 시대과제로 떠오르고 있다.

  정부는 강원랜드를 만들면서 지역 경제 활성화와 일자리 창출을 들먹였다. 하지만 이는 허구다. 도박 중독자 양산으로 인한 생산성 저하와 실직 등을 고려하면 오히려 대한민국 차원에서는 실질적 고용 감소를 가져오고 전체 사회경제적 측면에서는 부정적인 결과가 나타났다. 도박은 열심히 땀

흘려 부를 모으려는 사회 분위기에 찬물을 끼얹는 행위다. 또 건전한 다른 여가문화를 즐기려는 기회를 빼앗는다.

도박 중독자에게는 다른 사람에 견줘 우울 등 병리적 정신 문제가 잘 생긴다. 국내외 연구를 보면 도박 중독자 가운데 무려 76퍼센트가 우울 장애를 지니고 있으며 20퍼센트가 자살을 하거나 자살을 시도한 경험이 있는 것으로 나타났다. 또 47~52퍼센트가 약물이나 알코올 의존성을 보이는 것으로 조사됐다. 도박 중독은 가족 갈등과 해체, 아동 학대나 방임 등의 원흉이다. 병적 도박자의 이혼율은 53.5퍼센트로, 비도박자에 비해 약 3배나 높다.

2006년 국내 한 연구팀이 강원도 정선 강원랜드 카지노 설립 이전과 설립 이후 각각 4년간 이 지역에서 발생한 범죄를 조사한 결과, 카지노 설립 이후 총 범죄가 30퍼센트 증가했다. 유형별로는 절도 70퍼센트, 폭력범 30퍼센트, 지능범 90퍼센트, 풍속범 100퍼센트 각각 늘어난 것으로 분석됐다. 또 같은 연구진이 2009년 카지노 출입 중증 도박자 496명을 대상으로 조사한 결과 범죄와 관련해 24.6퍼센트가 가벼운 수준의 영향을, 13.9퍼센트가 심각한 영향을 받은 것으로 나타나 전체적으로 38.5퍼센트가 과도한 도박 때문에 범죄를 경험한 것으로 분석됐다.

2009년 한국마사회가 고려대 연구팀에 맡겨 이루어진 연구 결과 조사 시점을 기준으로 과거 1년간 도박을 한 경험이 있는 사람은 58.1퍼센트로 나타났다. 이를 20세 이상 성인 인구 3,791만 명에 대비해 계산해보면 2,198만 명이나 된다. 이 연구는 도박 관련 연구 가운데는 가장 많은, 20세 이상 성인 2만여 명을 대상으로 조사한 것이다.

또 국제적으로 많이 쓰이는 척도를 사용해 우리나라 일반 성인의 도박 중독 유병률(특정 시점에서 모집단의 인구 중 도박 중독자의 백분율)을 조사한 결과 중위험 도박자 4.9퍼센트, 문제성 도박자 1.4퍼센트 등 6.3퍼센트로 나타났다. 이는 2007년 사행산업통합감독위원회 조사 결과인 9.5퍼센트보다는 약간 낮은 수치다. 도박 중독 유병률이 성인 인구 가운데 6.1퍼센트라는 통계는 전체 국민 중 230만 명이 도박 문제로 고통을 겪고 있으며, 집중적 치유와 관리가 필요한 사람 또한 165만 명이나 된다는 것을 의미한다.

이러한 수치는, 같은 척도를 사용하여 조사한 외국의 도박 중독 유병률인 캐나다 3.3퍼센트, 오스트레일리아 2.4퍼센트, 영국 1.9퍼센트에 비해 2~3배 높은 수치로 우리나라의 도박 중독 문제가 심각한 상태임을 보여준다. 대한민국이 도박 공화국이라는 사실이 객관적으로 입증된 것이다.

한국마사회는 도박 중독 자가진단 결과를 토대로 사교성 도박과 문제성 도박, 병적 도박 등 세 단계로 도박의 정도를 나눈다. 사교성 도박은 일상생활을 하는 데 아무런 문제가 없지만 문제성 도박부터는 깊은 관심을 기울여야 한다고 지적한다.

문제성 도박은 도박 금단 증상이나 내성을 보이지는 않지만 주말 등 시간이 나기만 하면 도박을 하고 싶어 몸이 근질근질한다. 자기도 모르게 도

경제협력개발기구(OECD) 국가 도박 중독 유병률 비교

국가	유병률	사용척도	발표연도
대한민국	6.1%	CPGI	2010
캐나다	3.3%	CPGI	2005
호주	2.4%	CPGI	2006
영국	1.9%	CPGI	2007
미국	6.4%	SOGS	2001

■ 중위험 도박　■ 문제성 도박　　　　　　　　　　(자료: 도박중독예방치유센터)

박장으로 발길을 옮기거나 도박 동료에게서 전화라도 올라치면 부리나케 달려간다.

병적 도박은 알코올 중독자가 저녁만 되면 술자리를 함께할 사람을 찾아 나서듯 함께 도박할 사람을 찾아나선다. 도박을 하지 못하면 잠이 오지 않거나 안절부절, 신경질적으로 변한다. 거의 매일 도박을 하고 가족과 일은 뒷전으로 밀려난다. 이 때문에 이혼이나 별거의 위험이 높아진다. 우울증이 찾아오고 자살 충동을 느낀다.

도박 중독이 얼마나 위험한 것인지를 깨닫는 데는 통계 수치나 도박 중독의 위험성에 관한 전문가들의 충고보다도, 실제 도박 중독 때문에 가정이 파탄 난 가족의 절규만큼 더 호소력 있는 것은 없다. 사행산업통합감독위원회가 공모한 2011년 도박 중독예방·치유수기 공모전에서 대상을 받은 성 아무개 씨의 "더 낮은 곳으로 임하게 하소서"를 읽노라면 도박 중독이 이렇게까지 위험한 것인가를 생생하게 느낄 수 있다.

성씨는 교사다. 남편은 대학을 나와 주식으로 상당한 돈을 번 뒤 1990년대 초 주식 투자에 다 걸기(올인)를 하다 쫄딱 잃고 나서 본격적으로 도박에 손을 대기 시작했다. 그때부터 그는 16년간을 도박 중독의 늪에서 허우적거리며 인생을 허비했다. 몸과 마음은 만신창이가 됐다. 카드깡, 사채, 캐피탈, 파이낸스, 물건 깡, 지인들에게 돈 빌리기 등 무려 1,000번 이상 노름빚을 빌렸다. 그는 동사무소에서 대출을 위한 인감 증명서를 가장 많이 뗀 사람일지도 모른다. 그는 보험 대리점을 하면서 고객이 낸 보험료까지 몽땅 털어 도박 자금으로 썼다. 결혼 패물, 피아노 등 집 안 가재도구까지 팔아치웠다.

도박 중독자가 되면서 그는 거짓말의 달인이 되었다. 2000년부터 단도박 모임에 가입해 도박이라는 악마를 몸에서 몰아내려 했지만 10년 넘게 도박의 유혹을 결코 뿌리치지 못했다. 그러다 2010년 10월 심근경색으로 쓰러져 죽기 일보 직전 관상동맥 수술을 받고 극적으로 살아났다. 담배를 더 이상 피우면 죽는다는 의사의 말에 이제는 담배연기 자욱한 도박장에 가지 못하는 신세가 됐다.

올해로 결혼 30주년을 맞는 아내 성씨는 "남편의 건강은 나빠졌지만 정신 건강은 정상으로 돌아오고 있다"며 기뻐했다. 다음은 수기 가운에 극히 일부를 소개한 것이다. 이 수기에서 도박 중독은 중독자 본인뿐만 아니라 배우자와 자녀 모두에게 치유하기 힘든 상처를 남긴다는 것을 알 수 있다.

그 세월이 15년입니다. 그 오랜 세월 동안 정상적인 인간으로서는 도저히 이해를 할 수 없는 중증 충동 조절 장애자로 살아가면서 저희 가족은 처절하게 파멸의 길로 치닫게 되었습니다. 도박 중독자가 된 그때부터 내가 알던 남편은 없었습니다. 그 대신 항상 눈이 붉게 충혈되고, 하루가 멀다 하고 새벽이슬과 함께하는 귀가와 외박을 하였습니다.

그 많은 기다림의 고문은 분노로 가슴을 터지게 하였고 몸과 마음은 만신창이가 되었습니다. 전혀 가족에게는 관심이 없는, 정서적으로 매우 쫓기며 돈에 혈안이 된 파괴자가 가정을 뒤집어놓기 시작하였습니다. 그러면서 남편의 도박 자금을 마련하기 위해 재산들이 하나하나 나가기 시작하였습니다.

여러 번 남편의 도박장을 습격하여 깽판을 치고 딸애와 같이 울고불고, 쌍욕하고, 모욕을 줘도 잠시 뿐인 골수까지 깊이 침투한 중독자인 남편을 구제하기란 너무 힘들었습니다. 그러면서 저와 딸도 서서히 정신병자가 되어 갔습니다. (……) 그러면서 세월이 흘러 초등학생이던 딸은 2년 전 대학을 졸업했습니다. 영문과를 졸업했는데 아직 취업을 못했습니다. 학원 강사를 하라고 하니까 그간의 소심하고 용기가 없는 내면의 상처로 인해 학생들 앞에 서는 것이 두렵다고 나가지 못하고 지금은 공무원 준비를 하고 있습니다.

정신의학계에서는 도박 중독을 병적 도박이라고 부른다. 앞에 소개한 사례만 보더라도 고개를 끄덕일 것이다. 과거에는 '노름을 좋아한다', '화투를 좋아한다'는 표현으로 도박 중독의 실상과 위험성을 얼버무렸지만 더는 안 된다. 이제는 정확하게 병적 도박, 도박 중독이란 말을 사용해야 한다. 도박 중독자들이 좋아하는 용어인 습관성 도박이란 말도 적절치 못하다.

흡연이나 알코올 중독처럼 도박도 내성이 생긴다. 점점 더 위험도가 높은, 다시 말해 짧은 시간에 많은 돈을 따거나 잃을 수 있는 도박에 빠져든다. 알코올 중독자와 흡연 중독자들도 처음에는 한두 잔과 한두 개비로 시작했지만 점점 단위가 높아져 한두 병, 한두 갑, 심하게는 하루에 서너 병, 서너 갑을 마시고 피워야만 정상적 삶을 영위할 수 있듯이 도박 중독자는 처음에는 하루에 1~2만 원의 판돈으로 도박에 발을 들여놓았지만 하루에 수십만 원, 수백만 원으로 판돈이 점점 커지고 심지어는 하루 저녁에 수천만 원, 수억 원의 돈이 오가기도 한다.

도박은 일시적으로 현실의 압박감과 우울, 스트레스를 벗어버리게 도와줄 수 있다. 도박을 하게 되면 짧은 시간 안에 한꺼번에 실패를 만회하고 잃어버린 모든 것(돈, 가족, 직업, 인생, 자존심, 명예 등)을 되찾을 수 있다는 착각에 빠지게 된다. 이미 많은 돈과 시간과 노력을 투자했기 때문에 쉽게 발을 빼지 못한다. 최소한 본전만이라도 건지려 든다. 도박을 하면 돈을 딸 수 있다는 비합리적 기대와 환상을 갖게 되며 행운의 역할을 과소평가하고 자신의 기술과 정보의 역할을 과대평가하기 때문에 이러한 기술을 갈고 닦는 데 열중하기도 한다.

하지만 합법적 도박이든, 불법적 도박이든, 경마든, 스포츠토토든, 복권이든 그 어떤 도박에서도 평균적으로는 절대 돈을 딸 수 없다. 오로지 잃기만 할 뿐이다. 경마를 비롯해 대부분의 합법적인 도박에서는 판돈의 30퍼센트가량을 무조건 세금 명목으로 떼기 때문이다. 그 나머지 70퍼센트를 놓고 100퍼센트를 투자한 사람들끼리 자웅을 겨루므로 많이 따거나 적게 따는 사람이 나오기는 하겠지만, 평균적으로는 자신이 건 돈의 70퍼센트만 가져갈 뿐이다. 무조건 밑지는 장사다. 그런데도 인간은 자신이 건 돈보다 더 많은 돈을 가져갈 수 있다는 착각을 한다. 이런 생각을 강하게 하는 사람은 도박의 늪에서 헤어나기 힘들다.

돈 싫어하는 사람 없고 힘들게 일하고 싶은 사람 없다. 도박은 사람의 이런 심리를 만족시켜줄 수 있는 좋은 도구이다. 도박은 짧은 시간에 힘들이지 않고 큰돈을 만지길 바라는 욕망과 기회가 결합된 것이다. 도박은 스릴과 흥분, 맞히는 쾌감과 즐거움을 제공한다.

실제로 나도 과천경마장에 가서 경주마에 몇만 원의 돈을 걸고 경마를 관람한 적이 한두 번 있었다. 맞히지는 못했지만 경주마들이 결승점 부근을 통과할 때 고함을 지르는 관중들의 스릴과 흥분을 느낄 수 있었다. 베팅을 많이 한 사람일수록 스릴과 흥분은 배가할 것이다.

몇 년 전 도박 중독에 빠진 50대 여성의 이야기를 다룬 한 텔레비전 프로그램이 새삼 떠오른다. 그는 주중에 식당에서 음식을 나르는, 힘든 일을 하루 종일 하고 받은 알토란같은 돈을 주말만 되면 도박장에 가서 죄다 날리고 온다. 그리고 다람쥐 쳇바퀴 돌 듯이 그런 생활을 계속해오고 있다. '도박을 끊어야지' 하면서도 도박꾼들한테서 "좋은 (도박) 자리가 있다"는 전화가 오기만 하면 마음먹은 것과 달리 이미 몸은 그곳을 향해 달려가고 있다는 것이다. 중독이 얼마나 위험한가를 느낄 수 있게 해주는 사례였다.

사행산업통합감독위원회 중독예방치유센터가 만든 도박 중독예방운동 포스터.

도박에 빠진 사람들은 자신이 도박에서 돈을 잃은 것은 운이 없어서이며 이제는 돈을 딸 기회가 올 것이라고 굳게 믿는다. 그래서 이번에는 운이 따라줄 것이라고 믿고 다시 도박에 뛰어든다. 그리고 과거 행운을 잡은 기억을 떠올리며 그 행운이 자신에게 다시 올 것을 기대한다. 당시 돈을 땄던 기억은 결코 그의 도박장행을 멈추지 못하게 만든다.

재미나 심심풀이로 친구나 가족, 친지들과 사교성 도박을 즐기는 사람은 도박을 스트레스 해소의 '놀이'로 보지만 병적 도박자, 즉 도박 중독자는 자제력을 잃은 만성적 진행성 질환자이다. 도박 중독은 특정 성격의 소유자에게만 나타나는 것이 아니라 평범한 사람들도 얼마든지 걸릴 수 있다. 도박 중독자들은 흔히들 본전만 찾으면 탈탈 털고 일어선다고 약속하지만 돈을 딴 뒤에도 다시 도박에 뛰어든다. 또 이들은 알코올 중독자나 마약 중독자, 흡연 중독자들이 중독에서 벗어난 뒤 몇 년 지나 다시 술과 담배에 손을 대듯이 도박 중독자 또한 도박에 손을 씻고 난 뒤 몇 년 지나 다시 도박에 빠져드는 경우가 종종 있다.

모든 중독과 위험은 예방이 최선이다. 모든 중독은 위험하고 해롭다. 중독이나 위험과 관련해 국가나 정부가 해야 할 일은 이를 최소화하고 예방하며 치유하는 것이다. 한편으로는 도박을 권장하고 다른 한편으로는 불법이란 이름으로 단속 처벌하는 모순이 이어지는 한 결코 불법 도박을 뿌리 뽑지 못할 것이며 도박 중독자는 계속 양산될 것이다. 이 글이 정부의 사행산업을 근본적으로 되돌아보는 계기가 됐으면 하는 바람이다.

□ 바늘도둑이 소도둑이 된다는 말이 있듯이 자그마한 액수의 내기(골프, 당기, 바둑 등)가 나중에는 큰 도박으로 이어진다는 점을 명심하라.

□ 경마나 경륜, 경정 등을 즐길 때는 자신이 충분히 감당할 수 있는 하루 소액의 일정 액수를 정해놓고 이 선을 절대로 넘기지 마라.

□ 도박에 빠진 친구를 사귀거나 그에게 돈을 꾸지도 꿔주지도 마라. 도박에 함께 휩쓸리기 쉽다.

□ 가족, 친구, 직장동료, 친척끼리 고스톱이나 바둑 등을 즐길 때에도 긴 시간 동안 하지 말고 내기를 삼가라.

□ 어릴 때 배운 습관이나 어릴 때 옆에서 보았던 것이 어른이 되어 매우 자연스런 것이 되므로 어린이들 앞에서 내기나 도박을 절대 하지 마라.

□ 도박 중독자의 하소연을 귀담아 들어주고 그가 몰두할 수 있는 다른 무엇을 친구나 가족들이 찾아주어야 한다.

□ 도박 중독이 심한 사람은 단도박모임에 데려가도록 하고 진단과 치료를 위해 의사에게 가는 것을 꺼려해서는 안 된다.

• 한국마사회 유캔센터 도박 중독 자가진단 테스트 •

문항	예	아니오
1. 원래 의도했던 것보다 더 많이 도박을 하게 되었다.		
2. 도박에 빠져 사람들에게 비난을 받거나 평판이 나빠진 적이 있다.		
3. 자신이 도박을 하는 방식이나 도박 때문에 벌어진 여러 일들로 인해 죄책감을 느낀 적이 있다.		
4. 도박을 끊고 싶지만 끊지 못할 것 같다고 느낀 적이 있다.		
5. 배우자나 아이들, 가족, 친구 등 당신의 인생에서 중요한 사람들에게 도박을 한다는 것이 들통나거나 표가 날 만한 물건을 숨긴 적이 있다.		
6. 돈을 관리하는 방식 때문에 배우자 등 좋아하는 사람들과 다툰 적이 있다.		
7. (6번 문항에 '그렇다'고 대답하셨다면) 돈 문제로 다툰 원인이 주로 도박에 있다.		
8. 도박 때문에 돈을 빌리고 갚지 못한 적이 있다.		
9. 도박으로 인해 직장(학교)에서 일(공부)할 시간을 빼앗기거나 흥미를 잃었다.		
10. 도박할 돈이나 도박 빚을 갚기 위하여 살림할 돈이나 친척, 친구, 은행, 카드회사, 사채업자 등으로부터 돈을 구하거나 집안물건, 동산, 부동산 등을 판 적이 있다.		

※ '예'가 0~1이면 사교성 도박, 2~4이면 문제성 도박, 5 이상이면 병적 도박으로 판정한다.

한국의 미래를 좀먹는
게임 중독의 나락
게임이 사람을 공격한다 ①

대구에 살던 한 중학생이 2011년 12월 말께 죽었다. 자살이었다. 그는 오랫동안 같은 학교 학생에게 흔히 집단 따돌림 또는 '왕따'라고 부르는 괴롭힘을 당했다. 이는 학교 폭력의 대표적 형태다. 그의 몸과 마음은 회복될 수 없을 정도로 만신창이가 됐다. 그의 곁에는 아무도 없었다. 친구도, 가족도, 선생님, 국가도 없었다. 비상구를 찾지 못한 그가 마지막으로 선택한 것은 결국 자살이었다.

그가 자살한 뒤에 드러난 사실과 그가 남긴, 눈물 없인 도저히 읽기 힘든 유서를 보면 학교 안에서는 물론이고 학교 밖에서도 급우들의 왕따를 넘어선 폭력이 일상적으로 벌어진 모양이다. 그야말로 부모의 억장이 무너지고 우리의 모골이 송연해지는 내용이었다. 이번 사건에서 눈길을 끄는 것은 가해자 학생들이 모두 인터넷 중독 가운데 가장 흔히 볼 수 있는 게임 중독 상태인 것처럼 보인다는 사실이다. 자살한 중학생도 게임에 몰두한 것처럼 보였다. 이를 두고 일부 전문가들은 청소년들 사이에서 벌어진 이 놀라운

일의 배경에는 게임 중독이 자리 잡고 있다고 진단한다.

언론은 앞다퉈 학교 폭력과 게임 중독의 실상 그리고 그 위험성에 관한 보도를 쏟아냈다. 이번 사건은 심각한 학교 폭력 사건임에 분명하다. 여기에 게임 중독까지 곁들여 있다. 인터넷 중독에 관한 많은 연구를 보면 학교 폭력과 게임 중독은 2인3각처럼, 동전의 앞뒷면처럼 붙어다닌다.

게임 중독이 사회 문제가 된 것은 어제오늘의 이야기가 아니다. 벌써 20여 년이 훌쩍 지났다. 하지만 그 중독자 수와 위험 수위가 날이 갈수록 심각해지고 있다. 과거에는 게임 중독 문제를 문제청소년이나 공부에 별 흥미를 못 느끼는 일부 학생들의 일탈 정도로 여기기도 했으나, 이제 더 이상 이런 판단은 발붙일 틈이 없다. 분명 30년 전만 해도 찾아볼 수 없었던 새로운 위험이 대한민국을 강타하고 있다.

감염병(전염병)이 많은 사람들에게 나타나 유행병이 되면 방역 당국의 노력이 물거품이 되거나 별 효과를 볼 수 없듯이 대한민국 청소년들의 게임 중독 유행병은 이제 어디서부터 손을 써야 좋을지 모를 지경에 이르렀다. 이는 어린이나 청소년만의 위험도 아니다. 10년 전, 20년 전에 게임 중독에 빠졌던 청소년이 이미 성인이 됐으며 20대, 30대에서도 여전히 그 수렁에서 헤어나지 못하는 사람이 많다. 이제 머지않아 게임 중독을 포함한 인터넷 중독 문제는 남녀노소 가리지 않고 가장 두려워하고 관심을 가져야 할 위험 가운데 하나가 될 것임에 분명하다.

대구 중학생 자살 사건 이전에도 게임 중독이 한국 사회에 던진 경고는 많았다. 20대 청년이 게임만 한다는 꾸지람을 듣고 격분해 어머니를 살해한 일이 벌어지기도 했다. 또 10년 전에는 온라인 게임에 미친 중학생이 초등학교 동생을 흉기로 찔러 숨지게 한 사건이 발생한 적도 있다. 흡연 중독이나 알코올 중독, 마약 중독 등이 자신뿐만 아니라 가족이나 동료, 그리고 아무런 관련이 없는 타인에게까지 심각한 악영향을 주듯이 인터넷 중독, 특히 게임 중독은 중독자 자신뿐만 아니라 가족과 친구 등 다른 사람에게 치명적인 상처를 준다.

마약 중독자가 마약을 구입하기 위해 범죄를 저지르듯이 게임 중독자들은 게임 아이템을 사려고 친구들을 협박하거나 폭력으로 돈을 뜯는다. 자신들의 게임 캐릭터 등급을 올리기(레벨 업, level up) 위해 짬만 나면 게임에 몰두한다. 이번 대구 사건에서 나타난 것처럼 약한 동료를 협박해 자신들의 아이디로 게임을 해 '레벨 업'할 것을 다그친다. 피시방에서 게임을 하기 위한 돈을 마련하려고 원조 교제를 하는 여학생도 있다. 원조 교제를 빌미로 어른들을 꾀여 청소년들이 집단적으로 돈을 빼앗는 사건도 있었다.

심지어는 결혼 뒤에도 게임에 빠진 20대 젊은 엄마가 게임 중 두 살배기 아들이 방바닥에서 오줌을 싸자 주먹질과 발길질을 하고 목 졸라 죽인 일도 실제 벌어졌다. 1년여 전의 이야기다. 몇 년 전에는 젊은 부부가 게임에서는 가상의 딸을 열심히 돌보면서 실제 자신의 갓난아기는 내팽개쳐 세상에 나온 지 석 달 만에 굶어죽게 만든 정말 믿기 어려운 일들이 벌어지기도 했다. 외국 언론에까지 보도된 사례들이다.

이런 사례들은 물론 게임 중독의 폐해가 극단적으로 나타난 것이기는 하겠지만, 극단적 현상 밑바닥에는 언제든지 극단적인 상황으로까지 발전할 수 있는 중독 현상들이 꿈틀거리고 있다. 부모나 동생을 죽이고 동료를 자살하게끔 만드는 정도는 아니지만, 게임 중독은 중독자 자신들의 온전한 사회생활을 막고 부모자식 간, 형제 간 불화를 일으킨다는 점에서 더는 두고 볼 수 없는 지경에 이르렀다.

그 추계가 어떤 식으로 이루어졌는지는 정확하게 알지 못하지만 게임 중독자 수가 87만 명이나 된다는 것은 우리 사회가 당장 이를 주요 의제로 삼아 해결책을 찾아야 한다는 것을 말해주고 있다.

　게임 중독을 포함한 인터넷 중독자들은 사회와 동떨어져 사는 경우가 많다. 사이버 공간만이 자신이 활동하고 활력을 찾으며 그 존재 이유를 확인하는 곳이다. 그에게는 가족이나 직장, 학교가 존재하지 않는다. '인간은 사회적(정치적) 동물'이라는 아리스토텔레스의 명제가 전혀 통하지 않는다. 게임 중독자가 많은 사회는 밝은 미래를 이야기할 수 없다. 다시 말해 게임 중독은 그 사회의 흥망성쇠와 직결된 문제라고 할 수 있다.

　1980년대 게임기와 1990년대 개인용 컴퓨터로 게임에 빠진 사람들에게는 게임을 즐긴다, 게임을 좋아한다는 정도로 이야기하며 그 중독의 심각성을 별로 문제 삼지 않았다. 그러는 사이 게임에 중독된 학생과 청소년은 기하급수적으로 늘어났다. 게임의 종류와 그 폭력성은 더욱 다양해지고 강화되면서 2000년대 들어 심각한 사회 문제로 대두되기 시작했다. 정부 연구비 지원으로 3년간 청소년 인터넷 중독 실태를 연구한 한양대학교 의과대학 소아정신과 교수 안동현은 우리나라 18세 이하 청소년의 최고 30퍼센트 이상, 즉 240만 명의 학생들이 인터넷 중독의 위험에 놓여 있다고 진단했다. 한국은 국제 사회에서도 게임 중독의 나라로 널리 알려져 있다.

　게임 중독(더 넓게는 인터넷 중독)은 아직 의학계에서는 별도의 정신과 진단명을 부여하고 있지는 않지만 치료가 필요한 사실상 정신과(뇌) 질환이다. 감염병(전염병)이 사회에 만연해 유행병이 되는 것을 막기 위해서는 백신 접종을 잘하거나 손 씻기 등 위생을 철저하게 하는 것이 매우 중요하다. 마찬가지로 게임 중독이란 현대의 새로운 유행병을 막기 위해서는 게임에 중독되게 하는 환경을 없애고, 그런 환경을 감시하며, 이를 위한 엄격한 법을 만들어 정책을 펴는 것이 필요하다.

　우리가 유해하다고 여기는 물질이나 활동, 행위 등은 대부분 순기능과

역기능의 두 얼굴을 하고 있다. 아편(모르핀)과 같은 마약물질도 통증을 덜어주고 기분을 들뜨게 만들지만 중독될 경우 그 포로가 되어 몸과 마음이 황폐화된다. 술도 마찬가지다. 농약도 해충이나 병원균을 없애주지만 토양을 오염시키고 농작물 등에 잔류해 인체에 해를 끼친다. 제초제도 잡풀을 효과적으로 없애주지만 생태계에 악영향을 끼친다.

인터넷이나 게임도 이들 물질들과 크게 다르지 않다. 각종 정보를 손쉽게 얻게 해주고 소통을 실시간으로 원활하게 해주며 재미를 선사하지만, 중독될 경우 식사도 거르고 공부도 내팽개치는 등 정상적인 일상생활을 못하게끔 만들어 결국에는 몸과 마음이 엉망진창이 된다.

인터넷(또는 게임) 중독이란 말은 1995년 미국의 의사 이반 골드버그가 최초로 사용했다. 그는 병적인 도박 중독과 같은 개념으로 인터넷 중독 장해(Internet addiction disorder)를 정의했다. 하지만 아직 미국 정신의학회는 이를 정신 질환의 범주에는 집어넣지 않고 있다. 알코올 의존이나 흡연 중독도 오랜 세월이 지난 뒤 정신(뇌) 질환이 됐듯이 인터넷 중독도 유사한 길을 밟을 가능성이 크다.

좁은 개념의 중독은 알코올과 같은 물질을 장기간 사용했을 때 사용기간이 길어짐에 따라 물질의 효과가 점차 감소하거나, 같은 효과를 얻기 위해서 물질의 용량을 점차 증가시켜야 하는 내성(tolerance)과, 물질의 사용을 갑자기 중단했을 때나 사용량이 줄어들었을 때 금단 증상(withdrawal)을 경험하는 것으로 정의되어왔다.

그러나 내성과 금단 증상과 같은 생리적인 의존이 물질을 직접 투여하는 경우가 아니더라도 컴퓨터 게임, 도박, 쇼핑, 성행위와 같은 특정 행동 영역에서도 나타날 수 있다는 것이 인정되면서 행동 중독의 개념으로까지 이미 폭넓게 확대되었다. 지금은 인터넷(게임) 과다 사용에 대해서도 전문가들은 넓은 개념의 중독으로 이해하고 있다.

　인터넷(게임) 중독이란 채팅 중독, 웹서핑 중독, 음란물 중독 및 게임의 과도한 사용으로 나타나는 게임 중독 등 인터넷 콘텐츠 별로 다양한 유형으로 나타나며, 특히 이 때문에 정상적인 생활을 못하는 경우를 지칭한다. 인터넷(게임)을 하느라 친구와도 만나지 않고, 부모나 형제 등 가족과도 대화하지 않으며 직장생활이나 학교생활, 공부를 내팽개치는 경우를 말한다. 제때 잠을 자지 않고 식사를 거르기도 하며 이 때문에 살이 찌기도 하고 몸이 마르기도 한다.

　인터넷 중독 가운데 가장 흔하고 심각한 문제가 되는 게임 중독은 게임의 플랫폼에 따라 아케이드 게임, 비디오 게임, 피시 게임, 온라인 게임, 모바일 게임 등으로 분류할 수 있으며, 이에 따른 중독자의 특성도 다르게 나타난다. 인터넷 중독자들 중 금단 증상과 내성 등 알코올과 같은 물질 의존 환자에서 보이는 생리적인 증상들이 나타나는 경우도 있지만 이러한 증상들이 나타나지 않는 대상자들도 있다.

　이처럼 다양하고 이질적으로 나타나는 양상 때문에 전문가들은 인터넷 중독 상태에 있는 개인들이 인터넷 중독이라는 하나의 진단에 모두 포함될 경우 개념적인 혼란을 유발할 수 있다고 지적한다. 또 개인의 정신 병리 및 공존 질환과 인터넷 중독 간의 유의미한 상관관계가 발견되었으나 인과적 또는 선후적 관계가 명확하지는 않아 하나의 정신 질환 진단체계에 넣는 것을 의사들은 미루고 있는 것이다.

　중독자에게는 중독 상태가 정상적이다. 알코올 중독자는 몸에 일정량의 알코올이 들어가야만 정상적인 사고와 활동을 할 수 있고, 흡연 중독자들이 일정량의 니코틴을 몸에 공급해주어야 하듯이, 게임 중독자는 하루에 일정 시간 이상 게임을 해야만 제정신이 된다.

게임을 한동안 굶은 게임 중독자가 게임하려 할 때 누군가가 게임을 못하게 하거나 컴퓨터 전원을 끄면 그는 분명 '반미치광이' 상태가 된다. 그 대상은 부모나 형제, 친구를 가리지 않는다. 그래서 심지어는 살인까지 저지르는 것이다.

대한민국은 세계 1위를 자랑하는 것이 많다. 자살률이나 저출산율, 고령화 속도 등이 세계 1위이며 노동시간 등도 최정상급이다. 여기에다 한국은 초고속 인터넷망 보급률이 세계 1위다. 언제 어디에서나 인터넷을 사용할 수 있다. 모텔이나 호텔은 물론이고 주민센터나 찜질방에서도 인터넷을 사용할 수 있다. 이는 한국에서는 언제 어디서고 게임을 할 수 있다는 것을 뜻한다. 많은 선진 유럽 국가를 둘러보아도 한국만큼 편리하게 인터넷을 할 수 있는 나라를 찾기 어렵다.

이는 반드시 좋은 것만은 아니다. 대한민국이 인터넷 천국이라는 사실은 게임 중독자의 천국이 될 수 있다는 것을 말하기 때문이다.

어떤 이는 게임 중독을 줄이기 위해서는 청소년들이 운동이나 여가를 즐길 수 있는 여건을 만들어야 한다고 이야기한다. 이는 해결책의 극히 일부에 지나지 않는다. 자정이 넘으면 청소년들이 더는 게임을 할 수 없도록 하는 '셧다운' 제도 정도로는 게임 중독 문제를 해결할 수 없다. 가정에서든, 직장에서든, 사회에서든 하루에 일정시간 이상 게임을 하면 더는 게임이 작동되지 않도록 하는 것과 같은 더 근본적인 시스템 도입을 결단해야 한다. 인터넷 게임에 대해서도 이제는 좀더 강력한 규제가 필요한 시점이 됐다. 더 늦기 전에 하루라도 빨리 국민 건강과 사회의 건강, 그리고 국가의 미래를 생각하는 게임규제정책을 펴야 할 때다.

게임 중독자 부모의 경고,
"당신 아이도 위험해!"
게임이 사람을 공격한다 ②

학교 폭력과 게임 중독의 실상을 접하면서 한국 사회는 절망감에 빠져 있다. 청소년과 학생에게서는 더는 희망을 찾을 수 없다는 극단적 생각과 발언을 하는 사람도 있다. 위기가 곧 기회이듯이 절망은 희망으로 언제든지 바뀔 수 있다. 우리가 당장 해야 할 일은 이미 게임 중독 상태까지 간 청소년을 치유하고 앞으로 이와 같은 이들이 생기지 않도록 효과적이고도 확실한 예방책을 펴는 것이다.

게임 중독자들은 병적 도박이나 물질 중독과 유사한 전형적인 의존 증상을 보인다. 인터넷(게임) 관련 중독 행동 척도 설문지를 사용한 외국 연구를 보면 인터넷 사용자의 55퍼센트가 인터넷 사용과 관련해 내성을 보이는 것으로 나타났다. 다시 말해 점차 인터넷(게임) 이용시간이 늘어가야만 만족을 느끼는 것이다. 또 28퍼센트는 인터넷 사용을 중단하면 금단 증상을 보이고, 22퍼센트는 인터넷 사용에 대한 탐닉 증상을 보였다.

또 인터넷(게임) 중독은 개인의 성격 특성과 밀접한 관련이 있다는 국내외 연구들도 나오고 있다. 워싱턴대학의 로버트 클로닝거는 새로움을 추구하는 성격(Novelty Seeking, 이하 NS), 위험을 회피하려는 성격(Harm Avoidance, 이하 HA), 보상 의존성이 강한 성격(Reward Dependance, 이하 RD)과 완고한 성격(Persistence, 이하 P)이 인터넷 중독과 관련성이 깊으며 자기중심성(Self-Directness, 이하 SD), 사회적 협조성(Cooperativeness, 이하 C), 자기 초월성(Self Transcendence, ST)도 관련이 있다고 했다.

초등학교 4~6학년 학생을 대상으로 한 연구에서 인터넷 중독군은 정상군보다 새로움을 추구하는 성격과 위험을 회피하려는 성향이 강했으며 보상 의존성과 성격의 완고성은 낮았다(높은 NS, HA와 낮은 RD, P). 남자 고등학생을 대상으로 한 연구에서도 새로움을 추구하는 성격과 위험을 회피하려는 성향이 강할수록 중독군이 되는 것으로 나타났다. 고등학생을 대상으로 한 또 다른 연구에서는 인터넷 사용 위험군이 자기중심적이지 못하고 사회적 협조성도 낮은 것으로 나타났다(낮은 RD, SD, C).

인터넷 중독과 정신 병리, 공존 질환과의 연관성에 대한 국내 정신의학계 연구들을 살펴보면 우울, 불안, 충동성 등이 인터넷 중독의 유발 인자로 작용할 수도 있으나 인터넷 중독에 의한 결과로 볼 수도 있다(김태형). 또 인터넷 중독과 관련된 정신 병리로 강박, 충동, 우울, 낮은 자존감 등이 지적된다(류인균). 이 밖에 인터넷 중독군에서 불안과 우울 정도를 높일 수 있는 가능성이 있다고 보고했다(이석범). 소아 우울 척도를 사용한 연구에서 인터넷 중독군이 비중독군보다 우울 점수가 높았다는 연구 결과와 인터넷 사용량이 많은 사람에게서 우울 수준도 증가한다는 연구도 있다.

외국의 연구를 보면 우울하고 내성적인 것 등의 성격적 특성이 인터넷 중독과 유의미한 상관을 보인다는 보고가 있다. 인터넷 중독군은 우울증, 높은 경계심, 높은 정서적 민감도, 자기노출을 꺼려하는 성격적 특성을 가진다(영, 로저스). 병적 인터넷 사용자의 경우 양극성 장애, 불안 장애, 식이 장애, 충동 조절 장애, 알코올 의존 등의 이환율이 높으며 병적 인터넷 사용은 이들 질환과 밀접한 연관이 있다(샤피라).

과도한 인터넷 사용과 우울증, 외로움, 사회적 위축 간에 서로 연관이 있음을 보고했다(크라우트). 인터넷 중독이 우울증, 사회 공포증, 충동 조절 장애, 주의력 결핍 과잉 행동 장애 등과 같은 기존 정신 병리를 악화시키는 경향이 있다고 보고하고 있다(오자크).

가톨릭대학교 이창욱 교수팀의 연구 결과 인터넷 중독군의 무려 85.8퍼센트가 정신과적인 공존 질환이 있는 것으로 평가되었다. 우울 장애가 42.6퍼센트로 가장 많았고, 주의력 결핍 과잉 행동 장애가 31.3퍼센트로 그다음으로 많았다. 아직 인터넷(게임) 중독을 별도의 정신 질환 진단 체계에 넣지 않았다고는 하지만 사실상 정신(뇌) 질환으로 보고 대처해야 한다는 목소리가 설득력을 얻는 것은 바로 이런 평가 결과 때문이다.

청소년 인터넷 중독군의 치료는 기분 장애, 주의력 결핍 과잉 행동 장애, 불안 장애 등 공존하는 다른 정신과적 질환에 따라 달리 대처하는 것이 필요해 공존하는 이들 정신과 질환별로 그 특성과 대처법을 살펴볼 필요가 있다.

먼저 청소년 인터넷 중독군은 기분 장애를 동반하는 경우가 많다. 의학 전문가들은 청소년기 기분 장애는 성인들의 기분 장애와는 구분되는 나름대로의 특징이 있다고 말한다. 즉, 성인에서 볼 수 있는 전형적인 우울감, 죄책감 증상보다는 경우에 따라서는 짜증, 분노 발작, 신체 증상 호소 등의 증상이 두드러진다는 것이다. 또 기분 변화의 문제보다는 무단결석, 약물 남용, 인터넷 몰입, 가출, 비행 등의 행동 문제가 오히려 주된 문제로 관찰되기도 한다.

부모의 갈등, 이혼, 결손 가정의 자녀는 기분 장애에 취약하며, 특히 아동 학대나 성폭행을 당한 아동에게서 우울 장애가 높게 발생하기 때문에 청소년기 기분 장애는 심리 사회적 요인과도 관련이 깊다는 지적이 나오고 있다.

청소년기 기분 장애는, 순수한 우울 장애보다는 시간이 경과함에 따라 양극성 장애로 발전할 가능성도 높으므로 주의 깊게 관찰할 필요가 있다. 청소년기 기분 장애는 또 발병 연령, 재발 빈도, 공존 질환에 따라 예후가 다양하나, 일반적으로 조기에 발병할수록 예후가 나쁘며, 재발이 잘 일어난다. 따라서 조기에 정신과 치료를 시작하는 것이 바람직하다.

아동, 청소년기에 시작된 우울 장애는 성인기에 재발률이 높다. 또 우울 장애 진단을 받은 아동, 청소년은 우울 증상의 빈도, 자살 기도, 양극성 장애의 발병률이 일반 인구에 비해 높으며 사회 적응을 하지 못하는 경우가 많다. 우울 장애가 있는 인터넷 중독자를 연구하려면 먼저 우울 장애를 일으키는 다양한 유발 요인에 대한 평가가 필요하다. 또 기분 장애의 증상 유형에 대한 평가도 명확히 해, 우울증과 조울증을 확실하게 구분해서 개입할 필요가 있다.

우울 장애의 치료는 ① 입원 치료, ② 정신 사회적인 치료 중 개별 정신 치료로 놀이 치료와 인지 행동 치료, 대인 관계 중심 정신 치료, 가족 치료 ③ 사회 기술 훈련, ④ 선택적 세로토닌 재흡수 억제제(SSRI)를 우울 장애의 1차 선택 약물로 사용하는 약물 치료 등을 꼽을 수 있다.

둘째, 주의력 결핍 과잉 행동 장애가 있는 경우 인터넷 중독도 함께 나타나기 쉽다. 주의 집중력에 문제가 있는 청소년의 경우 자기 통제가 어려워 컴퓨터 게임시간 등을 잘 조절하지 못한다. 컴퓨터 게임은, 하나의 자극에 대한 집중시간은 상대적으로 짧으면서, 청소년의 주의를 유도할 수 있는 또 다른 자극을 지속적으로 제공함으로써 주의력 결핍 과잉 행동 장애를 지닌 청소년에게 오히려 오랜 시간 동안 집중하는 듯한 경험을 하게 해 주고, 자기효능감을 높여주어 더 심각하게 게임에 몰입하게 만든다.

주의력 결핍 과잉 행동 장애 특징을 보면 여러 원인 때문에 생길 수 있으나 청소년의 전두엽 부분에 이상이 생겨 증상이 나타난다고 알려져 있어 주로 약물 치료로 행동 조절을 시도한다. 이 질환의 증상은, 환자가 세심한 주의를 기울이는 데 어려워하며, 집중을 지속하기 어렵고, 산만하다. 또한, 충동적이고 쉴 새 없이 움직이는 등의 과도한 행동을 한다.

주의력 결핍 과잉 행동 장애는 아동이나 청소년들로 하여금 제대로 된 대인관계를 못하게끔 만들어 학교생활과 친구관계는 물론이고 가정에서조차 문제를 일으킨다. 또 공부를 하려는 의욕이 떨어져 학습 부진으로 이어지며 좌절감과 자신에 대한 부정적 자아상으로 "난 못해", "난 할 수 없어"를 입에 달고 지낸다. 난폭한 성격으로 성장하여 성인기에 급한 성격, 인내심 부족 등의 증상이 남아 있을 수 있다. 이런 질환을 지닌 청소년 가운데 일부는 어른이 되어서도 우울 장애, 자살 시도, 알코올 및 약물 남용과 같은 심각한 정신과적 문제 혹은 반사회적 행동에 빠진다.

주의력 결핍 과잉 행동 장애를 지닌 인터넷 중독자의 치료는 게임을 하는 시간을 줄이거나 컴퓨터를 거실에 두는 것과 같은 사용환경의 변화 등을 꾀하는 환경 조절이나, 부모 및 가족 상담, 인지 행동 요법, 행동 수정 방법, 사회 기술 훈련, 정신 치료를 시행하는 정신 사회적 치료 그리고 약물 치료 등으로 이루어진다.

셋째, 불안 장애가 있는 인터넷 중독자에 대해서는 먼저 명확한 진단이 필요하다. 불안 장애는 또 다른 불안 장애나 우울 장애로 이환될 가능성이 높으며 학업 성취에 어려움을 겪고 따돌림을 당하기 쉽다. 이 때문에 학교

생활에서 아예 이탈하거나, 친구를 못 사귀는 등 대인관계 위축을 겪게 되고 알코올 등의 약물 남용에 빠지기 쉬우며 자살 위험성 또한 높다.

치료는 ① 정신사회적 치료로는 놀이 치료, 개인 정신 치료, 인지 행동 치료, 가족 치료, 사회기술 훈련을 하고, ② 입원 치료, ③ 벤조디아제핀 등의 약물 치료를 꼽을 수 있다.

감염병(전염병)이든, 생활 습관병이든, 중독이든 치료보다는 예방이 더 쉽고 사회적 비용이 훨씬 적게 든다. 특히 게임(인터넷) 중독이 그렇다. 한국을 비롯한 첨단과학 사회는 그야말로 눈 깜짝할 사이에 컴퓨터와 인터넷이 우리 일상을 파고들어 이제는 떼려야 뗄 수 없는 문화로 깊이 뿌리내렸다. 이들 매체 또는 과학적 산물이 현대 문명에 끼치는 빛의 세기도 엄청나지만 그들이 드리우는 그림자 또한 매우 짙다.

우리가 일상에서 인터넷이나 인터넷 게임의 노예가 되지 않기 위해서는 각 개인은 물론이고 사회 전체가 이들의 폐해에 경계심을 넘어 경각심을 가져야 한다. 나는, 내 자녀는 결코 인터넷 중독에 빠지지 않을 것이라고 자만하면 안 된다.

• 청소년의 인터넷(게임) 중독 예방 지침 •

☐ 컴퓨터는 통제나 감시가 가능한 공간(거실 등)에 두어라.
☐ 혼자서 아무 때고 인터넷이나 게임을 즐길 수 있는 기기(스마트폰이나 게임기기 등)를 사 주지 말라.
☐ 다른 취미나 여가활동, 운동에 관심을 가지도록 어릴 때부터 훈련하라. 가족들이 함께 여행을 하거나 함께 취미나 운동을 즐기는 것이 좋다.
☐ 학교 성적 등과 관련해 과도한 스트레스를 주지 마라.
☐ 게임 중독에 빠진 친구를 사귀지 않도록 하라. 그렇게 되면 대화의 주제는 늘 게임이 되고 함께 가는 곳은 피시방이거나 부모가 없는 친구의 집, 즉 마음대로 게임을 할 수 있는 공간이 된다.
☐ 내성적이 아닌, 활동성이 강한 자녀로 키워라.
☐ 부모도 자녀들이 즐기는 게임에 대해 알아야 한다. 부모가 게임을 즐기면서도 결코 중독에 빠지지 않고 일상생활을 잘한다는 것을 모범적으로 보여줘라.

□ 방문을 잠그고 생활하거나 학교 성적이 갑자기 또는 계속 떨어지면 게임 중독 등을 의심하라.
□ 폭력성이 강하거나 중독성이 강한 게임은 못하도록 하라.
□ 중독이 의심되면 자녀와 다투거나 컴퓨터를 없애는 등 과격한 방법으로 가정에서 해결하려 하지 말고, 즉각 전문가와 상담하라.

산업재해

질병의 역사가 전염병에서 만성병으로 바뀌었듯이 직업병의 역사도 직업의 변화와 함께 진폐증과 소음성 난청에서 최근 백혈병 등 직업성 암과 요통 등 근골격계 질환, 유해화학물질 중독 등으로 바뀌고 있다. 흔히들 직업병은 노동자 가운데 유해물질을 다루는 특수한 직종의 사람들이 열악한 환경에서 오랫동안 일할 때 걸리는 것으로 여겼다. 하지만 2010년부터 불거져나오기 시작한 삼성전자 반도체공장 노동자들의 잇단 백혈병 등 직업병과 한국타이어 노동자 집단 사망 사건 등은 세계적인 기업에서도 치명적인 직업병이 발생할 수 있다는 사실을 여실히 보여줌으로써, 여전히 우리나라에서 직업병은 언제 어디서 어떤 일에 종사하는 노동자들에게서 생길지 모른다는 각성을 하게 만드는 계기가 됐다.

삼성전자 노동자 집단 백혈병 발병과 사망 사건을 조명하고, 이를 계기로 과거 일어났던 대기업 등의 직업병 사례와 역사를 살펴보며, 노동자들의 야간 교대 근무가 암을 일으킬 수 있다는 놀라운 사실에 접근하며 직업병이 새로운 형태로 생각지도 못한 노동자 집단에서 생길 수 있음을 깨닫게 될 것이다.

우리나라에서 발생한 직업병과 산업재해의 실태 및 역사를 파악하게 되면, 왜 노동자들이 산업재해와 직업병의 위험에 떨면서도 작업도구를 들어야 하는지를 알 수 있다.

노동자가
아프면 시민도 아프다
산업재해의 위험학

해마다 7월이 되면 노동부와 산업안전 관련기관 및 단체, 그리고 산업안전보건 전문가 등의 관계자는 바쁘다. 7월은 산업안전보건의 달이고 그 첫째 주가 '산업안전보건 강조 주간'이기 때문이다.

이 주간에는 서울 삼성동 코엑스에서 안전보건과 관련한 전시회와 세미나 등 다양한 행사가 벌어진다. 산업안전보건공단은 이 주간의 안전 문화 캠페인 슬로건을 '조심조심 코리아'로 정했다. 그동안 우리는 너무나 오랫동안 '빨리빨리' 문화에 익숙해왔고 그 문화가 우리나라의 산업현장을 비롯해 각종 생활 현장에서 위험을 증가시켜온 것으로 비판받아왔기 때문이다. 한국을 방문한 외국인이 '김치'와 더불어 가장 일찍 입에 배는 말이 바로 '빨리빨리'다.

우리나라 노동자들의 사고로 인한 사망률은 국제적으로 악명이 높다. 사고성 사망만인율은 노동자 1만 명당 사고로 인한 사망자 수를 말한다. 한국의 사고성 사망만인율, 다시 말해 산재 사망만인율은 영국의 14배, 일본과 독일의 4배, 미국의 2배나 된다고 하니 우리나라 노동자들의 목숨은 심하게 말하면 파리 목숨이나 다를 바 없는 셈이다.

더 큰 문제는 경제 성장과 함께 국민 소득이 증가하면 그에 걸맞게 산재 사망률이 낮아지고 각종 사고가 줄어들어야 하는데, 지난 10년간 일터에서 발생한 산재 사고가 별반 달라진 게 없다는 것이다. 이런 현실에서 '조심조심 코리아'라는 슬로건이 노동자들의 사고를 줄여줄 수 있을까 하는 회의가 든다. 산업현장에서 노동자가 조심조심한다고 해서 산재나 직업병이 확 줄어드는 것은 아닐 것이다. 조심하고 싶어도 조심할 여건이 되지 않는 것이 우리의 현실이기 때문이다.

예를 들어 4대강 사업만 하더라도 정부가 마구 밀어붙이는 바람에 한국전쟁 때 묻혔던 불발탄이 폭발하는가 하면 밤낮없이 일하느라 노동자만 죽어났다. 심지어는 광화문 복원 공사 현장에서도 계획보다 몇 개월 일찍 8·15 광복절에 맞춰 완공하라는 높은 곳의 엄명에 따라 '빨리빨리' 진행됐다. 고위층이나 그들의 비위를 맞추려는 사람들이 이런 행태를 보이는 한 노동 현장에서 아무리 '조심조심'을 외쳐봐야 일회성이나 공염불에 그치고 만다. 이런 곳에서는 인간의 생명이나 건강보다는 속도전과 효율성이 더 중요한 가치로 작동한다.

'조심조심'의 정신은 우리 조상들이 이미 "돌다리도 두드려보고 건너라" 등의 속담을 통해 그 중요성을 잘 전해주었다. "뛰기 전에 앞을 먼저 보아라", "치료보다는 예방이 낫다" 등의 서양속담에서도 이러한 정신이 들어있다. 동서고금을 막론하고 어떤 일을 하기 전에 충분히 주의하는 자세가 매우 중요함을 잘 인식하고 있었던 것이다.

하지만 우리나라에서는 이것이 '벤자민의 시계처럼' 거꾸로 돌아가고 있다. 민주주의나 서민복지뿐만 아니라 안전의 시계가 거꾸로 돌아가고 있다는 것은 그 피해가 노동자에 그치지 않고 대다수 시민들에게까지 돌아간다는 것을 뜻한다.

'조심조심 코리아'가 그 참뜻을 지니려면 4대강 사업 현장 같은 곳에서 우선 적용돼야 한다. 환경영향평가를 다시 제대로 하고 충분한 시간을 가지고 시범사업을 해야 한다. 그래야 멸종 위기 동식물이나 희귀 동식물의 생명, 강의 생태계를 살리고, 일하는 노동자들과 강 주변 주민들의 생명을 지킬 수 있다.

서양에서는 옛 조상의 '조심조심'의 지혜를 살려 '사전예방원칙(precautionary principle)'이란 것을 만들어냈다. 1970년대 독일 환경법에서 처음 등장해 지금은 리우선언 등 각종 국제 협약이나 조약에 그 정신을 담은 문구가 들어가고 있다. 최근에는 환경운동가뿐만 아니라 주요 선진국에서도 자국의 법이나 정책에 이런 원칙이 녹아들어가 실천되고 있다.

이 원칙은 환경 분야만이 아니라 산업안전 분야에서도 응용할 가치가 있다. 노동자가 위험하면 시민도 위험하기 때문이다. 환경이나 산업현장 또는 생활현장은 각기 분리된 공간이 아니라 한 울타리 안에 있다. 환경이 아프면 우리 몸이 아프고 노동자가 아프면 시민이 아프다.

작업환경이 위험하면 일반환경도 위험하다. 분진이나 소음, 석면이나 유기용제, 발암물질, 악취물질이 작업현장에서 노동자의 건강이나 생명을 위협할 정도이면 그 작업장에서 대기 중이나 폐수로 나오는 유해물질은 결국 일반시민의 건강이나 생명을 위협하기 때문이다. 우리는 그런 사례를 수없이 보아왔다.

교과서에도 등장하는 공해병인 일본의 유기수은 중독에 의한 미나마타병, 카드뮴 중독에 의한 이타이이타이병은 모두 공장에서 나온 유해물질 때문에 인근 주민들의 생명과 건강을 앗아간 대표적 사례다. 충남 홍성·

보령 지역 석면광산 주변과 부산의 석면 방직회사였던 제일화학 주변, 일본 구보타공장, 이탈리아의 석면 시멘트기업 에터니트공장 주변 등 선진국 여러 석면제품공장 주변 주민들도 석면폐증이나 악성 중피종에 걸려 숨졌다. 1,000명에 가까운 피해자를 낸 우리나라 최대의 직업병 사건으로 자리매김한 원진레이온 공장 주변 주민들로 수십 년간 이황화탄소와 황화수소와 같은 유독물질 공해와 악취에 시달려야 했다.

공장 주변 주민의 생명과 건강 위험은 1970년대나 1980년대만의 이야기는 아니다. 2000년대 들어서도 여전하다. 원진노동환경건강연구소가 2002~2006년 국가 암 등록 연례 보고서를 분석한 결과 여수·광양 지역에 사는 20세 이상 남성의 연도별 주요 직업성·환경성 암 발생률이 전국 평균에 견줘 호흡기계 암이 유의미하게 증가세를 나타냈다. 혈액계 암도 전국 평균 발병률보다 높은 것으로 파악됐다.

호흡기계 암은 후두암, 기관지암 및 폐암을, 혈액계 암은 비호지킨 임파종, 골수성 백혈병, 기타 백혈병을 말한다. 여수에는 여러 유기용제를 다루는 석유화학 장치산업이 많다. 그래서 혈액암 발병 위험이 높은 지역으로 꼽힌다. 광양은 철강회사가 다수를 차지해 코크스 오븐 배출물질과 같은 발암물질이 나오기 마련이고, 이 때문에 폐암 발병 위험이 높을 것으로 전문가들은 보고 있다.

원진레이온의 한 노동자가 방사과에서 인견사를 뽑는 모습. 이 사진은 1988년 사건이 불거진 뒤 방독 마스크를 쓰고 일하는 모습이고 이전에는 마스크 없이 유독가스를 마셨다.

그동안 선진국에서는 물론이고 우리나라에서도 이런 산업 종사 노동자들에게서 폐암이나 혈액암 등 직업성 암이 다수 발생했다. 이런 암 가운데 일부는 흡연 등과 밀접한 관련이 있고, 따라서 이런 개인적인 요인까지 조사해야 정밀한 평가를 내릴 수 있다는 점에서 이번 연구는 완전하지는 않지만 환경성 암을 의심하기에 충분하다.

직업성 암은 노동자가 산업현장에서 발암물질에 노출돼 걸린 암이고 환경성 암은 산업현장이 아닌 일반 환경에서 발암물질에 노출돼 발생한 암이다. 이 둘은 결코 별개가 아니다. 직업성 암이 많이 생기는 공장이나 작업장 주변에 사는 주민들은 다른 지역에 비해 환경성 암에 걸릴 위험이 높다.

일반시민들이 노동자의 직업성 암에 관심을 가져야 하는 이유는 바로 여기에 있다. 노동자나 노동조합도 자신들뿐만 아니라 지역 주민의 문제에 관심을 가지고 서로 소통해야 하는 이유도 바로 여기에 있다. 노동자가 아프면 시민도 아플 수 있다는 점은 앞으로 산업안전보건 운동이 지역 주민과 함께하는 방식으로 이루어져야 한다는 방향을 제시하고 있다.

삼류 기업으로 전락하는 삼성,
왕회장은 뭐하나!
위기의 산업현장

산업현장 1

"안전교육을 받은 적이 있습니까?"

"아뇨."

"이황화탄소가 어떤 물질인지 아십니까? 그 물질에 대해 위험 교육을 받았습니까?"

"전혀 모릅니다. 입사 20년 동안 단 한 번도 받은 적이 없습니다."

"그러면 어떤 교육을 받았나요?"

"1년에 한 차례 불조심 교육을 받습니다.

"하루 몇 시간 일하십니까?"

"하루 12시간 2교대로 일했습니다."

산업현장 2

"안전교육을 받은 적이 있습니까?"

"아뇨."

"석면이 어떤 물질인지 아십니까? 그 물질에 대해 위험 교육을 받았습니까?"

"전혀 모릅니다. 입사 20년간 단 한 번도 석면의 위해성 교육을 받지 않았습니다."

"그러면 석면 먼지를 제대로 걸러낼 수 있는 특수 방진 마스크를 지급받았나요?"

"그냥 일반 면으로 된 거즈 마스크를 지급받았습니다."

"하루 몇 시간 일했습니까?"

"하루 12시간 2교대로 일했습니다."

산업현장 3

"다루는 물질에 대해 안전교육을 받았나요?"

"한 달에 한 번 안전교육이라고 해서 받았는데 안전교육이 아니라 새로 들어오는 기계나 장비에 대한 교육을 받았습니다."

"다루는 물질이나 가스에 대해서는 유해성 교육을 하지 않았습니까?"

"입사 10여 년이 되도록 그런 교육을 받은 적이 없습니다."

"보호장비는 뭐가 있었어요?"

"면장갑을 줬어요. 하지만 다들 잘 끼진 않았어요. 칩을 만지면 장갑이 금세 더러워졌고, 또 장갑을 끼고 있으면 칩이 작아서 끼울 때 속도가 잘 나지 않아서요."

"고글이나 마스크는요?"

"없었어요."

"하루 몇 시간 일했습니까?"

"수습 기간이 끝나자마자 2교대로 하루 12시간씩 일했습니다."

어찌 이리도 똑같을까.

산업현장 1은 대한민국 최대의 직업병(이황화탄소 중독) 참사를 빚었던 원진레이온에서 벌어졌던 모습이다. 산업현장 2는 우리나라 최초의 직업성 암 발생지이며 국내 최대의 석면 직업병 환자를 양산한 제일화학(지금의 제일E&S) 노동자들의 이야기다. 산업현장 3은 최근 우리 사회를 부끄럽게 만드는, 세계 최대의 반도체 공장을 지닌 삼성전자 노동자들의 실태다.

노동자들의 비극이 벌어졌거나 아직도 벌어지고 있는 이들 세 노동현장은 앞에서 지적한 것 외에도 닮은 점이 너무나 많았다. 이들은 자신들이 다루는 위험물질에 대해 전혀 몰랐다. 회사는 이를 알았지만 숨기는 데 급급했다. 노동자들의 직업병을 예방하고 건강을 보호하는 데 필요한 조치들을 소홀히 했다. 심지어는 노동자 건강 보호에 필수적이고 가장 중요한, 제대로 된 보호 마스크조차 지급하지 않았다.

노동자들은 작업현장에서 쓰러져가면서도 자신의 질병이 공장에서 들이마신 독가스나 먼지, 유독물질 때문에 생긴 줄 꿈에도 몰랐다. 무지해서 그렇기도 하지만 회사가 아예 이와 관련한 교육을 하지 않았거나 소홀히 했기 때문이다.

원진레이온 노동자는 이황화탄소라는 신경 독가스에 노출돼 몸이 마비되고, 성불구가 되고, 언어 장애가 와 말도 못하게 됐는데도 단지 재수 없게도 젊어서 중풍(뇌졸중)이 온 것으로만 알았다. 제일화학 노동자들은 호흡이 가쁘고 기침이 나는 증상이 결핵 때문인 줄로만 알았다. 삼성반도체 공장 노동자들은 설마 대한민국 최고이자 세계 일류 기업에서 그렇게 유해한 물질을 직원들이 다루게끔 했겠는가 여겨 직업병 의심을 하지 않았다.

이들 세 회사에서 다룬 물질들은 다량으로 흡입했을 경우 일부 급성 독성을 나타내기도 하지만 대부분 장기간 꾸준히 들이마셔 짧게는 1년 길게는 50년 뒤에 문제가 되는 특성을 지니고 있다. 또 막연히 몸에 좋지 않으려니 하고만 여겼지 생명을 앗아갈 정도로 치명적인 질병이 생기리라고는 상상조차 하지 않았다. 직장을 잃을까봐 몸이 아파도 내색을 하지 않아 병은 깊어만 갔다. 온몸이 만신창이가 된 뒤에야 퇴사를 했다.

회사를 위해 온몸을 바쳤던 이들이 회사로부터 받은 것은 위로와 보상이 아니라 철저한 외면이었다. 1988년 원진레이온에서 초기 직업병 판정을 받은 노동자들은 회사로부터 "600만 원을 위로금으로 줄 테니 앞으로 민형사상 소송을 제기하지 않겠다는 각서를 쓰라"는 회유를 당했지만, 위로금을 받기 직전 생각을 바꾸어 끈질긴 투쟁에 나섰다. 그 결과 위로금보다 더 많은 보상금을 당당히 받아냈다. 이는 대한민국 역사상 가장 큰 산업재해와 직업병 투쟁이었으며, 사실상 노동자의 완전한 승리였다.

제일화학에서는 노동자 가운데 1993년 처음으로 흉막악성 중피종이라는 직업병 판정을 받은 사례가 나왔지만 이는 다른 회사 동료와 퇴직 노동자들에게 잘 알려지지 않았다. 2007년 국내 처음으로 석면 피해 소송이 제일화학 퇴직 노동자와 회사 사이에 벌어져 노동자 유가족의 완전 승리로 판결이 났다.

이후 봇물 터지듯이 산재 신청이 이어졌다. 하지만 회사는 이들이 회사에 다닌 것 자체를 부인했다. 어렵게 인우 보증을 내세워 산재 신청을 했던 상당수가 인정을 받았지만, 이미 숨진 노동자의 경우 제대로 된 질병 기록이 없어 보상을 받지 못하고 있다. '제일화학석면피해 노동자 및 가족협회' 박영구 회장의 부인 하경생 씨는 1995년 사실상 석면폐로 숨졌지만 여태 아무런 보상을 받지 못하다가 2012년 4월 2심에서 산재 보상 시효의 시작

시점이 사망 때가 아니라 제일화학 노동자에 대한 석면 질환 산재 인정 첫 판결이 있었던 2007년 11월이라는 판결을 얻어내 겨우 보상을 받았다.

삼성전자에서도 같은 일이 벌어지고 있다. 회사 관계자들이 숨진 노동자들의 유가족들을 찾아가 산재 신청 취소를 전제로 합의를 종용한 사실이 최근 한국방송(KBS) 〈추적 60분〉을 통해 드러났다. 최초로 밝혀진 삼성전자 피해 노동자 고(故) 황유미 씨의 부친 황상기 씨의 집에 2010년 12월 삼성 측 관계자가 찾아왔다.

황씨가 공개한 녹취에서 삼성 관계자는 "예전에는 (황유미 씨의 질병이) 직업병이라 생각하지 못했다"며 "(예전에 황씨에게) 약속했던 금액을 드리려 했지만 산재를 신청해 약속을 못 지키는 상황"이라고 말했다. 삼성은 돈보다는 황씨의 죽음이 직업병의 결과라는 사실이 몰고 올 파장에 모든 촉각을 곤두세우고 있는 것이다.

이들의 직업병이 세상에 알려진 것도 기존 제도권 언론사나 주류 언론사가 아니라 신생 신문이나 자그마한 매체에서 시작한 것도 공통점이 있다. 원진레이온 사건은 1988년 갓 창간한 《한겨레신문》을 통해 세상에 알려졌다. 다른 제도권 언론사들은 정부의 공식 발표가 있고서야 원진레이온 참사를 본격적으로 다루기 시작했다.

삼성전자 황유미 씨 사건도 황상기 씨가 KBS 등 주류 언론사를 전전했으나 아무런 성과를 내지 못하고 월간 《말》과 《수원시민신문》 등을 통해 꺼져가던 촛불을 가까스로 살릴 수 있었다.

많은 직업병이나 공해병 사건에서 볼 수 있듯이 처음 드러난 피해자는 빙산의 일각에 지나지 않는다. 1988년 원진레이온 사건은 3~4명의 피해자(서용선, 정근복, 강희수 씨 등)에서 시작했지만 불과 몇 년 사이에 눈덩이처럼 불어나 무려 1,000명에 가까운 환자를 만들어냈다. 제일화학도 1993년 전복남 씨, 2007년 원점순 씨 등 몇 명으로 시작했지만, 지금은 무려 100명에 가까운 노동자들이 석면 질환에 걸려 숨졌거나 피해 보상을 받기 위해 집단 소송을 벌이고 있다. 삼성전자의 경우도 2007년 황유미 씨의 죽음에서 출발해 3년이 지난 지금 100여 명의 노동자들이 피해를 호소하고 있다.

유해작업환경에서 일하는 사람에게는 유해 수당을 지급토록 법에 규정돼 있다. 또 이런 부서에서는 하루에 6시간 이상 근무를 못하게끔 하고 있다. 하지만 1988년 당시 정부기업이었던 원진레이온에서는 이를 전혀 지키지 않았다. 사건이 터지고 난 뒤 회사가 떼먹었던 유해 수당 등을 뒤늦게 노동자들에게 지급했다. 작업환경 측정을 맡았던 유명 대학교의 산업의학교실에서는 원진 노동자들의 열악한 작업환경과 직업병 발생을 학계나 세상에 알리지 않았다. 제일화학에서도 똑같은 일이 벌어졌다.

삼성전자의 경우 누가(어떤 기관이) 언제 어떻게 어떤 유해물질에 대해 작업환경 측정을 해왔는지, 유해물질을 다루는 부서 직원들에 대해 몇 시간씩 일을 시켰는지, 정부가 제대로 감독했는지 등에 대한 아무런 발표가 이루어지지 않고 있다. 유해물질을 많이 다루는 반도체 공장의 특성상 직업병 피해자가 나올 수 있는데도 사각지대에 놓여 있었다. 정부뿐만 아니라 입법부와 사법부, 그리고 흔히 제4부로 일컫는 언론도 감히 건드리지 못하는 거대한 기업 권력 앞에 노동 당국이 찍소리도 못해왔던 것은 아닐까.

원진레이온 사건은 당시 노동단체, 환경단체는 물론이고 인도주의실천의사협의회, 건강사회를위한약사회 등 의료 운동 단체까지 가세하고 언론의 지원 사격을 받으며, 어용노조를 민주노조로 바꾸고 무엇보다 피해 노동자와 그 가족들이 나서서 처절한 투쟁을 벌였다. 그 결과 원진 직업병 피해자를 위한 대규모 병원을 건립하는 등 세계 어디에서도 찾아보기 힘든 열매를 맺었다. 제일화학의 경우도 피해 노동자들이 뉴스를 보고 또 알음

알음으로 알고 모여 2009년부터 집단 피해 소송을 벌이고 있다.

삼성전자 피해 노동자들과 그 가족도 이들처럼 처음에는 정말 외롭고 힘들었다. 이들의 곁에 몇몇 노동단체와 양심적인 의사 등이 함께했다. '반올림'이란 줄임말로 사람들에게 알려진 '반도체 노동자의 건강과 인권 지킴이, 반올림'이 대표적이다. 최근에는 각 분야의 양심적인 유명인사 500여 명이 직업병 인정을 촉구하는 기자회견을 벌였다. 삼성이 세계적으로 워낙 잘 알려진 탓인지 외국에서도 노동자들을 지원하는 서명 운동이 벌어지고 있다. 프레시안과 몇몇 대안 언론사, 그리고 방송의 심층 프로그램을 통해 최근 삼성반도체 노동자의 실상이 많은 국민에게 각인되기 시작하는 등 언론 환경도 점차 좋아지고 있다.

세 회사 노동자 가운데 선배 격이고 특히 많은 경험과 성과를 지닌 옛 원진레이온 노동자들이 삼성전자 피해 노동자들과 동병상련은 물론이고 투쟁을 함께한다면 이들에게 분명 큰 힘이 될 것이다. 원진레이온, 최초의 직업성 암 환자를 낸 제일화학 피해 노동자, 그리고 삼성반도체 노동자들과 이들을 지원했거나 함께하고 있는 노동단체, 의료인단체, 인권단체 등이 한자리에 모여 대동제를 벌이면 어떨까. 사례 발표도 하고 세미나 토론회도 하고, 유사한 일들을 겪은 일본, 미국 등의 피해자나 산업보건 전문가들도 초청해서 말이다.

회사 경영진은 자신의 회사에서 다루는 물질의 위험성에 대해 잘 알고 있다. 원진레이온에서도 그랬고 제일화학에서도 그랬다. 그래서인지 직업병 환자를 양산한 유해 부서에 최고경영진이 찾아와 오래 머물기는커녕 코빼기도 보이지 않았다고 한다. 그 회사에서 가장 위험하고 열악한 작업장의 환경을 회사 최고 경영진이 늘 일하는 곳으로 생각하고 꾸며주었더라면 이들 세 회사에서 벌어졌던, 그리고 벌어지고 있는 비극이 탄생하지는 않앉을 것이다.

황유미 씨 등이 일했던 삼성전자 유해 부서에서 이건희 회장이 하루에도 몇 시간씩 1년 내내 노동자와 함께했다면 이런 일이 벌어졌을까? 나중에 문제가 된 뒤 이 회장에게 "회사에서 다루는 물질이 무슨 물질인지, 유해한지를 전혀 몰랐다"고 간부들이 발뺌할까. 세계 최대의 반도체 공장이며 국내 최고, 세계 일류를 내세우는 삼성전자에서 이런 식의 발뺌을 한다는 것은 삼성전자를 두 번 죽이는 일이다.

대한민국에서 삼성전자가 쓰러지는 것을 바라는 사람은 별로 없을 것이다. 대한민국 국민으로서 삼성전자가 삼류 기업으로 전락하는 것을 보고 박수를 칠 사람은 거의 없을 것이다. 이런 국민의 기대를 저버리지 않으려면 사랑스런 딸의 죽음에 한 맺힌 황상기 씨의 다음과 같은 핏빛 물음에 답할 수 있어야 할 것이다.

"정말 그들이 몰랐을까요? 노동자들이 무슨 약품을 사용했는지, 거기에 어떤 유독물질이 있었는지 몰랐을까요? 삼성이 알았다면, 알고도 그대로 두었다면 이건 산재가 아니에요. 살인이에요, 살인."

살인이라는 말이 귀에 거슬린다면 그냥 직업병을 인정하는 것으로 대신하면 어떨까.

질병의 원인을 규명하는 학문인 역학에서는 인과관계를 확정지을 때 고려하는 요소들이 여럿 있다. 양-반응관계(dose-response relationship)도 그 가운데 하나다. 병원체나 유해물질에 노출되는 양에 비례해 질병의 발생이 많다면 인과관계가 있다고 보는 것이다. 석면에 노출되는 양이 많으면 많을수록 석면 암에 걸릴 위험성이 높아진다.

또 생물학적으로 그럴듯해야 한다(biological plausability)는 것도 한 요소다. 노동자가 발암물질을 전혀 다루지 않았는데 암이 생겼다면 이를 직업성 암으로 보지 않는다. 반대로 일반집단에서는 그 질병의 발생률이 0.1이었는데 어느 공장 노동자들의 그 질병 발생률이 이보다 10배나 높은 1이었다고 하자. 그리고 노동자들이 이 질병 발생과 관련한 물질을 다루었거나 다룬 것으로 의심된다고 하자. '돌팔이' 역학자나 '회사에 매수된' 역학자가 아니라면 분명 직업병으로 판정할 것이다. 삼성전자 반도체 노동자 '직업병' 사건은 누가 뭐래도 분명한 직업병 사건이다.

삼성 백혈병, 그것은 빙산의 일각이다!
감춰진 산업재해의 비극

2011년 7월 2일 단 하나뿐인 귀중한 생명이 한꺼번에 넷이나 숨졌다. 새벽 4시께 경기도 고양시 이마트 탄현점 지하 1층 기계실에서 냉방기 점검 작업을 하던 인부 4명이 냉매 가스를 주입하다 목숨을 잃었다.

대학교 휴학생인 20대 청년 한 명도 포함돼 있었다. 이들은 가스마스크를 착용하지 않았다. 이마트 쪽은 통상적인 작업이라 인부들이 안전장비를 착용하지 않았다고 한다.

7월은 대한민국 산업재해와 직업병의 역사에서 빼놓을 수 없는 사건이 잇따라 터진 달이다. 4명이 한꺼번에 목숨을 잃은 바로 그날은 공교롭게도 산업재해 예방 운동을 하는 활동가들이 결코 잊지 않는 날이기도 하다. 1988년 7월 2일 15세 꽃다운 나이의 문송면 군이 수은 중독으로 숨졌기 때문이다.

문송면 군은 충청도 시골에서 중학교를 다니다, 학비를 벌면서 고등학교에 다닐 수 있다는 서울의 한 회사의 권유에 졸업식도 채 치르지도 못하고

1987년 12월 상경했다. 열다섯 나이에 어떻게 유해물질을 다루는 공장에 취직할 수 있었는지는 모르겠지만(법은 어린 나이에 유해 작업 부서에서 일하는 것을 금지한다) 그는 영등포에 있는 협성계공이라는 온도·압력계 공장에 취직했다. 그리고 회사에서 먹고 자며 두 달간 일했다. 짧은 기간이었지만 그의 몸은 수은 증기에 중독돼 완전히 망가졌다.

산업재해 인정을 받기 위해 노동사무소에 산업재해 신청을 하려 했지만 회사는 문송면 군이 설 연휴 때 집에 내려가 농약에 중독됐기 때문이라며 협조를 해주지 않았다. 시골 병원을 전전했다. 병의 정확한 원인을 몰랐던 가족들은 원인이라도 알자며 땅까지 팔아 서울대병원에 입원시켰다. 어렵게 수은 중독임을 겨우 알았다. 그 뒤 산업재해 병원인 가톨릭 여의도성모병원으로 옮겨 치료를 받았지만 끝내 회복되지 못하고 숨지고 말았다.

어린 문송면 군의 죽음은 이 땅의 많은 이들을 부끄럽게 만들었다. 특히 노동과건강연구회, 인도주의실천의사협의회 등에서 활동하는 보건의료운동가와 진보노동운동단체 활동가들은 더욱 그랬다. 이들은 문송면 군의 죽음을 널리 알리고 그의 넋을 달래기 위해 '고(故) 문송면 군 산업재해 노동자 장례식'을 성대하게 치렀다. 영등포에서는 노제를 지내기도 했다.

직업병이 현대 사회에서 처음 생긴 질병은 물론 아니다. 그리스·로마 시대에도 직업병은 신화의 인물에서 등장한다. 제우스와 헤라 사이에서 태어난 대장장이 신 헤파이토스의 얼굴을 보면 매우 일그러져 흉측한 모습으로 묘사된다. 훗날 학자들은 비소에 중독된 모습이라고 보았다. 신화가 당대 상황을 어느 정도 반영하고 있다고 본다면 그때에도 대장간에서 금속 무기와 제품을 만들던 대장장이들이 흔하게 각종 중금속 중독과 직업성 재해에 시달렸으리라 짐작할 수 있다.

로마 시대의 역사학자이며 폼페이 베수비오 화산 폭발 때 유독가스에 질

벨라스케스가 그린 〈불카누스의 대장간(*The Forge of Vulcan*)〉, 1630. 제우스와 헤라 사이에서 태어난 대장장이 신 헤파이토스(왼쪽에서 두 번째 사람)의 얼굴을 보면 매우 일그러져 흉측한 모습으로 묘사된다.

식돼 숨진 플리니(Pliny the Elder, 23~79년)는 그의 역사서에서 노예병을 언급하며 "석면광산에서 일한 적이 있는 노예는 절대로 사지 말라"는 충고를 남겼다. 아마 여러 귀족 집에서 일하던 노예가 처음에는 집안일을 잘했지만 시간이 흐르면서 기침을 심하게 하는 등 석면 질환 때문에 일도 제대로 하지 못하고 결국 죽은 것으로 보인다.

지금에 와서 생각해보면 아마 당시 일부 노예들은 석면광산에서 석면을 캐는 일을 했고 광산에서 일할 당시에는 몰랐지만 나중에 치명적인 석면 질환(석면폐증으로 추정)에 걸렸던 것으로 보인다. 고대 때부터 노예를 비롯해 많은 인부들이 돌을 다듬고, 옮기고 성을 쌓는 등의 노역장에서 숨져갔을 것이다.

산업재해와 직업병은 오랜 역사를 지니고 있다. 시대에 따라 그 종류와 규모의 크기는 물론 달라졌다. 산업 시대에 들어오면서 직업병의 종류와 환자 수는 크게 늘어나기 시작했다. 과거에는 다루지 않았던 물질들을 다루고 연료로 석탄이 각광을 받으면서 탄광 광부와 석탄을 다루는 사람들에게서 진폐증(탄폐증)을 비롯한 각종 재해가 나타나기 시작했다. 또 현대 과학기술의 발전과 함께 석유 등으로 만든 화학물질에 무방비로 노출되고 있어 각종 유해물질 중독은 물론 직업성 암까지 양산되고 있다.

영국 산업혁명 시대에는 굴뚝청소를 하기 위해 주로 어린이들이 동원됐다. 굴뚝 안으로 들어가려면 몸집이 자그마해야 했기 때문이다. 매일 숯 검댕을 뒤집어써야만 했던 이들은 나중에 음낭암(고환암)에 잘 걸렸다. 영국의 포트(1749~1787년)는 1775년 굴뚝청소부에게서 발생한 음낭암은 음낭 주름 사이로 들어간 매연의 자극에 의해 발생한다고 보고했다.

나중에는 어른들도 굴뚝청소부로 나섰다. 1960년대 우리나라에서도 굴뚝청소부들이 청소도구를 들고 골목길을 누비면서 "굴뚝청소 하이소!"를 외치던 모습이 아련히 떠오른다. 내가 살던 동네에만 이런 굴뚝청소부가 있었던 것은 아닐 것이다. 그 많던 굴뚝청소부 가운데 분명 암에 걸린 사람이 있으련만 아무도 그 실태를 모른다.

우리나라에서 공식적으로 보고된 첫 번째 직업성 암은 1993년에 석면 노출에 의해 발생한 악성 중피종이다. 당시 부산 연산동에 있던 제일화학이라는 국내 최대의 석면방직공장에서 일했던 50대 여성에게서 발생했다. 현재 알려진 직업성 암은 폐암, 악성 중피종, 백혈병, 방광암, 간혈관육종, 비강과 부비동암, 후두암 등이며 이 가운데 폐암이 가장 많다.

산업화된 외국에서는 전체 암 사망의 약 4퍼센트가량이 직업성 암 때문인 것으로 알려져 있다. 우리나라에서 한 해 평균 직업성 암으로 사망하는 사람은 전체 암 사망자 6만여 명 중 약 2,000명가량으로 추정하고 있다. 직업성 암은 주로 남성 근로자에서 많이 발생한다.

하지만 우리나라에서 공식적으로 인정된 직업성 암환자 수는 연간 10명도 채 되지 않는나. 한국 산업안전보건공단에서 수행한 직업성 암의 심의 결과에 따르면 1992년부터 2005년까지 14년 동안 직업성 암으로 판정된 건수는 총 98건이다. 연간 7명꼴이다. 전체 직업성 암 중 약 53퍼센트는 폐암(52건)이 차지해 가장 많았고, 백혈병(15건), 기타혈액암(10건), 중피종암(9건) 등이 그 뒤를 이었다.

산업 선진국의 절반 수준에서 발생한다고 해도 연간 1,000명가량의 직업성 암 환자가 나와야 한다. 그렇지 않으려면 대한민국의 직업병 예방 수준이 세계 어느 나라도 감히 따라오지 못할 정도여야 한다. 하지만 이는 너무나 터무니없다. 그렇다면 설명 가능한 것은 딱 한 가지다. 직업성 암이 발생하고 있는데도 이를 잘 모르고 일반 암으로 지나치거나 직업성 암 인정에 정부 당국과 국가 연구기관 등이 너무나 인색해 제대로 인정받지 못하기 때문이라는 것이다.

나는 바로 이런 점을 지적하며 1989년 《한겨레신문》을 통해 직업성 암 문제를 주요 의제로 자세하게 다루었다. 이웃 일본은 이미 많은 직업성 암 환자가 1,000명 넘게 인정되고 있는데 대한민국에는 단 한 명의 직업성 암 환자도 없다는 것은 없어서가 아니라 찾으려고 노력하지 않고 직업성 암으로 인정하지 않으려 하기 때문이라고 말이다.

산업재해와 직업병을 감추려고 고용주는 갖은 애를 쓴다. 그래서 산업재해 환자가 발생해도 산업재해 치료를 받게 하지 않고 건강보험 진료로 돌린다. 자신의 건강권에 대한 노동자의 의식도 여전히 약하다. 특히 노동조합이 없는 곳이거나 노동조합이 있어도 산업재해와 직업병에 관심을 쏟을 여유가 없는 노조라면 노동자의 건강권까지 접근을 하지 못한다.

지금의 산업재해와 직업병 실태는 빙산의 일각이라는 주장의 근거는 과거 그것들의 역사에서 찾을 수 있다. 1988년 몇 명의 환자가 발생한 원진레이온 이황화탄소 직업병 사건은 불과 몇 년 만에 수백 명으로 불어났고 그 뒤 1,000명 가까운 놀라운 숫자로 증가했다. 부산 제일화학에서는 석면 피해자가 1993년 처음 나왔고 2007년 소송으로 처음 직업병 인정을 받는 등 불과 몇 년 전까지만 해도 몇 명에 지나지 않았지만 지금은 수십 명에 이르고 있다. 산업재해 인정을 요구하는 노동자까지 더하면 100명이 훌쩍 넘는다.

삼성전자 반도체 공장에서 일하던 노동자도 상황은 마찬가지다. 처음에는 한두 명이었으나 이들의 직업병 사례가 대중매체를 통해 널리 알려지자 이곳저곳에서 비슷한 피해를 호소하는 사람이 급증하기 시작했다. 한국타이어에서도 비슷한 일이 벌어졌다.

하지만 이들이 산업재해 · 직업병 인정을 받기란 문송면 군 때와 원진레이온 초창기 때나 별반 다를 게 없다. 하나같이 회사는 무관하다고 외친다. 정부 산하 연구기관에서는 직업병이라는 확실한 증거를 발견하지 못했다고 발표한다. 문송면 군이나 원진레이온 노동자처럼 치열한 투쟁 끝에 가까스로 몇몇 노동자들이 직업병 인정을 받는 성과를 최근 거두었지만, 대다수 피해 노동자들은 안타깝게도 언제 인정을 받을지 여전히 미지수다.

 2010년도 산재로 숨진 노동자는 모두 2,200명이었고 부상을 입은 사람은 8만 9,459명이었다. 또 각종 직업병이나 직업 관련성 질병에 걸린 노동자는 6,986명으로 집계됐다. 이는 산재보상보험법 적용을 받는 사업장에서 벌어진 것에 지나지 않는다. 여기서 병원에서 4일 미만 치료를 받은 가벼운 부상은 모두 제외됐다. 이뿐만 아니라 실제로 산재를 당한 노동자가 모두 신고가 돼 통계에 잡히는 것이 아니고 또 산재에 미가입한 영세사업장도 많으므로 실제 산재 피해자는 이보다 훨씬 많을 것이다. 우리나라에서 산업재해보상보험법 적용사업장은 2010년 현재 모두 160만 8,361곳이며 노동자는 1,419만 748명이다.

 산업재해로 인한 경제적 직접손실액은 산재보상금 지급액만 따졌을 때 3조 5,237억 원으로 2009년에 비해 1.75퍼센트 증가했다. 직간접손실을 포함한 경제적 손실 추정액은 17조 6,186억 원으로 전년대비 1.75퍼센트가 증가했으며, 근로손실일수는 5,670만 7,886일로 전년대비 9.26퍼센트가 증가한 것으로 나타났다. 산재로 인한 인명 피해뿐만 아니라 경제적 손실 또한 막대함을 알 수 있다.

 산재 사망자는 2,200명 가운데 추락 등 업무상 사고 사망자 수는 1,383명이었고 직업병으로 인한 817명으로 나타났다. 이를 구체적으로 살펴보면 추락이 453명으로 가장 많았고 이어 진폐증 401명, 뇌·심혈관 질환 354명, 교통사고 231명의 순으로 나타났다.

2010년도 업무상 질병자, 즉 직업병 또는 직업 관련성 환자 수는 7,803명으로 이중 난청, 금속 및 중금속중독 등 직업병 환자가 1,576명이었으며 직업 관련성 환자 6,227명 가운데 뇌·심혈관 질환자가 638명으로 가장 많았다. 반복 작업 등 신체 부담 작업으로 경견완장해(經肩腕障害. 목, 어깨, 팔 부위에서 후두부와 손가락 끝에 이르기까지 저리고 아프고 마비되는 증상)에 걸린 노동자는 1,292명으로 나타났다. 2010년도 업무상 질병자는 2009년 8,721명에 비해서는 10.5퍼센트인 918명이 감소한 것이다.

물론 여기에 나온 수치를 그대로 믿는 것은 아니다. 이 수치는 빙산의 일각이다. 설혹 이 수치가 실제에 근접한다고 인정해 사망만인율이 낮아지고 있다는 정부의 희망적 분석에도 불구하고 현재 우리나라의 산업안전보건 수준은 경제협력개발기구(OECD) 회원 30개국 중 사망만인율 최하위 수준으로 유럽연합(EU)의 3배에 달하는 등 산업안전보건은 후진국인 상태다.

정부의 이런 산업재해 관련 통계 발표나 텔레비전 산업재해 예방 홍보 광고를 볼 때마다 24년 전 취재 때 만난 문송면 군과 그의 형 근면 씨 그리고 가족들이 생각난다. 또 원진레이온 노동자들의 모습도 떠오른다. 1988년 7월 만났던 정근복, 강희수 씨 등은 모두 고인이 됐다. 이들과 함께 직접 만난 적은 없지만 삼성전자와 한국타이어에서 백혈병 등으로 숨진 노동자들과 아직 죽음과 싸우는 이들 회사 출신의 산업재해 노동자들이 겪고 있을 고통이 아릿하게 다가온다.

이들뿐만이 아니다. 4대강 사업 현장과 한진중공업 그리고 이름이 알려지지 않은 수많은 중소기업과 가내공업 수준의 자그마한 공장에서, 각종 건설현장과 철거현장, 서비스업 배달현장에서 유해물질에 노출되거나 교통사고로, 해고와 노조 탄압 등으로 힘겨워하다 자살로 생을 마감하거나 불구가 되는 등의 산업재해를 당한 노동자들의 모습이 마치 영화필름 감기

듯이 빠른 속도로 스쳐 지나간다.

정책 당국자들이 "잠 좀 제대로 자고 일하자"고 외치기보다는 산업재해로 죽어간, 죽어가고 있는 노동자와 그 가족의 고통을 자신의 고통으로 알 때 비로소 제대로 된 산업재해 예방 정책과 제도가 나오지 않을까?

산업재해와 직업병은 특수한 직종에 있는 노동자가 안전의식이 부족하거나 그 위험을 잘 몰라서 걸리는 것이 아니다. 대한민국 거의 모든 노동자가 언제 어떻게 걸릴지 예측할 수 없는 병이다. 하루 종일 서서 물건을 팔거나 계산을 하는 노동자, 배달하는 노동자, 택시·버스 기사, 하루 종일 컴퓨터로 일을 하는 사무직 노동자, 야간 근무 노동자 등이 요통, 경견완증후군, VDT증후군, 암, 정신 질환 등 과거에는 잘 볼 수 없었던 새로운 각종 직업병과 교통사고 따위의 산업재해에 노출돼 있다. 산업재해와 직업병 이야기는 바로 당신의 문제다.

"나 요즘 월경을 안 해",
떠도는 공장의 유령들
반복되는 비극, 막을 수 없는가

삼성전자 백혈병 집단 발생 사건은 타임머신을 타고 17년 전으로 돌아가게끔 만들었다. 타임머신을 타고 도착한 곳은 경상남도 양산에 있는 엘지전자부품(주)으로 삼성전자의 라이벌 회사의 자회사격인 곳이다. 그곳에서 1995년 있었던 사건이 파노라마처럼 눈앞에 펼쳐진다.

여성 노동자들이 전자제품 조립공장 안에서 이야기를 나누고 있었다. "저기. 나, 요즘 몸이 좀 이상해. 매달 있던 월경이 요즘 없어." "너도 그래? 나도 그런데……. 나도 얼마 전부터 그게 사라져 고민하고 있었어."

엘지전자부품에서는 1994년 말부터 월경이 사라져 생리대가 필요 없는 여성 근로자들이 하나둘씩 늘어나기 시작했다. 아기도 낳지 않은 미혼 여성은 물론 결혼 후 아기를 가지려는 여성에게서 월경이 없다는 것은 보통 문제가 아니다. 하지만 여성으로서 그 문제를 입 밖에 꺼내기란 쉽지 않은 일이었다.

우리나라 최초의 생식 독성 직업병 사건은 이렇게 여성 노동자들의 집단 월경 이상 문제에서 발단이 됐다. 나중에 드러난 사실이지만 여성 노동자에게서만 불임이 생긴 것은 아니었다. 같은 작업환경에서 일했던 남성 노동자들도 마찬가지 처지였다. 다만 여성은 월경 중단이라는 쉽게 드러나는 생식 이상 현상이 있었고, 남성은 그러한 것이 없어 역학 조사가 이루어진 뒤에야 정자 감소증, 무정자증, 정자 운동성 감소증, 고환 조직 이상 등이 광범위하게 일어났다는 사실이 드러났다. 이 사건은 2-브로모프로판에 의한 세계 최초의 생식 독성 직업병으로 자리매김했다.

이들이 근무한 부서는 전자제품의 부품으로 쓰이는 택트(TACT) 스위치를 조립하는 곳이었다. 반도체나 전자부품은 정밀하게 작동해야 하므로 미세한 먼지와 불순물을 없애기 위해 반드시 세척 공정을 거치게 된다. 그 공정에는 필수적으로 세척제가 사용된다. 택트 스위치 조립 공정에서도 물론 세척제가 사용됐다. 세척액이 들어 있는 세척조에 전자부품을 담그는 이른바 '침지' 방식으로 세척이 이루어졌다.

엘지전자부품은 1994년 2월 전에는 프레온을 세정제로 사용했으나 그 뒤부터는 일본에서 들여온 '솔벤트 5200'이란 상품 이름을 지닌 세정제를 사용했다. 프레온이 지구오존층을 파괴하는 주범이라는 낙인이 찍혀 그 대체물질을 찾는 과정에서 일본이 개발한 제품이었다. 일본에서 무해한 제품이라고 해서 엘지전자부품은 그런 줄 알고 이를 수입해 사용했다.

그런데 10여 명의 여성 노동자가 1년 가까이 생리가 끊기는 등 집단 생식 장애가 발생했고 2명은 심각한 빈혈 증세(나중에 재생 불량성 빈혈로 판명)까지 나타나 병원 입원 치료를 받고 있었다. 이들의 고통은 마침내 언론에까지 알려졌다. 당시《한겨레신문》은 이 사건을 1995년 8월 19일자(토요일) 제2사회면 톱기사로 대문짝만하게 '전자부품회사 근무 세정작업 여성 노동자 18명 유기용제 집단중독 증세'란 제목의 부산발 기사로 다루었다.

하지만《한겨레신문》의 이 특종 기사는 부산·경남 지역 일부 신문에서만 크게 다루었을 뿐 대다수 보수언론은 이를 외면했다.

사건이 터지자 노동부는 산업안전보건연구원에 즉각 역학 조사를 지시했고, 조사 결과 '솔벤트 5200'에 2-브로모프로판이라는 독성물질이 다량 들어 있는 것으로 밝혀졌다.

하지만 노동부는 노동자 건강 보호를 위해 규제하고 있는 697종이나 되는 유해화학물질에 이 물질이 들어 있지 않다고 밝혔다. 안전 사각지대에 놓인 물질이었던 것이다.

2-브로모프로판은 당시까지만 해도 전 세계적으로 그 독성 영향에 대해 거의 알려진 바가 없었다. 이 물질과 관련한 사건이 없었고 연구 또한 거의 이루어지지 않았기 때문에 산업보건 전문가들에게 친숙한 물질안전보건자료(MSDS)에도 독성 영향에 대한 별다른 언급이 없었다. 산업의학 교과서에도 그 독성 영향이 다뤄지지 않았다.

국내에서 내로라하는 산업의학 전문가들도 이 물질에 대해서 잘 알지 못했다. 그래서 역학 조사팀이 내놓은 2-브로모프로판에 의한 질환일 가능성이 있다는 분석에 대다수 산업보건 전문가들은 처음에는 가능성이 낮다거나 회의적인 반응을 보였다. 회사 쪽이 "솔벤트 5200을 생산한 일본 회사에서 인체에 해가 없다고 밝혀 문제가 없는 것으로 판단해 세정제로 사용해왔다"고 밝힌 사실도 있고, 자신들이 잘 모르는 것에 대해서는 무시하는 학자들의

엘지전자부품의 산업재해를 다룬《한겨레신문》 1995년 8월 19일자.

태도도 영향을 끼친 것으로 보인다.

결국 화학물질 가운데 무독성은 드물고 어떤 식으로든지 유해성이 있을 가능성이 있음에도 인체에 해롭지 않다고 단정하는, 물질에 대한 위험불감증과 일본 회사의 말을 곧이곧대로 믿은 것이 화근이었다. 일본은 이 세정제를 개발해 우리보다 먼저 사용했다. 하지만 일본 노동자들은 우리와 같은 심각한 생식 장애를 겪지는 않았다. 유해성에 대비해 호흡 보호구 착용을 철저히 하는 등 나름대로 방호장치를 가동했고 안전교육을 했기 때문이다. 하지만 우리의 경우 회사와 노동자 모두 이 물질에 대한 노출을 크게 신경 쓰지 않았다.

역학 조사팀이 당시 조사한 보고서를 보면 작업공간 주변의 공기를 채취해 분석한 결과 2-브로모프로판이 무려 4,000피피엠이 넘었다. 노동자들은 아무런 의심 없이 세정제 침지로 안에 얼굴을 집어넣고 작업을 했다. 그러니 새로운 작업환경에서 일한 지 불과 몇 달(최단 4개월) 만에 생식 이상 환자가 발생하기 시작한 것이다. 1년 이상 부품 조립 부서에서 일한 노동자 25명 가운데 90퍼센트에 가까운 22명이 생식 장애 질환에 걸렸다. 이는 한마디로 고농도의 브로모프로판에 노동자들이 노출돼왔다는 방증이다.

2011년 7월 14일 경기도 용인에 있는 삼성전자 기흥 반도체공장에서는 삼성전자의 돈을 받고 삼성전자 반도체공장의 작업환경과 이곳 근무 노동자들에 대한 위해성 따위를 1년 가까이 조사한 미국의 보건환경컨설팅회사인 인바이런의 '반도체 근무환경 재조사 결과 발표회'가 열리고 있었다.

이 조사는 인바이런이 삼성전자 반도체의 기흥 5라인, 화성 12라인, 온양 1라인 등 반도체 라인 3곳에 대한 직원들의 노출 평가, 화학물질 등 유해인자 노출과 조립 라인, 웨이퍼 라인 평가, 특히 지난 2009년 폐쇄된 기흥 3라인과 유사한 환경의 5라인 노출 재구성 등에 관해 이루어졌다. 여기에 삼

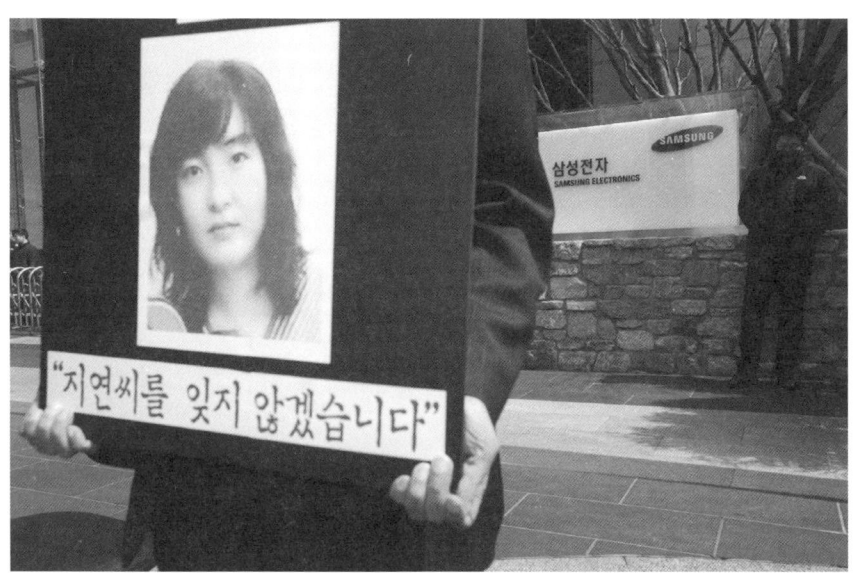

삼성전자 반도체공장에서 일하던 박지연 씨는 지난 2010년 3월 31일 백혈병으로 숨졌다. 최근 삼성전자의 의뢰를 받은 미국의 보건환경컨설팅회사 인바이런은 "삼성전자 반도체공장과 백혈병 간의 연관성을 발견하지 못했다"고 밝혔다.

성전자 반도체 근무자 중 조사 당시 백혈병 등을 얻어 소송 중인 6명의 대상자를 통해 백혈병 발병과 위험성 노출과의 연관성 등에 관한 분석이 이루어졌다.

인바이런의 결론은 한마디로 삼성전자 반도체 사업장이 잘 관리되고 있으며, 암을 유발할 수 있는 화학물질은 검출되지 않았다는 것이다. 인바이런의 폴 하퍼 소장은 "화학물질에 대한 직원들의 노출 평가 등 기존 10여 년간의 자료 및 최근 2년간 최신 검증 가능한 데이터를 통해 조사했다"며 "백혈병, 암 유발물질에 대한 연관성을 발견하지 못했다"고 말했다.

인바이런은 이와 함께 질병에 걸린 6명의 대상자를 상대로 실시된 급성 백혈병, 림프종의 환경 노출 확인 검사에서 4명은 해당 질병을 유발할 물질에 노출이 안 됐으며, 2명은 일부 노출이 됐으나 미미한 수준으로 조사됐다고 밝혔다. 인바이런의 결론은 삼성전자 반도체 작업환경은 세계 최고 수준이며 단 한 명의 직업병 환자도 영구히 나오지 않을 정도라는 것이었다.

이를 그대로 믿어도 될까? 삼성전자 반도체에서 병을 얻어 나온 수많은 노동자나 그 가족은 물론이고 이들과 함께 직업병 인정 투쟁을 벌이고 있는 산재·직업병 단체나 환경·보건·노동운동단체, 그리고 이와 관련이 없는 산업보건 분야 전문가 대다수도 고개를 끄덕이지는 않을 것 같다.

많은 돈을 받고 하는 컨설팅 조사 가운데 대부분이 의뢰를 하는 쪽의 입맛에 맞는 연구 결과를 내놓는다는 이 분야의 고전적인 정설은 그냥 제쳐두자. 그리고 이들이 내린 결론이 맞다고 하자. 그렇다면 왜 그렇게 많은 백혈병, 림프종 환자가 불과 몇 년 사이에 삼성전자 반도체공장에서 비정상적으로 쏟아져나오고 있는지에 대한 과학적 설명은 하지 않는가? 이 설명까지 뒷받침되어야 자신들의 주장이나 연구 결과가 설득력을 지니고 정당성을 지니는데도 말이다.

인바이런은 2009년 폐쇄된 기흥 3라인과 유사한 환경의 5라인 노출을 가지고 기흥 3라인 노출을 재구성했다고 하지만 과연 제대로 재구성이 이루어질까? 영화 〈범죄의 재구성〉과는 달리 '직업병의 재구성'은 정말 어렵다. 특히 최초 노출로부터 오랜 기간이 지난 뒤 걸리는 직업성 암 사건을 파헤치는 역학 조사에서는 재구성이 제대로 이루어지기 어렵다는 것을 이 분야 전문가들은 너무나 잘 알고 있다.

따라서 이들의 조사 분석은 출발부터 근본적인 한계를 지니고 있다. 유해물질이 물속에 녹아 한강 일대를 지나면서 물고기를 죄다 죽이는 등 생태계를 파괴하고 서해로 모두 빠져나간 일이 있었다고 하자. 당시에는 문제가 되지 않아 지나쳤지만 오랜 세월 후 문제가 되어 정확한 인과관계를 파헤치는 연구가 이루어진다고 하자. 몇 년 또는 수십 년 뒤 아무리 뛰어난 연구기관이 한강물에서 유해물질을 찾는 컨설팅 조사를 하더라도 당시 문제가 된 유해물질을 찾아낼 수는 없다.

그렇다고 현재 한강물은 매우 깨끗하므로 과거에도 그랬다고 결론을 내려야 할까? 과거 보존돼 있는 데이터를 이용해 유해성을 가늠한다 하더라도 그 데이터가 작업환경이 가장 나쁠 때 이루어진 객관적 측정 결과라는 신뢰가 없는 이상 아무런 소용이 없다. 문제가 된 그 시점에서 측정한 유해물질과 측정 데이터가 있어야 하는데 그것이 없다고 삼성전자 쪽은 줄곧 말해오지 않았는가?

이것이 사실이라면 '삼성전자 집단 직업병 사건'의 인과관계를 과학적으로 완벽하게 밝혀내기란 거의 불가능하다. 역학에서 인과관계를 밝혀내는 요소로 쓰는 것이 몇 가지 있는데 양-반응 관계도 그 가운데 하나다. 하지만 노동자들이 옛날 노출된 발암물질 농도를 모르니 양-반응 관계가 나올 수가 없다. 다만 여러 노동자들의 증언을 토대로 발암물질을 다루었고 상당한 양의 발암물질에 노출될 만한 작업환경이 의심되고, 상당수의 노동자가 직업성 암 성격의 암에 걸렸다면 이를 직업병으로 인정해주는 것이 합리적이다.

2011년 6월 24일 1심 재판의 결과가 바로 그런 것이다. 하지만 근로복지공단과 삼성전자 쪽은 이 결과를 뒤집으려 항소를 했다. 이는 가뜩이나 직업병 인정을 받기 어려워 고통을 받고 있는 많은 노동자들을 헤어날 수 없는 수렁에 빠뜨리려는 시도다. 온몸으로 막아야 할 절체절명의 위기가 노동계와 산업보건운동단체 앞에 놓여 있다.

만약 과거 엘지전자부품에서 문제가 된 것이 급성 생식 독성을 보이는 물질이 아닌 만성 독성을 지닌 '가'라는 상품명으로 불리는 'A'라는 발암성 물질이었다고 하자. 회사와 노동자들은 죄다 'A'는 전혀 모르고 '가' 물질이 인체에 무해하다고만 안다고 하자. 그래서 노동자 교육도 시키지 않았고 산업위생 전문가나 작업환경 측정기관도 이 물질에 대한 측정은 하지 않았다고 하자.

그러다 얼마 뒤 공정을 바꾸어 다른 물질(상대적으로 안전한)로 'A'라는 발암물질을 대체했다고 하자. 그런데 10~20년 전에 사용한 '가'라는 물질이 문제가 돼 직업성 질환으로 보이는 노동자가 계속 나온다고 하자. 과연 삼성전자 반도체 노동자의 직업병을 부정한 인바이런이나 산업안전보건연구원 등이 사건의 진실인 'A'라는 발암물질을 속 시원히 밝혀낼 수 있을까? 물론 그런 일은 없을 것이다.

엘지전자부품의 노동자들은 그 뒤 어떻게 됐을까? 두 명의 여성 노동자는 건강을 회복해 아기를 낳았다고 한다. 8명의 남성 노동자들은 대부분 정상으로 회복됐다고 한다. 하지만 산업보건학계에서는 당시 2-브로모프로판에 노출된 여성 노동자 25명 가운데 상당수 노동자의 '사건 그 후의 삶'

에 대한 구체적인 정보를 모르고 있다. 영구 불임이 된 여성도 있을 것이라고 추측할 뿐이다. 이처럼 세계적인 직업병 사건의 사후관리도 부실하다. 하물며 정부나 산업보건학계, 회사 모두 관심을 두지도 않았던 삼성전자 반도체 노동자의 작업환경에 대한 10~20년 전의 사전관리는 더욱 허술했을 가능성이 높다.

엘지전자부품 노동자들의 집단 생식 독성 직업병 사건을 계기로 삼성전자와 정부가 삼성전자에서 벌어지고 있는, 벌어질지도 모를 위험에 대해 관심을 가지고 작업환경 측정을 제대로만 했더라도 지금과 같은 논란과 비극은 벌어지지 않았을지도 모른다. 우리가 관심을 기울이지 않아, 또는 무지해서 목숨을 잃고 또 불구가 되는 등 건강을 잃는 것도 문제지만 교훈을 삼을 만한 사건이 터진 뒤에도 그 교훈을 따르지 않고 내버려둬 노동자가 죽어갔다면 이는 살인 범죄나 다를 바 없다.

산업안전보건연구원의 김은아 직업병연구센터 소장은 엘지전자부품 직업병 사건을 다룬 글에서 "성분을 모르는 화학물질에 대해, 그 독성을 알기 전에 사업장에 적용하는 것은 매우 심각한 위험을 동반한다"고 지적한다. 이런 지적에 동의한다면 삼성전자는 지금 사용하고 있는 물질뿐만 아니라 그동안 사용해온 모든 화학물질에 대한 정확한 정보를 단 하나도 빠뜨리지 않고 낱낱이 공개해야 한다. 노동자의 죽음 앞에서 '기업 비밀' 운운하며 발뺌하는 것은 국민을 우롱하는 짓이며 이미 세상을 떠난 노동자를 다시 한 번 죽이는 일이다.

구미 불산가스 누출 재난은,
한국판 인도 보팔 사건
보통 사람들의 위험과 불안

"To Err is Human(사람은 실수하기 마련이다)." 다시 말해 사람은 실수하는 동물이다. 따라서 절대 안전은 없다. 안전공학과 인간공학의 기본이다. 그렇다고 모든 실수와 그로 인한 사고나 재난을 어쩔 수 없는 일로 받아들이는 것은 있을 수 없는 일이다. 왜 책임자가 있고 안전관리자가 있으며 정부가 있고 법규가 있는가?

2012년 9월 27일 경북 구미 4공단 휴브글로벌의 불산(불화수소산, Hydrofluoric acid) 저장탱크에서 누출된 불화수소가스로 인한 재난의 직접 원인은 작업노동자의 부주의와 실수다. 하지만 근본적인 원인은 위험물질에 대한 노동자와 회사경영진의 안이한 생각과 감독당국의 허술한 관리, 회사의 노동자에 대한 안전교육 부재, 정부와 지방자치단체(구미시)의 재난 사고 초동 대처 미흡과 재난 훈련 무방비 등이 한 데 어우러져 빚은 참극이다.

구미 휴브글로벌 불산 누출 재난은 그 피해 규모면에서는 비교가 안 되기는 하지만 지금으로서는 '한국의 보팔 사건'이라 불러도 될 것 같다.

1984년 12월 3일 새벽 12시 30분께 인도 보팔시에 있던 미국의 다국적 기업 유니온카바이드(지금의 다우케미컬)의 농약공장에서 메틸이소시안(Methyl Isocyanate)이라는 유독물질을 저장하고 있던 탱크에서 유독가스가 새어나와 잠자던 주민들을 덮쳤다. 당시 75만 인구가 살던 도시는 순식간에 아비규환으로 변했다. 그 자리에서 숨지거나 살아남은 사람들도 독성으로 인한 실명 때문에 앞을 볼 수 없어 어디로 달아나야 할지를 몰랐다. 메틸이소시안은 공기보다 비중이 높아 상공으로 증발하지 않고 안개처럼 지표면에 깔려 퍼져나갔다. 인근 65제곱킬로미터 내에 있던 모든 생물이 숨져갔다. 2,800여 명의 시민이 사고 당일 숨졌고 1만 7,000여 명이 실명 등 심각한 장애를 입었으며, 그 뒤에도 많은 사람들이 암이나 각종 질병에 걸리는 등 20만 명 이상의 피해자가 생겨났다. 정부의 비공식 집계에 따르면 당시 사고로 숨진 사람은 1만 명이 넘으며 부상, 장애자만 60만 명으로 추산됐다. 시민의 5분의 4가 참극을 당한 것이었다. 2시간이라는 짧은 시간 동안 새어나온 36톤가량의 메틸이소시안산이 이렇게 엄청난 비극을 불러왔다.

유독가스는 대개 높은 압력과 저온 상태를 유지해야 하기 때문에 정교한 안전장치가 필수적이다. 또 관리책임자는 안전수칙을 철저하게 지키고 관리감독을 해야 하며 작업자는 철저한 교육을 받아야 한다. 또 사고에 대비해 수습대처 요령 등을 매뉴얼로 만들어 비치해두고 긴급사태 때 즉각 대처해 피해를 최소화하는 것이 기본이다. 하지만 유니온카바이드사의 저장탱크는 안전장치도 미비했고 직원들은 안전수칙도 잘 지키지 않았다. 그리고 사고 뒤 조기 경보장치도 제대로 작동하지 않아 인명 등 피해 규모가 엄청났다. 사고는 어쩔 수 없이 일어난 것이 아니라 인간의 방심과 오만이 빚어낸 예고된 인재였다. 보팔 유니온카바이드사 메틸이소시안 가스 누출 참사는 1980년대, 아니 지금까지 일어난 화학물질 누출 사건 가운데 최악의 사건으로 기록됐다.

이 사건 뒤 미국은 자국에서도 이와 유사한 사건이 발생할 수 있다고 보고 그동안 미국에서 일어났던 유독물질 사고와 사고 발생 가능성을 조사했다. 그 결과 사고의 3분의 2는 제조공장과 저장시설에서, 나머지는 운송과정에서 발생했으며 원인은 저장탱크나 밸브파손과 같은 기계적 결함이나 작업자의 부주의가 대부분이었다.

미국 회사가 저지른 세계 최악의 화학물질 유출 재난은 미국 환경법에도 큰 변화를 가져왔다. 사건 발생 1년여 뒤인 1986년 미국은 위기 대응 및 지역주민 알 권리 법(Emergency Planning and Community Right-to-Know Act)을 제정했다. 이 법이 제정되기 전에는 유독성 화학물질 생산공장이나 이를 사용하는 기업들이 어떤 화학물질을 얼마나 사용·생산하는지를 지역주민들에게 공개할 의무가 없었다. 하지만 이 법은 사용하는 화학물질의 종류와 양, 제조공정과 사고가 발생했을 때 어떤 영향을 끼칠 수 있는지를 주민들에게 공개토록 했다. 화학물질을 사용하는 산업체가 주민들에게 생명이나 건강과 관련된 모든 정보를 공개함으로써 스스로 엄격한 안전수칙을 지키도록 하기 위한 것이다.

20세기 최악의 화학물질 사고인 보팔 참사는 이보다 8년 전 이탈리아에서 일어났던 세베소 사건의 교훈을 무시했기 때문에 벌어졌다고 볼 수 있다. 환경학과 환경보건학 교과서에서 빠지지 않고 등장하는 것이 바로 이 이탈리아 세베소 사건이다. 이 사건은 특히 우리나라 사람들에게 소각장과 고엽제, 미군기지 유독물질 폐기처분과 관련해 잘 알려진 다이옥신의 독성을 과학적으로 완전하게 파악하게끔 하는 계기를 마련해주었다.

세베소는 이탈리아 북부에 위치한 자그마한 마을이다. 이 마을에는 스위스의 다국적 제약회사인 호프만 라로슈의 자회사인 익메사케미컬의 이탈리아 현지공장이 들어서 있었다. 삼염화페놀(Trichlorophenol)이라는 화학물질을 생산하는 공장이었다. 1976년 7월 10일 반응기 내부의 압력이 높아져 안전밸브가 열리는 사고가 발생했다. 다량의 유독성 화학물질이 대기 중으로 방출됐다. 15분이라는 매우 짧은 시간이었지만 인근 5킬로미터 11개 마을은 염소가스와 화학물질에 함유돼 있던 2킬로그램의 다이옥신에 노출됐다. 가축 4만 마리가 죽었고 400여 명의 임신부 가운데 51명이 자연유산됐다. 100여 명은 혹 기형아를 낳을까봐 낙태수술을 받았다. 우리나라에서도 1991년 낙동강 페놀사태 때 기형아 출산을 염려한 임신부들이 낙태수술을 받은 적이 있지 않은가.

사건 발생 뒤 이탈리아 정부 당국은 누출된 화학물질의 유독성과 피해 규모를 제대로 예상하지 못했다. 사건 발생 열흘이 지나서야 이 지역 주민 1만 1,000여 명에게 대피명령을 내렸다. 이 때문에 피해는 더욱 커졌다. 이 대목에서 눈치 빠른 독자라면 구미 휴브글로벌 불산 누출 사건과 유사한 점이 매우 많다는 사실을 떠올릴 것이다.

염소가스와 다이옥신에 노출된 사람들은 화상과 피부병으로 흉측한 모습으로 변했다. 특히 어린이들의 피해가 심각했다. 급성 독성을 비껴난 사람들이라고 해서 안전한 것은 아니었다. 이들 유독물질이 지닌 만성 독성 때문에 염소성 여드름과 각종 암, 면역 질환에 시달려야만 했다.

이 사건은 독성학자나 환경보건학자에게는 둘도 없는 좋은 연구 대상이 되었다. 세계적인 과학자들이 당시 노출된 인구집단을 대상으로 각종 연구를 진행했다. 오늘날 우리가 알고 있는 많은 다이옥신 위해성도 대부분 이 세베소 사건을 통해 얻은 것이다. 다이옥신은 생체 내에서 분해되지 않고 농축되며 가장 맹독성인 화학물질로 알려진 시안보다 7배나 독성이 강하다는 사실 등이 밝혀졌다.

　세베소 사건에는 다른 여느 사건과는 달리 우리에게 주는 특이한 교훈이 하나 더 있다. 환경재난 때 신속한 사후조치를 취하지 못하면 단순 사고가 재난이 될 수 있다는 점과 더불어, 가해자와 피해자 사이에 필연적으로 벌어지게 마련인 피해보상 문제와 관련해 정부가 공정한 조정 역할을 제대로 못할 때 또 다른 비극이 일어날 수 있다는 사실이다. 태안반도 기름 유출 사건이든, 시멘트공장 주변 주민 집단 진폐증 발생 사건이든, 가습기 살균제 집단 사망 사건이든, 삼성반도체 공장 노동자들의 백혈병 등 집단 암 발병 사건이든 가해자와 피해자가 명백하고 그 잘못의 책임 소재 또한 명백하더라도 대개 기업이 스스로 잘못을 인정하고 피해자에게 사죄와 함께 충분한 보상을 해주는 일은 거의 없다. 세베소 사건도 기업의 명백한 잘못 때문에 일어났지만 가해기업은 피해를 보상하지 않으려 했다. 결국 보상과 관련한 소송이 벌어졌다. 재판부는 1심에서 사건의 책임을 물어 5명의 회사 관계자들에게 징역 2년 6개월~5년을 선고했다. 하지만 부패 정부 아래에서 벌어진 항소심에서는 2명을 제외하고 나머지는 모두 무죄선고를 받았으며 이 두 명도 6개월 만에 보석으로 풀려났다. 기업프렌들리 정권에서나 예상할 수 있는 일이다. '유전무죄 무전유죄'가 부패정치로 악명 높은 이탈리아에서 널리 자리 잡은 탓이다. 사건 발생 4년여 지난 뒤인 1980년 12월 소송은 끝났다. 주민들이 받은 피해보상액은 실제 피해액의 절반에도 미치지 못하는 1억 900만 달러였다. 외국 자본과 결탁한, 부패한 정치 현실에 주민들과 양식 있는 국민들은 분노했다. 특히 좌파세력들은 더욱 그러했다.

　사건 발생 3년 8개월 지난 1980년 3월 어느 날 아침이었다. 사건 발생 당시 익메사케미컬의 공장장으로 세베소 사건의 최고책임자였던 파올로 폴레티는 자신의 빌라에서 좌파테러단체 '전선' 소속 3명의 남자와 1명의 여자로 이루어진 살인조의 총격을 받아 숨졌다. 이런 일이 두 번 다시 일어나서는 물론 안 될 것이다. 하지만 이런 비극을 막기 위해서는 사고예방에 최선을 다해야 하며 사고가 난 뒤에는 신속한 대처와 피해에 걸맞은 보상이 필수적으로 이루어져야 한다. 구미 휴브글로벌 불산 누출 재난도 마찬가지다. 정부가 앞장서 할 수 있는 모든 수단을 동원해 주민들이 피해보상을 제대로 받을 수 있도록 해야 한다. 이뿐만 아니라 이번 사건을 계기로 다른 지역에서 다른 유해물질로 환경 피해를 입은 사람들에게도 피해보상을 이루어질 수 있도록 해야 한다.

이번 사고가 터지기 전에 불산이나 불화수소산이라는 말 자체를 들어본 사람이 거의 없었다. 어떤 이들은 불소는 많이 들어보았는데 불산은 그것과 어떻게 다른지를 물어보곤 했다. 또 어떤 이들은 불소는 치약 성분으로 많이 들어가기 때문에 인체에 별로 해롭지 않은 물질이 아닌가 하고 반문하기도 한다. 불소(Fluorine)는 지표면에 많이 존재하는 원소 가운데 하나다. 인체가 음식이나 물에 포함된 극미량의 불소 성분을 섭취하면 인체에 별 영향이 없고 0.8피피엠가량의 불소가 녹아 있는 음용수로 장기간 섭취하면 치아우식증 예방에 도움이 된다는 과학적 연구 결과도 있다. 하지만 다량의 불소는 인체에 독성물질로 작용한다. 만약 10피피엠이나 50피피엠 등 상당한 양의 불소가 녹아 있는 음용수 등을 장기간 마시게 되면 뼈에 불소가 축적돼 치아, 뼈, 신장, 신경계, 생식계 등에 나타나는 불소침착증(불소증)이 발생할 수 있다. 아주 심할 경우 골경화증, 골격기형, 인대의 석회화, 암, 위점막 손상, 기형아 출산 같은 증상이 드물게 나타나는 것으로 보고되고 있다.

불소는 합성수지에도 널리 사용된다. 그 대표적인 것이 테플론(Teflon)이라 불리는 폴리테트라플루오로에틸렌(polytetrafluoroethylene, PTFE)이다. 테플론은 화학적으로 반응성이 거의 없는 고분자로, 우수한 내열성과

절연성을 보여 프라이팬 등 주방기구의 코팅, 방수-통기성 섬유인 고어텍스의 표면 처리, 각종 산업용 부품의 제조 등 다양한 분야에 사용된다. 불소화합물은 충치 예방을 위해 수돗물과 치약에 첨가되기도 한다. 여기에 사용되는 화합물로는 불화나트륨, 불화주석, 불화인산나트륨 등이 있다. 불소화합물들은 의약품과 농약으로도 많이 개발되어 사용되고 있다. 항암제로 많이 사용되는 5-플루오로우라실(5-fluorouracil), 항우울제로 알려진 프로작(prozac) 등이 불소화합물이다. 지난 50년 동안 상품화된 신약의 약 10퍼센트가 불소를 포함하는 화합물인 것으로 파악되고 있으며, 이 비율은 계속 증가하고 있다. 또한 불소를 포함하는 여러 화합물들이 제초제, 살충제, 살균제로 사용되고 있다.

이번에 문제가 된 불산은 불소화합물의 일종인 불화수소가 물에 녹은 수용액으로 테프론 제조, 반도체산업에 널리 쓰이고 유리 제조, 살균제, 소독제, 마그네슘합금 제조, 알루미늄 광택제, 맥주조제기구 세척제, 요업공정, 주석·납·크롬 등의 도금작업, 스테인리스강 표면 처리 등에도 광범위하게 사용된다. 사고가 난 휴브글로벌 주변에는 아사히글라스, 테프론 제조공장 등 불산을 사용하는 중소·중견기업들이 들어차 있었다. 만약 여러분이 컴퓨터, 휴대폰 등을 사용하고 있다면 제품 제조에 불산이 사용됐다고 보면 된다.

이번 사건은 공장에서 유독 화학물질 관리를 잘못하면 그 피해는 1차적으로 노동자에게 가지만 인근 주민 또한 재난을 피할 수 없다는 것을 그대로 보여주었다. 물론 유독화학물질은 물론이고 다른 유해물질, 예를 들면 석면이나 연탄가루, 시멘트가루, 중금속 등도 이를 취급하는 공장에서 환경 중으로 마구 내보낼 경우 심각한 환경 질환을 일으킨다는 것이 이미 우리나라에서도 여러 차례 증명됐다. 1987년 서울 상봉동 연탄공장을 비롯한 전국 연탄공장과 저탄장 주변 주민들의 집단 진폐증 발병 사건, 제천·단양·영월·삼척·장성 지역 시멘트공장 주변 주민 집단 진폐증 발병 사건, 충남 홍성·보령·청양 지역의 옛 석면광산 주변 주민들에게서 드러난 집단 석면 질환 발병 사건 등이 그 좋은 예다. 이번 사건은 또 위험불감증에 걸린 위험 사회에 살고 있는 사람들은 언제 어디서 어떤 재난을 당할지 모른다는 것도 잘 보여준다.

사고가 난 뒤 열흘이 지난 2012년 10월 7일 현장을 찾은 나는 몇몇 마을 주민들에게 가장 먼저 불산에 대해 물어보았다. 사고가 나기 전까지 그 이름을 들어본 적이 없다고 한결같이 말했다. 불산이 탱크에서 새어나와 공기와 접촉하면서 하얀 연기로 변해 사방에 퍼져나가자 어떤 이들은 화재가 나 소방대원들이 진화하면서 피어오른 연기쯤으로 여겼다고 한다. 어린이집 차량을 운전하는 중년 여성도 그런 사람 가운데 한 명이었다. 하얀 연기 모양의 그 가스가 엄청난 유독성을 지닌 것을 몰라 문을 연 채 사고현장 바로 곁을 지나갔다고 한다. 얼마간의 시간이 지난 뒤 뒤늦게 뉴스를 통해 그것이 유독성물질이었다는 것을 안 순간 목이 붓고 호흡에 곤란을 느꼈다. 병원을 찾아 엑스선 검진을 했더니 자그마한 하얀 반점이 보인다며 큰 병원에서 정밀검진을 받을 것을 의료진들이 권했다고 한다. 만약 미국처럼 지역주민 알 권리법이 제정돼 있고 그래서 마을 주민들이 불산의 위험성을 사전에 알았고, 또 공장에서 사고 직후 대피 안내방송 등을 했더라면 식물이나 작물, 가축 피해는 어쩔 수 없었다 하더라도 지역주민과 인근 공장 노동자들의 건강 피해는 줄일 수 있었을 것이다.

내가 구미 휴브글로벌 불산 누출 재난 사건을 '한국의 보팔 사건'이라고 이름 붙인 이유는 이처럼 위험불감증과 작업 안전과 재난에 대한 회사의 안이한 대처, 정부의 관리 부실, 사고 후 대처 미흡 등이 판박이처럼 너무

사건 발생 열흘 뒤 찾은 구미 봉산리 마을 모습. 모든 활엽수와 농작물이 노란색으로 변했고 말라 있었다.

나 닮았기 때문이다.

이 사고를 계기로 위기 대응 및 위해 관리와 관련해 많은 문제점이 다시 한 번 드러났다. 노동부와 환경부, 그리고 행정안전부 등 정부 부처끼리는 물론이고 정부와 지자체의 정보공유와 공동대응이 전혀 이루어지지 않았다.

그래서 주민들은 분노했다. 사고가 나 사람은 말할 것도 없고 농작물 손실 등 막대한 피해를 입은 데다 그동안 특별자유경제구역으로 7년 가까이 묶여 재산권을 제대로 행사하지 못한 데서 나온 불만까지 보태 정부에 대한 원망과 불만을 노골적으로 터트렸다. 어떤 마을 주민들은 자신이 태어나고 자랐던 고향마을을 죽음의 땅이라고 했다. 단지 1년 농사를 망친 것이 아니라 영원히 고향을 등져야 하는 것은 아닌지 불안감을 내비쳤다.

정부의 안이한 대처는 구미 불산가스 누출 사고지점에 불화수소가 함유된 미스트(안개) 형태의 증기가 관찰됐으나 이를 무시하고 심각단계를 해제한 것에서도 잘 드러났다. 국립환경과학원은 29일 새벽 2시 30분께 사고지점에서 미스트 형태의 증기가 탱크 주변에 정체하고 있는 것을 확인했다. 하지만 1시간 만인 3시 30분께 심각단계 경보를 해제했다. 육안으로 증기기체가 관찰됐지만 해제 조치를 취한 셈이다. 더구나 심각단계 경보를 해제한 뒤, 지자체는 안전하다는 판단에서 사고반경 50미터만 통제한 채 대피한 주민들을 복귀시켰다. 이는 대구지방환경청이 10월 6일 작성한 '구미공단 불산 누출 사고 및 대응방안'에 나와 있는 내용이다. 이런 내용을 전해들은 주민들은 또 한 번 분노했다. 자신들을 불산의 인체 독성을 시험해보기 위한 실험도구로 생각한 것이 아니냐고 하는 사람들도 있을 법한 대목이다. 물론 그렇지는 않을 것이다. 하지만 설득력 있는 분석은 이렇다. 어떻게 해서라도 사건의 파장을 줄이기 위해, 주민들을 하루빨리 복귀시킴으로써 별것 아니라는 점을 부각하려는 차원에서 벌어진 것이 아니겠느냐는 것이다. 그래야 지자체는 물론이고 정부 당국도 주민들과 언론의 비난 여론을 조기에 잠재울 수 있을 것이라고 판단했을 가능성이 높다.

미국의 저명한 위해 소통가인 피터 샌드만이 일찍이 말했듯이 사람이 분노하면 위험은 증폭되고 분노한 사람에게는 아무리 합리적이고 과학적인 이야기를 하더라도 전혀 귀담아 들으려 하지 않는다. 구미 국가산업단지 안 휴브글로벌에서 일어난 불산 누출 사고가 이를 잘 말해주었다. 24시간 만에 귀가 조치한 뒤 다시 건강 악영향이 염려돼 대피시키고 다시 열흘이 지나 이제는 누출 사고 피해지역 일대의 공기, 토양 중 잔류 오염도를 국립환경과학원이 측정한 결과, 전혀 검출되지 않거나 기준치 이내로 검출됐으므로 주민들이 마을로 복귀해도 된다고 밝혔지만 마음에 불신이 가득한 사람들이 곧이곧대로 믿고 마을에 발을 들여놓을 리 만무하다. 이솝우화에 나오는 늑대와 양치기 소년이 떠오른다. 한동안 봉산리, 임천리 피난 주민들은 "믿을 수 없다"며 마을로 돌아가지 않았다.

불산은 공기와 접촉하면 연기를 내며 자극적인 냄새가 나는 유독성물질이다. 인체에 불산 용액이나 증기가 직접 닿으면 피부와 점막을 심하게 부식시킬 수 있다. 특히 고농도로 가스나 증기를 흡입하면 강한 독성 때문에 신경조직 손상과 폐부종 등이 생겨 사망에 이를 수 있다. 그래서 이번 사고 발생 때 다량의 불산에 노출된 노동자 5명이 곧바로 숨진 것이다. 불산이나 고농도의 불산 증기가 피부에 닿으면 하얗게 탈색되며 물집이 잡힌다. 눈에 닿으면 각막이 파괴

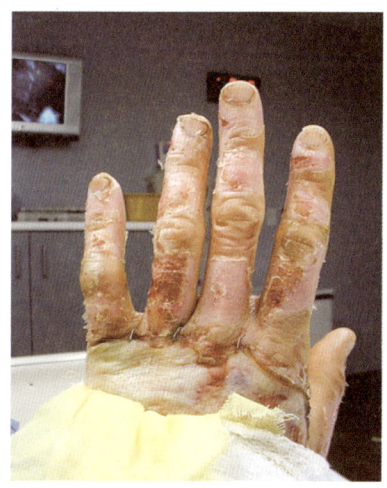

유독물질인 불산에 노출된 손. 심한 손상을 받은 것을 볼 수 있다.

되거나 혼탁해진다. 입속 점막이나 상기도에도 물집이 잡히며 심하게 부풀어 오른다. 이 때문에 목구멍이나 기관지는 경련을 일으킨다. 허파꽈리 등에 물이 차서 호흡이 곤란해지는 폐부종을 일으킬 수도 있다. 피부를 뚫고 혈액 속으로 들어간 불산은 심장이 비정상적으로 뛰는 부정맥과 심장마비를 유발할 수 있다. 이것은 불소 이온이 몸속의 칼슘·마그네슘 이온과 결합하기 때문이다. 이들 이온은 인체 모든 곳에 존재하면서 중요한 생리 기능을 수행한다. 그런데 불산이 칼슘과 반응해 불화칼슘을 만들면 핏속의 칼슘이 급격하게 줄어든다. 이를 보충하려고 칼륨이 방출되면 고칼륨증, 저칼슘증, 저마그네슘증 등이 생긴다. 손바닥(160제곱센티미터)보다 넓은 면적에 불산 화상을 입으면 전신 중독의 위험이 있다. 인체 표면적의 1퍼센트 이상이 50퍼센트 이상 농도의 불화수소가스에 노출되는 경우, 5퍼센트 이상의 인체 표면적이 노출되었을 경우(농도에 상관없음) 60퍼센트 이상 농도의 용액에서 발생한 불화수소 증기를 흡입한 경우에는 노출 부위에 매우 심각한 화상이 생긴다. 하지만 불산은 특유의 유독성 냄새 때문에 누출 초기에 조기 대응이 가능하다. 그럼에도 불구하고 이번 사건은 조기 대응이 부실했고 그리고 그것이 얼마나 큰 피해를 가져올 수 있는지를 극명하게 보여주고 있다.

특히 유해화학물질에 의한 환경성 질환의 특성 가운데 하나는 민감하거나 체질이 특이한 몇몇 특정인이 아니라 많은 사람들에게 피해를 줄 수 있다는 것이다. 특히 어린이나 노약자, 만성 질환을 갖고 있는 사람에게 훨씬 피해를 끼칠 수 있다. 사고가 난 공단 주변 봉산리 등은 벼농사와 과수농사를 하는 농촌 마을이다. 50대 이상 나이가 든 사람들이 눈에 많이 띄었다.

또 다른 특징은 노출이 중단되어도 이미 발생된 건강 장애가 좋아지지 않는다는 것이다. 유해물질 가운데는 인체 축적성이 없는 것도 있고 인체

대사활동으로 신속하게 몸 밖으로 배출되는 것이 있다. 이런 물질들은 한꺼번에 많은 양이 몸 안으로 들어오지 않으면 인체에 큰 악영향을 끼치지 않는다. 하지만 인체 축적성이 높거나 생물학적인 반감기(인체에 들어온 유해물질의 절반이 대소변, 호흡 등의 대사활동으로 몸 밖으로 빠져나갈 때까지 걸리는 시간)가 길다면 심각한 문제를 일으킨다. 대부분의 화학물질들은 생물학적 반감기가 수주에서 수개월이다. 하지만 불소 성분을 지닌 불산이 인체에 흡수돼 뼈에까지 도달할 경우, 그리고 그 양이 상당할 경우 문제는 심각하다. 뼈에 흡수된 불산(불소)의 생물학적 반감기는 20년 가까이 된다. 따라서 장기간 노출에 의한 만성적인 건강 장애를 관리하는 것이 무엇보다 중요하다.

예방의학 및 환경독성 전문가들은 이런 사고가 나면 대기 중은 물론이고 작물이나 나무, 물, 토양 등 환경 중 불산 노출 규모를 정확히 파악하여 조금이라도 유해 가능성이 남아 있다면 잠재적인 건강 피해자를 다른 곳으로 이주하는 것이 바람직하다고 조언한다. 환경 유해물질의 위해도 평가는 대상물질의 독성 평가, 노출 규모 파악, 노출량과 피해 정도에 대한 양-반응 관계 평가의 순서로 이루어지는데, 이 세 가지 단계 모두에서 치밀하고 체계적인 접근이 필요하다.

소 잃고 외양간 고치는 격이기는 하지만 노출 피해자에 대한 보호와 관리도 매우 중요하다. 불산은 전신 독성을 일으키는 물질이다. 비염, 기관지염 등의 점막 손상에 의한 가벼운 건강 문제부터 폐부종, 신경조직 손상 등의 치명적인 건강 영향 평가까지 체계적으로 시행되어야 한다. 당뇨, 고혈압 등의 만성 질환이 있는 노인층에 대해서는 더욱 심층적인 건강 영향 평가와 관리가 이루어져야 한다. 이번 사고로 병원에서 진료를 받은 노동자와 주민들은 수천 명에 이르지만 급성 중증 환자는 많지 않은 것은 불행 중

다행이라고 할 수 있다.

이번 사건은 우리 사회가 가지고 있는 위기관리의 총체적 부실을 그대로 보여주었다. 21년 전 같은 지역에서 한국 전체를 떠들썩하게 만든 유사 사건이 발생한 적이 있다. 유해물질을 전달한 매체(매질)가 공기가 아니라 물이었다는 점이 달랐다. 두산전자 구미공장에서 제품원료로 보관하고 있던 유독성물질인 페놀 30톤이 유출되어 샛강을 통해 상수 취수원이 있는 낙동강 수계 본류까지 유출된 사건이다. 이 사고로 수돗물의 페놀 수치가 세계보건기구 허용치의 110배까지 올라갔다. 녹색연합은 이 낙동강 페놀 오염 사건을 1950년대 이후 발생한 대한민국 환경 10대 사건 중 1위로 선정했다. 그런데 공교롭게도 다시 구미에서 사상 최악의 유독화학물질 대기 중 누출 사건이 터진 것이다. 이 때문에 지역 민심이 흉흉해지자 선거를 앞둔 대선주자들이 앞다퉈 지역 주민을 찾아 위로했다. 이들에 앞서 사고현장을 방문한 환경부장관 등 정부 관료들은 주민들의 분노에 가득 찬 항의에 몸 둘 바를 몰라 전전긍긍했다.

큰 재난이 발생한 뒤 타임머신을 타고 과거로 거슬러 올라가 재난 사건 전에 있었던 일들을 살펴보면 한두 번 또는 그 이상 규모는 작지만 유사 사고가 있었음을 종종 볼 수 있다. 1,000명 가까운 환자와 수십 명의 사망자를 낸 원진레이온 이황화탄소 직업병 사건의 경우도 사회적으로 문제가 됐던 1988년 이전인 1980년대 초부터 이황화탄소 누출 사고로 현장에서 노동자가 숨지는 사고가 생기는 등 위해 사망 사건이 있었다. 옛 석면광산 인근 주민들이 집단적으로 석면폐증, 악성 중피종, 폐암에 걸린 것으로 2009년 밝혀졌지만 실은 이에 앞서 1960년대부터 충남 홍성 등 일제 때 개발된 석면광산에서 그 당시 일했던 노동자와 인근 주민들 사이에서는 요즘 석면 질환에 걸려 고통을 겪고 있는 사람들과 똑같은 질환에 걸려 숨져간 사람이 한

둘이 아니다. 당시는 석면의 유해성이나 석면 질환이 어떤 것인지 잘 몰랐지만 지금은 그나마 널리 알려진 편이다. 따라서 1960~1970년대부터 재가동에 들어간 석면광산 작업환경 및 주변 환경관리를 제대로만 했더라면 충남 홍성 등 석면광산 주변 주민들의 집단 석면 질환 발병 재앙은 막을 수 있었거나 그 피해를 크게 줄여 재앙 수준은 면할 수 있을 것이 분명하다.

이번 경북 구미 휴브글로벌 불산 누출 재난도 전조가 있었다. 사고 발생 뒤 열린 2012년 가을 정기국회 국정감사에서 근로복지공단이 국회에 제출한 자료를 보면, 지난 2009년 6월에 이미 구미 휴브글로벌에서 불산 누출로 노동자 피해를 당해 겨우 목숨을 건진 것으로 나타났다. 당시 사고는 공장 저장탱크에 있던 불산을 탱크로리 차량에 옮겨 싣기 위해 고압호스를 연결하다 접속 부위가 펌프압력에 의해 순간 분출하면서 일어났다. 작업을 하던 노동자는 얼굴과 가슴에 화상을 입고 입원 치료를 받아 다행히 목숨은 건졌으나 근무가 불가능할 정도여서 직장을 그만두었다. 휴브글로벌은 2011년 노동자 정기 안전교육을 실시하지 않은 것으로 나타났다. 또 실제로는 근무 직원이 7명인데도 5명 이하에 대해서는 안전관리 대상에서 제외된다는 점을 악용한 회사의 허위신고로 노동부 공정안전보고서의 불산 취급 사업장 목록에서도 휴브글로벌은 빠져 있었다. 노동부의 관리감독이 허술했다는 점이 이번 사건으로 그대로 드러난 셈이다. 구미 지역에만 총 60여 곳의 불산 취급 사업장이 있다. 이를 전국으로 확대하면 그 수는 수백 곳으로 크게 불어날 것이다. 여기에다 황산, 질산, 염산 등 다른 유독강산과 유해화학물질, 유독가스 등을 보태면 수천, 수만 곳의 사업장과 그 인근 주민들이 언제 터질지 모르는 재난 앞에 무방비로 놓여 있다고 볼 수 있다. 이는 사고 발생 뒤 보여준 노동부의 안일한 노동자 보호 대책에서 여실히 드러났다. 구미 휴브글로벌 불산 누출 사고 발생 뒤 초등학교 등 인근 학교

9곳은 휴교 조치가 이뤄졌지만 공장은 모두 가동됐다. 이번 사고에서 노동자 피해가 많은 이유를 짐작케 하는 대목이다. 인근 공장의 다른 노동자를 즉각 대피시키고 조업 중단을 했더라면 피해를 크게 줄일 수 있었다는 점에서 앞으로 이와 관련한 정밀한 조사와 처벌, 그리고 유사 사고를 막기 위한 제도 개선과 태도 변화 등이 확실히 이루어져야 할 것이다.

오늘날 우리는 약 7만여 종의 화학물질을 제조해 사용하고 있다. 바야흐로 현대는 화학물질의 시대다. 화학물질은 현대문명을 이끌었고 유지해주고 있으며 미래에도 그러할 것이다. 그 덕분에 우리는 풍요를 누리고 있다. 하지만 앞에서 살펴본 대표적인 위해 사건과 구미 불산 누출 사건처럼 화학물질이 우리에게 엄청난 재앙을 가져다줄 수도 있다. 풍요냐 재앙이냐는 오로지 우리 자신의 손에 달려 있다는 사실을 구미 휴브글로벌 불산 누출 사건은 말해주고 있다.

• 화학물질 누출 사고에 대응하기 위한 수칙 7가지 •

☐ 노동자들은 내가 다루는 물질이 어떤 유해성을 지녔는지에 관심을 가지고, 혹 환경 중에 누출됐을 때 어떤 재난이 생길 수 있는지를 사전에 알고 작업안전에 힘을 쏟아야 한다.

☐ 지역 주민들은 내가 살고 있는 집 주변에 어떤 유독성 화학물질 취급 공장이 있는지를 파악한다.

☐ 화학물질 누출 사고에 대비해 유독물질 취급 공장 주변 주민들은 방독(방진)마스크를 준비해두고 사고가 났을 때 즉각 이를 착용하도록 해야 한다. 눈 자극물질이거나 피부 흡수 유독물질일 경우에는 눈보호안경(고글)과 화학물질에 견디는 특수 방호복을 사전 준비해 입어야 한다.

☐ 유독물질 누출 사고가 난 사실을 인지했을 경우 즉각 사고현장에서 재빨리 멀리 달아나야 한다.

☐ 사고가 나면 바람이 부는 반대 방향으로 도피하되 누출된 화학물질이 공기보다 무거우면 산 위로, 가벼우면 저지대로 대피한다.

☐ 유독물질에 노출됐을 경우 즉각 병원을 찾아 진료를 받거나 119에 신고해 조치를 받을 수 있도록 해야 한다. 만약 유독물질에 노출된 사람을 발견했다면 유독물질의 특성을 잘 알려 병원에 가서 진료를 받도록 유도한다.

☐ 유독물질에 노출된 뒤 자각 증상이 없더라도 의료진을 찾아 노출된 시각과 기간, 노출 정도 등을 설명하는 것이 바람직하다. 어떤 유독물질의 경우 급성 독성이나 전신 독성 외에도 만성 독성이나 국소 독성이 있을 수 있기 때문이다.

야근과 밤샘 작업이
암을 유발한다?
야간 작업자, 이것만은 알아두자

발명왕 토머스 에디슨은 현대 문명에서 없어서는 안 될 매우 중요한 많은 발명품을 만들었다. 백열전구, 가장 효율적인 혁신적 발전기, 최초로 상업화된 전등과 전력 체계, 실험적 전기 철도, 가정용 영사기 등이 그의 대표적인 발명품들이다.

그 가운데 현대인에게 없어서는 안 될 가장 중요한 발명품은 백열전구다. 백열등은 지금은 형광등, LED 등 다양한 조명 기구로 진화했지만 그 효시는 에디슨이 만든 백열전구였다. 그가 백열등을 발명한 때가 1879년. 그 뒤 현대인은 밤에도 환한 대낮처럼 활동하는 것이 가능해졌다. 그런데 이 전구와 전기가 오늘날 현대인들을 위험에 빠뜨리고 있다. 에디슨은 전구가 후대에 인간을 위험에 빠뜨리는 도구가 될 줄 까마득하게 몰랐겠지만.

인간은 500만 년 전 침팬지 등과 같은 다른 영장류에서 갈래를 지어 나왔다. 그 뒤 200만 년 전 호모 하빌리스를 거쳐 20만 년 전 지금의 현생인류인 호모 사피엔스로 진화했다. 원시인류는 물론이고 인간은 오랜 세월

나무 위에서 생활했다. 밤이면 무서운 야행성 포식자를 피해 죽은 듯이 지냈다. 농경 사회에 접어든 뒤에도, 이른바 문명을 만들어낸 뒤에도 밤과 낮은 뚜렷이 구별됐다. 밤에 일하는 사람은 거의 없었다. 낮에는 활동하고 밤에는 쉬는(잠자는) 생활은 인간의 생체 리듬을 만들었다. 우리는 여기에 맞춰 각종 호르몬 분비 등 모든 생리활동을 하고 있다.

인간이 불을 사용하기 시작한 것은 대략 200만 년 전으로 보고 있다. 그리고 고기와 뿌리 열매를 익히는 것뿐만 아니라 지금의 전구처럼 불로 주변을 밝히기 시작한 것은 농경 사회와 더불어 이루어진 가축의 대량 사육 덕분에 기름을 확보하면서부터였다. 하지만 이 또한 많은 사람들이 밤샘을 하며 일할 정도로 충분한 것은 아니어서 특별한 경우를 제외하곤 해가 지면 당연히 잠자리에 들었다.

한국 사회만 해도 1950~1960년대 전기가 시골까지 들어가지 않아 호롱불로 밤을 보내야 했던 곳에서는 어두워지면 잠자리에 들고 날이 밝으면 일어나 일하지 않았던가. 지금은 그런 곳을 찾아보기 어렵지만 나를 비롯해 50대 이상의 많은 사람들이 어렸을 때의 추억으로 간직하고 있다. 10대와 20대의 청소년들에게는 이런 아련한 추억조차 없겠지만 말이다.

밤낮을 확실히 구별해 모든 생활이 이루어지던 것이 약 100년 전부터 전기와 전구의 발명으로 깨지기 시작했다. 밤에도 낮처럼 생활하는 것이 별로 대수롭지 않은 세상이 온 것이다. 특히 최근에는 야간 노동을 하는 사람들이 급격히 늘어나면서 한밤과 새벽에 일하는 사람들과 날밤을 새야만 하는 노동자, 야간 교대 근무를 하는 사람들은 오랜 진화 끝에 우리 몸의 일부가 된, 일주기(日週期)에 맞춘 대사활동과 생리활동에 맞서야 하는 위험에 처해 있다.

흔히 현대인이 겪는 만병의 근원을 스트레스라고 한다. 그 원인을 잘 설명할 수 없는 질병이나 암에 대해 스트레스 때문일 가능성이 크다고들 말한다. 이제 밤샘 일을 하는 사람이나 야간 교대 근무를 하는 사람들에게는 밤샘 일이 만병의 근원이 되고 있다. 진화를 통해 인간의 정상 작동기전으로 자리매김한 일주기 생체 리듬을 무시해야 하는 환경에 놓인 이들은 비정상적 호르몬 분비와 일주기 시계 유전자의 교란으로 면역계 기능에 장애가 발생하기 때문이다.

이런 매우 부자연스런 일은 필연적으로 사람에게 악영향을 가져오게 마련이다. 야간 노동, 특히 야간 교대 근무는 잠을 제대로 자지 못하는 수면 장애는 물론이고 우울증, 변비, 소화 장애, 심혈관계 질환과 함께 최근에는 유방암을 비롯한 각종 암을 일으킬 가능성이 있는 것으로 드러났다.

2008년 세계보건기구에 산하 국제암연구소는 마침내 야간 교대 근무(Shift Work)를 인간에게 암을 일으킬 가능성이 상당한 물질, 즉 인체발암 추정물질(Group 2A, Probably Carcinogenic to Human)로 발표했다.

야간 교대 근무와 같은 수준의 발암성 인자, 즉 그룹2A에 속한 물질로는 납, 용접흄, 스티렌, 아세트알데히드, 포름알데히드, 카본블랙(숯검정), 트리클로로에틸렌, 클로로포름, PCB(폴리클로리네이티드비페닐), 디젤연소물질, 환경호르몬으로 널리 알려진 DEHP(디에틸헥실프탈레이트) 따위를 꼽을 수 있다. 야간 교대 근무의 경우 인간에서 암이 발생한다는 증거는 제한적이지만 동물에서는 매일 밤에 빛을 노출시킨 결과 암이 발생하는 충분한 증거가 나타났다.

2011년부터 건강 유해 인자로 야간 교대 근무가 산업보건학자, 산업의학자뿐만 아니라 암 학자, 노동 당국 등의 관심을 끄는 것은 그 피해자가 나타나기 시작했으며 야간 근무를 하는 노동자의 수가 점점 늘어나기 때문이다. 야간 근무 또는 야간 교대 근무를 하는 노동자의 수에 대한 통계 수치를 살펴보기 전에 우선 우리가 피부로 느낄 수 있는 현상들을 살펴보자.

20~30년 전만 해도 24시간 편의점이나 대형 할인점이 없었다. 24시간 편의점이 최근 우후죽순처럼 늘어났다는 것은 한밤중과 새벽에 일하거나 활동하는 사람이 많다는 방증이다. 트럭 운전자 등 물류 수송업에 종사하는 노동자, 자동차공장 등 각종 제조업체 노동자, 자동차 증가와 더불어 주유소에서 일하는 사람들, 방송통신업에 종사하는 사람들, 택시 운전기사 등 운수업 종사자, 밤새 문을 여는 술집, 식당 등에서 일하는 사람들, 24시간 국민의 안전과 범죄예방을 책임지는 경찰·소방대원, 아파트 경비원, 국제노선 항공기 승무원, 간호사 등 병원 근무자 등등 현대 사회는 밤에도 낮처럼 일하는 사람들이 점점 많아지고 있다.

야간 교대 근무에 대한 정의를 어떻게 하느냐에 따라, 그리고 고정 야간 근무, 야간 근무를 포함한 교대 근무 등 교대 근무에 어떤 것까지 포함시키느냐에 따라 관련 노동자 수가 달라질 수 있겠지만 대체적으로 핀란드, 영국, 프랑스 등의 선진국은 20퍼센트 안팎이 야간 교대 근무를 하는 것으로 보고 있다. 우리나라는 이들 선진국들보다는 약간 낮은 10~15퍼센트(130만~200만 명)가량의 임금 노동자들이 야간 교대 근무를 하는 것으로 파악하고 있다.

한밤중에 깨어서 일하는 것이 필연적으로 몸에 이상을 가져올 것이라는 사실은 굳이 과학적, 역학적 연구 결과를 들이대지 않더라도 경험적으로 모두 알고 있다. 잠을 제때 자지 못하는 것만큼 인간을 괴롭히는 것도 없다. 그래서 고문 기술자들은 박정희·전두환 시절 이를 악용해 민주 투사들에게 잠을 재우지 않는 만행을 저지르지 않았는가. 그리고 군대에서 야간 보초나 불침번을 서본 경험이 있는 사람치고 졸려보지 않은 사람은 아마 없을 것이다.

나도 군대에서뿐만 아니라 신문사에서 일할 때 야간 근무의 부작용을 많이 경험했다. 그래도 혈기왕성하던 20대와 30대 때 오랫동안 사회부에서 근무하면서 1주일에 한두 차례 밤샘 일을 해야 했다. 당시 외신부(국제부) 기자들은 밤샘 근무를 하고 하루를 쉬었지만 사회부 기자들은 새벽 5~6시께 집에 들어가 자고 난 뒤 오후에 다시 출근해야만 했다. 그날 오후 근무는 물론이고 그 다음날까지 계속 졸리고 몸이 찌뿌둥해 맑은 정신으로 일하기가 어려웠다. 사회부 기자의 가장 큰 고역은 다름 아닌 밤샘 근무였다.

밤샘 근무를 한 뒤 만약 차를 몰고 집으로 간다면 졸음운전으로 사고의 위험성이 매우 높다. 프레스 등 기계를 다루는 작업을 하는 노동자의 경우는 산업재해 사고를 당할 위험 또한 높다. 야간 교대 근무를 하는 사람들은 잠에 잘 들지 못하며 자더라도 잔 것 같지 않은 등 수면의 질이 크게 떨어진다는 것이 여러 연구를 통해 드러났다.

야간 교대 근무로 인한 건강 악영향 가운데 수면 장애는 가장 흔하고 쉽게 느낄 수 있는 것이다. 교대 근무는 이뿐만 아니라 우울증을 증가시키고 장기가 쉬어야 할 때 쉬지 못하는 데서 오는 각종 부작용이 드러나 변비, 설사 등 소화기 계통의 질환 증가와 뇌졸중과 관상동맥 질환 등의 심혈관 질환과 이로 인한 급사 위험성을 높이는 등 인체 전반에 악영향을 준다. 교대 근무로 인한 관상동맥 질환 증가에 관한 연구 결과 교대 근무 기간이 길면 길수록 관상동맥 질환의 위험도가 비례해 증가하는 것으로 타나난다. 역학에서 인과관계를 증명하는 주요 요소로 꼽는 양-반응 관계가 나타난 것이다.

이런 양-반응 관계는 현대인들이 요즘 가장 신경을 쓰고 있고 또 관심을 가져야 할 대사 증후군에서도 나타난다. 대사 증후군은 복부 비만, 고중성지혈증, 저HDL(고밀도지질단백질)콜레스테롤혈증, 고혈압, 공복 시 고혈당 가운데 세 가지 이상에 해당될 때를 말하는데, 교대 근무자에게서 대사 증후군 발생 위험이 1.8~5.0배나 증가한다는 연구들이 있다.

전문가들은 교대 근무 노동자들의 대사 증후군 발생 위험에 대해 교대 근무가 혈당과 중성지방 대사를 원활하게 하지 못하게 하며 생체 리듬 파괴, 수면 장애와 함께 사회·신체 활동량을 줄어들게 하기 때문으로 설명한다. 또 수면이 부족하게 되면 우리 몸에서 포만감을 느끼게 해주는 렙틴이 줄어들고 이것이 식욕을 부추겨 체중 증가로 이어진다는 것이다.

국제암연구소가 2008년 교대 근무를 인체발암추정물질로 규정하자 그해 덴마크는 20년 이상 야간 근무를 한 노동자 가운데 가족력이 없는데도 유방암에 걸린 간호사 26명, 간호조무사 12명, 의사 4명, 기타 직종 종사자 14명을 직업병으로 승인해 보상해주었다. 그 뒤 세계 각국에서 야간 교대 근무로 인한 암 발생과 직업성 암 인정 여부가 뜨거운 감자로 떠오르고 있다.

야간 교대 근무와 관련해 가장 먼저, 그리고 가장 많이 연구된 것은 유방암이지만 최근에는 전립선암에 대해서도 관심이 모아지고 있다. 이들 두 암은 선진국은 물론이고 우리나라에서도 최근 매우 빠른 증가 추세를 보이는 것들이다. 이 밖에도 대장암, 결장암, 자궁내막암, 난소암, 악성 림프종, 백혈병 등 매우 다양한 암들이 야간 교대 근무와 관련이 있을 것으로 추정되고 있다.

왜 야간 교대 근무가 암을 일으키는 원인이 될까? 과학자들은 야간 근무에서 오는 호르몬 분비 변화를 범인으로 의심하고 있다. 밤이 되면 수면 호르몬이라는 별명을 지닌 멜라토닌이 분비돼 잠을 푹 자게 되는데 교대 근무자는 야간에 빛에 노출돼 이 멜라토닌 생성이 몸에서 제대로 이루어지지 않고 오히려 에스트로겐이 더 많이 나와 이들 호르몬과 관련성이 깊은 유방암과 전립선암이 증가한다고 설명한다.

멜라토닌은 세포 내의 유해 산소를 제거해주고 발암물질에 의한 세포의 DNA 손상을 막아주는 역할을 한다. 그런데 야간에 빛 노출로 말미암아 이 멜라토닌이 적게 분비될 경우 세포내 암 예방 기전 작동이 효과적으로 이루어지지 않게 된다는 것이다.

교대 근무자들은 이런 직접적인 건강 문제뿐만 아니라 서로 생활 주기가 달라 가족이나 친구 등과 함께 식사를 하거나 대화하지 못하는 등 제대로 된 사회생활을 하는 데도 야간 교대 근무가 큰 걸림돌이 된다.

우리나라에서는 지난 2010년 12월에서야 비로소 야간 교대 근무로 인한 수면 장애를 업무상 재해(직업병)로 인정했다. 당시 한 자동차공장에서 조립 업무를 하던 36세의 장 아무개 씨는 수면 장애로 고통을 겪다 산업재해 신청을 냈으나, 근로복지공단이 요양 승인을 내주지 않자 요양 불승인 처분 취소 소송을 냈고 서울행정법원이 원고 승소 판결을 내린 것이다.

장씨와 같은 노동자는 우리 사회에서 그야말로 빙산의 일각에 지나지 않을 것이다. 앞으로 야간 교대 근무로 인한 각종 질환에 시달리다 요양 승인 신청을 내거나 소송을 벌이는 노동자가 급증할 것으로 보인다. 특히 야간 교대 근무가 직업성 질환을 유발한다는 사실이 노동자 전반에 인식될 경우 더욱 그러할 것이다.

최근 금속노조와 같은 산별노조와 민주노총, 한국노총, 원진노동환경건강연구소 등 많은 노동자단체와 연구기관 등도 야간 근무에 따른 노동자들의 건강권 지키기에 불을 지피고 있어 야간 교대 근무는 노동계뿐만 아니라 우리 사회가 해결해야 할 새로운 의제로 떠오를 조짐을 보인다.

예를 들어 서울시가 관련 조례 등을 개정해 대형 할인점과 기업형슈퍼마켓(SSM) 등의 심야 영업을 제한하려는 것은 동네 가게나 재래시장과 같은 영세 중소 상인들을 보호하자는 취지에서 비롯했겠지만, 결과적으로는 야간 교대 근무를 중단함으로써 노동자의 건강권을 확보한다는, 서울시로서는 미처 생각지 못한 열매를 덤으로 얻게 해줄 수 있다.

야간 근무를 좋아할 사람은 별로 없을 것이다. 이들은 노동자 가운데에서도 상대적으로 모든 환경이 열악한 처지에 놓여 있다. 정규직에 견줘 비정규직이, 남성 노동자에 견줘 여성 노동자들이, 한국인 노동자에 견줘 외국인 노동자들이 더 열악한 조건에서 일하고 있는 것처럼 말이다. 야간 근무 노동자들은 야간 근무 그 자체가 매우 심각한 위해 요소이며 발암성 요인이고 근무 중 각종 재해를 입을 위험성 또한 높아 이중 위험에 노출돼 있다.

따라서 앞으로 노동계와 정부는 물론이고 우리 사회는 야간 교대 근무를 최대한 줄이려는 노력을 할 필요가 있다. 이와 함께 야간 작업자들의 건강 보호를 위해 다양한 조처와 프로그램을 운영하는 것이 바람직하다.

• 야간 작업자의 건강 보호 방안 •

☐ 야간 작업 때 위험가 높은 업무는 낮에 하도록 한다.
☐ 야간 작업 때에는 더 안전하고 힘이 덜 드는 작업 방법을 사용한다.
☐ 실수나 오류를 줄일 수 있는 조치를 강화한다.
☐ 야간 작업 때, 특히 위험 작업 때 안전수칙을 잘 지키는지 확인한다.
☐ 야간 작업 때는 혼자 고립되어 작업하는 것을 피한다.
☐ 야간 근무 중 휴식 시간을 적절히 이용한다.
☐ 야간 근무 중 적절한 시간의 수면 시간을 허용한다.
☐ 쉬거나 잠을 편히 잘 수 있는 위생적인 휴식 공간을 제공한다.
☐ 야간 작업자가 영양을 고루 갖춘 식사를 할 수 있도록 지원한다.
☐ 야간 작업자의 신체적, 정신적 건강 문제를 주기적으로 관찰한다.
☐ 야간 근무 전후에 이용할 수 있는 교통수단을 지원한다.
☐ 새로 야간 작업을 하는 모든 근로자에게 교육 프로그램을 제공해 근무 형태에 적응하는 방법과 작업 때 안전을 확보하는 방법을 가르친다.
☐ 야간 작업의 위험 및 필요한 조치에 대해 알기 쉽게 설명하는 홍보물을 준비해 나눠준다.

※ 출처: 전경자, '야간 작업자의 건강보호방안', 《OSH안전보건연구동향》(2012/1), 산업안전보건연구원.

핵(원자력)

방사성물질이나 방사선에 대한 관심은 평소 그리 많지 않다. 엑스선 촬영이나 CT 촬영은 매우 흔하게 이루어지지만 이때 방사능 노출을 걱정하는 사람은 별도 없다. 하지만 핵발전소 방사능 누출 논란이 불거지거나 하면 언론과 대중의 관심은 커진다. 체르노빌 핵발전소 폭발 사고와 같은 대형 재난이 생기면 전 세계인이 마치 자신에게 벌어진 일처럼 깊은 관심을 드러낸다.

2011년 3월 일본 후쿠시마에서 터져나온 대형 핵발전소 참사는 전 세계인 특히, 바로 이웃한 우리나라 사람들로 하여금 방사성물질의 위험성을 되돌아보게 하는 계기가 됐다. 이 사건은 워낙 대형 재난이어서 아직도 끝나지 않은, 언제 끝날지 모르는 사건으로 자리매김했다. 그 와중에 서울 노원구 방사성 아스팔트 사건은 '자라 보고 놀란 가슴 솥뚜껑 보고 놀란다'는 격언처럼 우리를 놀래켰다. 후쿠시마 대재앙과 노원구 방사성 아스팔트 사건을 계기로 핵에 대한 두려움을 왜 대중들이 과도하게 느끼는지를 파헤쳐본다.

물론 우리나라에서도 핵연료가 녹아내리는 노심용융 사고가 발생하면 그 피해는 걷잡을 수 없다는 점에서 반드시 막아야 하겠지만 실제 이런 사고가 일어날 가능성은 매우 낮은 편이다. 생명과 건강을 생각한다면 당장은 우리가 살고 있는 주거생활공간에서 기체 형태로 땅 밑에서 스며 나오는 방사성물질인 라돈을 더 경계해야 한다. 미국에서는 라돈을 석면보다도 폐암을 더 많이 발생시키는 유해물질로 다루고 있다. 우리나라 사람들이 라돈의 위험에 어느 정도 노출되는지, 또 이를 피할 수 있는 방법이 없는지를 살펴본다.

'제2의 체르노빌' 터져도
한국은 안전하다고?
우리가 핵을 무서워하는 이유

2011년 3월 11일 일본 열도를 강타한 핵 공포는 아직도 일본 국민들에게는 현재진행형이다.

일본은 1945년 세계 처음으로(그리고 아직까지는 마지막으로) 핵폭탄의 제물이 된 국가다. 그 일본에서 66년 만에 다시 핵이라는 괴물이 판도라의 상자, 즉 핵발전소의 격납고를 뚫고 나왔다. 진도 9.0이라는, 일본 사상 가장 강력한 지진에 이은 가공할 지진 해일(쓰나미)로 엄청난 인명 손실과 재산 피해를 입은 일본인에게 몸과 마음을 추스를 여유도 주지 않고 잔인하게도 핵 재앙이 일본 열도를 덮친 것이다.

지진과 지진 해일은 그 피해가 즉각 드러나는 위험이다. 핵 재앙은 바로 그 피해를 입기도 하지만 언제 어디서 어떤 피해가 나타날지 모르는 속성을 함께 지닌 위험이다. 전염병에 비유하자면 지진과 지진 해일은 사스나 신종플루와 같은 급성 전염병이고, 핵은 이런 급성 전염병의 특성과 동시에 에이즈와 같은 만성 전염병의 특성을 두루 지니고 있다.

한꺼번에 많은 피폭을 받거나 방사성물질이 다량 체내에 들어와 쌓이면 즉각 사망 등의 피해가 드러난다. 남성과 여성 생식기에 영향을 미쳐 기형아 출산을 유발하고 여러 장기에 나쁜 영향을 줄 뿐만 아니라 갑상선암, 백혈병, 폐암, 유방암 등 각종 암이 생길 위험성이 그만큼 높아진다. 우리가 핵의 위험성에 더욱 주목하고 두려워하는 것은 이런 지연된 위험 때문이다.

일본이 핵 재앙을 겪은 것은 60여 년 전이므로 대다수 일본인에게 핵이라는 위험은 낯설다. 하지만 위험학에서는 과거 큰 피해를 겪은 적이 있는 역사적 위험을 사람들이 실제보다 더 위험하게 느끼는 경향이 있다고 한다. 방사성물질 누출이 일어난 핵발전소가 있는 후쿠시마에서 멀리 떨어진 도쿄 시민들도 공포를 느끼는 것에는 이런 역사적 경험이 한몫을 하는 것으로 보아야 한다.

미국 하버드대학 보건대학원 위해성분석센터가 2002년 48종의 각종 위험에 대해 그 위험의 노출 정도(발생 가능성)와 실제 피해 정도를 파악해 위험 측정계(risk meter)를 만들어 『리스크(RISK)』란 책을 통해 발표한 적이 있다. 어떤 위험은 노출, 즉 발생 가능성이 낮지만 발생할 경우 그 피해가 심각한 위험도 있고 발생 가능성은 높지만 그 위험이 별것 아닌 것도 있다.

하버드대학 연구팀은 핵발전소 방사성물질 누출에 대해 발생 가능성이 매우 낮은 것으로 보았다. 그리고 이로 인한 인명 피해 등도 상, 중, 하 가운데 중과 하의 경계선상 정도에 있는 것으로 분석했다. 하지만 특이한 것은 핵발전소 사고에 다른 47종의 위험에서는 없는 항목이 하나 더 있었다. 바로 인간에게 끼치는 심리적 영향과 사회경제적 영향이 엄청나게 높다는 위험 측정 지표가 그것이다.

일본 국민과 한국인 그리고 세계가 일본 핵발전소 폭발과 화재에 주목하고 있는 것과 지진과 지진 해일보다 핵발전소가 일본 경제와 세계 경제에 끼칠 수 있는 영향이 더욱 클 가능성이 있다는 전문가들의 진단이 의미심장한 것은 핵이 지닌 이런 위험 특성, 즉 심리적, 사회적, 경제적 영향이 매우 크다는 사실 때문이다.

미국 핵규제위원회(NRC, The Nuclear Regulatory Commission)는 방사성물질을 방출하는 핵발전소 원자로 노심 용융 사고가 일어날 확률은 연간 100만분의 5라고 밝혔다. 지금까지 세 번의 방사성물질 방출을 초래한 노심 용융 사고가 있었다. 2011년 일본의 핵발전소 사고는 네 번째에 해당한다.

첫 번째는 영국의 셀라필드 핵발전소에서 1957년 화재가 발생해 방사성물질이 외부로 유출되면서 일어났다. 이 발전소는 핵무기 원료로 사용할 방사성물질을 만들어내기 위해 1950년부터 가동에 들어갔다. 처음에는 윈드스케일 핵시설로 불렸다. 1964년부터 전력생산에 들어갔으며 1981년 셀라필드 핵발전소로 이름을 바꾸었다. 냉각재로 흑연을 사용했다. 30년이 지난 1987년 영국 국가방사선 방호위원회는 사고 당시 방사성물질에 노출된 것으로 보이는 수십만 명에 대해 조사한 결과 33명이 이로 인해 조기암 사망을 한 것으로 추정된다고 밝혔다.

세계 최초의 핵발전소였으며 1957년 노심 용융 사고도 세계 처음 발생했던 영국의 셀라필드 핵발전소 단지.

1979년 미국 최악의 핵발전소 사고를 일으킨 스리마일 섬 핵발전소의 모습.

두 번째는 미국에서 1979년 3월 스리마일섬 핵발전소 2호기에서 발생했다. 기계적 설비 결함과 운전자의 실수가 겹쳐 일어난 미국 최악의 핵발전소 사고였다. 핵연료봉을 감싸고 있던 냉각수가 증발해 노심 절반이 녹아 수소기체가 격납고에 가득 찼다. 발전소 쪽은 폭발을 막기 위해 방사성 제논이 포함된 기체를 며칠간 외부로 방출했다. 펜실베이니아 주지사는 3,500명의 학령 전 아동과 임신부에게 발전소 반경 8킬로미터 밖으로 피난할 것을 명령했다. 이들뿐만 아니라 약 20만 명의 주민들이 이보다 더 멀리 피난해야 했다.

20년 뒤 주 보건당국은 3만 명의 지역 주민을 추적 조사한 결과 아무런 건강 악영향이 없었다고 발표했다. 주민들은 건강 악영향 피해를 주장하며 소송을 냈으나 증거 불충분으로 패소했다. 그 뒤 대대적인 몇몇 연구가 이루어졌으나 모두 건강 악영향을 찾아내지 못했다고 발표했다. 진짜 제대로 된 연구인지 아니면 핵발전소 사고의 위험성을 감추려는 정부의 의도가 개입된 연구인지는 알 길이 없다.

미국에서는 스리마일섬 핵발전소 사고를 계기로 반핵운동의 불이 지펴졌다.

미국 NRC는 사고 당시 핵발전소 터 경계에서 방사능에 최대로 노출된 사람의 방사선량은 100밀리렘, 1밀리시버트이었으며 주민들의 평균 노출량은 1밀리렘이었다고 추정했다. 미국인들은 연간 평균 360밀리렘 정도의 방사선량에 자연적으로 피폭된다. 태양에서 일상적으로 우주방사선이 지구로 온다. 지구 자체에도 방사성물질이 존재한다. 또 자연상태의 토양에 있는 방사성물질을 흡수한 채소 등 식품 섭취를 통해서도 인간은 자연적으로 방사선에 노출된다. 노출되는 정도는 지역과 나라에 따라 약간씩 다르지만 지구에 사는 인간과 다른 모든 동식물은 어느 정도의 방사선에 항상 노출되어 있다.

세 번째이자 사상 최악의 핵발전소 방사성물질 유출 사고는 1986년 4월 우크라이나에 있는 체르노빌 핵발전소에서 일어났다. 셀라필드 발전소처럼 노심의 중성자를 제어하기 위해 흑연을 냉각재로 사용했는데 운전자의 실수 연발로 흑연에 불이 나 폭발이 생겼다. 물론 이는 핵폭탄 폭발과 같은 핵폭발은 아니었다. 수일 간 화재가 지속됐고 고준위의 방사성물질이 곧바로 방출됐다. 이는 곧바로 바람을 타고 북반구 전체로 퍼져나갔다. 세계는 긴장했다. 특히 우크라이나와 벨라루스, 러시아 등 체르노빌 인근 지역 국가와 스웨덴, 노르웨이 등 북유럽 국가들은 한동안 공포에 떨어야 했다.

25만 명의 주민들이 다른 지역으로 이주했다. 발전소 반경 30킬로미터 지역은 여전히 사람이 살기에는 부적합한, 방사능 고도 오염 지역으로 남아 있다. 사고 이후 수십 건의 연구가 이루어졌지만 아직 명확하고 완전한 피해 결과는 나오지 않고 있다. 유엔이 주도해 이루어진 한 연구에서는 1,800명의 어린이가 갑상선암에 걸린 것으로 조사됐다. 피폭 후 2~5년 뒤 흔히 나타나는 백혈병의 증가가 뚜렷하게 관찰되지는 않았다. 하지만 이 암은 40~50년 뒤에도 일어날 수 있다.

체르노빌에서 한 가지 특이한 현상은 방사성물질 오염 지역을 정화하거나 방사성 먼지가 확산되는 것을 막기 위해 사고 발전소에 콘크리트 벽을 설치하는 데 동원됐던 청소부 80만 명이었는데, 이들의 자살률이 매우 높았다는 것이다. 역학자들은 이런 높은 자살률이 체르노빌 사고와 관련이 있을 가능성이 높다고 진단했다.

또 집을 탈출해 다른 지역으로 이주해야만 했던 수십만 명의 사람 가운데 많은 수가 정신적 문제를 겪었다.

1986년 세계 최악의 핵 사고로 기록된 우크라이나 체르노빌 핵발전소의 모습. 지금은 석관으로 봉인돼 있다.

핵발전소에서는 발전소 가동 중에 생기는 방사성 기체를 발전소 통풍구를 통해 외부로 방출하는 것을 허용하고 있다. 미국의 경우 연간 100밀리렘 또는 시간당 2밀리렘(20마이크로시버트)을 넘지 못하도록 하고 있다. 이는 원폭 생존자의 경험을 근거로 마련한 안전 기준들이다.

일본에서 벌어진 핵 재앙의 수준은 체르노빌 재앙과 맞먹거나 이를 능가한다는 것이 원자력 전문가들의 진단이다. 특히 일본이 바다로 마구 내보낸 방사성물질은 일본 근해뿐만 아니라 태평양을 오염시켰으며 이는 2012년 5월 미국 연안에서 잡힌 참다랑어에서 후쿠시마 원전사고로 나온 세슘 134와 137이 평소보다 10배나 많이 검출됐다는 사실이 증명하고 있다.

국내 언론 보도를 보면, 교도통신은 2011년 3월 16일 문부과학성이 15~16일에 걸쳐 옥내 대피구역인 후쿠시마 원전 반경 약 21킬로미터 지점인 나미에초(浪江町) 주변에서 방사능 수치를 모니터링한 결과 기준치의 약 6,600배에 달하는 매시 330마이크로시버트의 방사능이 검출됐다고 밝혔다.

물론 시버트는 방사능의 단위는 아니기 때문에 잘못된 보도다. 시버트는 인체 장기가 받는 방사선 양의 단위다. 문부과학성의 발표 내용에 오류가 있는 것인지, 아니면 교도통신 기자가 잘못 보도한 것인지, 한국에서 이를 번역하는 과정에서 오류가 있었는지는 알 수 없지만 우선 정확한 단위에 대한 이해가 필요하다.

방사능과 방사선량의 단위

　방사능이란 어떤 물질 중의 어떤 방사성 핵종이 단위시간 내에 몇 번 붕괴를 일으키는가를 나타내는 것이다. 물질 중에 함유되어 있는 방사성 핵종의 양과 반감기에 따라 결정된다. 이는 발생원의 강도에 해당한다.

　방사능의 단위는 과거엔 Ci(퀴리)가 사용되었으나 1978년 국제도량형총회의 결의에 따라 Bq(베크렐)을 사용하고 있다. 종래의 Ci는 보조단위로 사용할 수 있게 돼 있다. 방사선의 양은 어떤 장소를 통과하는 방사선의 수, 또는 방사선이 통과함으로써 그 물질이 흡수한 양(전리량, 흡수에너지 등)을 나타내는 것이다.

　이 가운데 선량당량은 신체의 일부 또는 장기(폐, 위 등)에 대한 방사선의 생물학적 영향을 나타내는 지표로서 방사선 방호 분야에 사용되는 개념이다. 옛날에는 rem(렘)을 사용했으나 최근에는 Sv(시버트)를 사용한다. 1Sv는 100rem에 해당한다. 따라서 1rem은 10mSv이며 1mrem은 10μSv이다.

　미국 스리마일섬 주민들이 피폭된 평균방사선량이 1밀리렘(10마이크로시버트)이었으므로 일본 후쿠시마 원전 반경 25킬로미터 떨어진 곳에서 시간당 33밀리렘(330마이크로시버트)이라는 것은 대단히 높은 수치다. 인체 급성 피해는 나타나지 않는 수치라 해도 일본인들이 불안과 두려움에 떨 만한 수준이다.

　위험학에서 핵발전소 사고는 핵폭탄 폭발 낙진, 핵폐기물과 더불어 매우 두려운 위험군에 속한다. 이 위험군은 통제가 불가능하며 지구 전체에 위협을 가하는 특성을 지니고 있다. 또 그 결과가 치명적이며 사고 주변 주민들에게 피해가 집중된다는 점에서 공평하지 않은 위험에 속한다. 미래 세대에도 위험을 가하며 쉽게 그 위험을 줄일 수 없는 특성을 지녔다. 물론

원치 않는데도 **노출될** 수밖에 없는 비자발적 위험에 속한다. 사람은 이런 위험에 대해 **엄청난** 두려움을 느낀다. 핵발전소 사고는 핵전쟁 다음으로 두려운 위험이다.

하지만 핵발전소 방사성물질 유출 사고 위험은 전문가와 일반인 사이에 위험 정도의 인식이 크게 차이가 난다. 미국의 위험학자 폴 슬로빅 등이 연구한 결과에 따르면 핵발전소 사고, 자동차 사고, 흡연, 음주, 살충제, 총기 등 30가지 행위와 기술에 대해 전문가와 기업인, 대학생, 소비자단체 회원 등을 대상으로 **위험** 인식도를 조사한 결과, 대학생과 소비자단체 회원들은 핵발전소 사고를 가장 위험한 것으로 인식한 반면, 전문가들은 자동차 사고와 흡연을 1위와 2위로 각각 인식했다. 핵발전소 사고는 20번째로 위험하다고 응답했다. 기업가들은 총기와 오토바이 사고를 1위와 2위로 인식했고 핵발전소 사고는 8번째 위험한 것으로 인식했다.

슬로빅은 피시호프, 리히텐스타인 등과 함께 30가지 위험에다 석면, 우주 탐험 등 60가지의 행위나 기술을 보태어 모두 90가지 요소에 대한 위험 인식과 편익 그리고 이 두 요소를 고려한 '조정한 위험'을 조사했다. 인식된 위험은 핵무기, 전쟁, DDT, 총기, 범죄, 핵발전소, 살충제, 제초제, 흡연, 테러, 헤로인 등의 순서로 높았다. 또 핵발전소의 편익은 방사선 치료, 방부제와 같은 정도로 제법 높게 나타나기는 했지만 이를 고려한 조정된 위험은 핵무기, 테러, 전쟁 다음으로 높았다. 미국인들은 핵발전소의 방사성물질 누출 사고를 매우 심각하게 인식하고 있는 것을 알 수 있다.

우리는 이러한 연구 결과를 통해 일반인들은 그 위험이 가지는 심리적 특성에 매우 민감하며 전문가들은 사고가 일어날 확률과 지금까지 그 위험으로 사망하거나 손상을 입은 사람 수 등을 따져 위험의 정도를 인식하는 것을 알 수 있다.

우리 정부와 원자력기관, 핵 전문가 등은 연일 방송과 언론매체를 통해 우리나라 원전은 매우 안전하다고 밝히고 있다. 설혹 일본에서 체르노빌 참사와 같은 최악의 상황이 벌어진다 하더라도 염려할 일이 전혀 못 된다고 강조한다. 하지만 우리는 이런 위험 소통(리스크 커뮤니케이션) 전략만으로는 문제를 제대로 해결할 수 없다는 것을 2008년 미국 쇠고기 수입과 관련한 촛불집회 파동 때 이미 겪었다.

핵에 대해서는 세계 모든 사람들이 심리적으로 매우 민감하다. 우리 국민도 예외가 아니다. 이런 심리적 위험 인식까지 깊이 고려한 위험 소통에 힘을 쏟아야 할 시점이다.

미량의 방사선은
과연 몸에 이로운가?
방사선의 위험학

 적당한 스트레스가 건강에 좋다는 말이 있다. 또 이와 유사한 것으로 미량의 독은 약이 될 수도 있다는 말도 있다. 최근 이를 연상케 하는 내용이 일부 핵 전문가들의 입을 빌려 보도되고 있어 일반시민들을 헷갈리게 한다. 다름 아닌 미량의 방사선이 인체에 해롭기는커녕 오히려 건강에 이로울 수 있다는 것이다.

 일본 후쿠시마 핵발전소 사고로 미량의 방사성물질이 들어 있는 방사능비가 한반도 전역에 내렸다. 또 우리가 마시는 공기에도 방사성 요오드와 세슘 등이 계속 검출되는 데다 제주도와 남해안 일부 지역에서 재배되는 시금치 등 일부 채소에서 방사성물질이 미량 검출되어 시민들을 불안에 떨게 했다.

 미량의 방사능비나 눈을 맞아도 아무런 문제가 없다거나 방사성물질이 미량 들어 있는 채소는 안전한 기준치 안에 들어 있으므로 걱정할 필요가 없다는 전문가와 정부 당국의 해명 차원이 아니라 미량의 방사선이 오히려 몸에 이롭다는 매우 공격적인 주장을 하는 핵 전문가들의 말을 어떻게 받아들여야 할까?

이들은 일반시민들이 받아들이기 쉽지 않은, 이런 매우 민감한 주장을 이번 일본 원전 사고 이전에도 가끔 해왔다. 전문가들은 이를 '방사선 호메시스(Hormesis, 호르메시스)' 이론이라고 부른다. 그리스어에서 유래한 호메시스는 '자극한다', '촉진한다', '흥분시킨다'는 뜻이다. 생물체가 외부로부터 미량의 독성물질과 적당한 스트레스를 받을 경우 오히려 생체 기능에 유익한 효과를 가져온다는 호메시스 이론을 방사성물질에까지 적용한 것이 방사선 호메시스 이론이다.

우리나라에서도 이와 관련한 연구 결과가 많지는 않지만 드물게 발표돼 왔다. 또 언론에서도 가끔 호메시스 또는 방사선 호메시스 이론에 대해 소개한 적이 있다. 특히 라돈 온천의 효능을 이야기하면서 이를 말해왔다. 하지만 눈에 띄는 방식으로 크게 다루지는 않아 아직 일반인들에게는 매우 낯선 이론이다.

후쿠시마 핵발전소 사고의 파장이 장기화하면서 한반도에도 방사성물질이 미량이라고는 하지만 줄곧 영향을 주고 있고 이 때문에 불안을 느끼는 시민들이 늘어나자 전문가들은 국민의 불안을 잠재우려고 미량의 방사선은 몸에 유익할 수 있다는 이 이론을 끄집어내는 것이다.

방사선 호메시스 이론을 이해하기 위해 먼저 호메시스 이론을 살펴보자. 1888년 독일의 약물학자인 휴고 슐츠는 미량의 독성물질이 효모의 성장을 오히려 촉진하는 현상을 관찰했다. 독일의 의사 루돌프 아른트도 이와 유사한 현상을 동물에게 약물을 투여하면서 발견했다. 처음에는 이를 아른트-슐츠 법칙이라고 불렀다. 사우스햄과 에를리히가 1943년 《식물병리학지》에 과학 논문을 기고하면서 처음으로 'Hormesis'란 말을 사용했다.

2011년 3월 일본 후쿠시마 핵발전소 폭발로 누출된 방사성물질이 한국 상공까지 날아오는 것으로 확인되자, 때마침 내린 봄비에 방사성물질이 검출될 가능성에 대비해 환경단체가 광화문 광장에서 우산 퍼포먼스를 벌이고 있다.

호메시스 이론을 가장 잘 설명해주고 논란의 여지가 없는 사례로는 운동을 꼽고 있다. 운동을 전혀 하지 않으면 각종 질병의 발생 위험이 높아진다. 지나친 운동 또한 해롭다. 하지만 적절한 강도로 규칙적으로 운동을 하게 되면 심혈관 계통과 면역 시스템의 기능이 증진되는 등 많은 편익 효과가 있다. 운동은 호메시스 이론의 패러다임이라고 할 수 있다.

호메시스 이론 또는 개념은 노화와 관련해 가장 활발하게 연구되고 있다. 어떤 생물체든 기초적 생존 능력은 항상성 유지 능력에 달려 있다. 생물 노화를 연구하는 학자들은 세포와 생물체를 약한 스트레스에 노출시키면 적응 반응 또는 항상성 유지 반응을 유도해 결과적으로 생물체에 이득을 준다는 이론을 제시했다. 노화와 관련해 가장 많이 이용된 호메시스 응용은 열 쇼크, 방사선 조사, 과산화제, 고중력, 식이 제한 등이었다.

노화나 운동이 아닌 방사선과 호메시스가 결합되면 논란이 커진다. 저선량의 전리방사선이 생물에 유익하며 생체 방어력을 증가시킨다는 주장, 즉 방사선 호메시스 효과는 오래전부터 제기돼왔다. 뢴트겐선이 발견된 직후 아트킨슨은 해초에서 그러한 효과를 발견했다. 그는 X선에 노출된 후 청록색 해초의 성장률이 증가한다는 사실을 주목했다.

방사선 호메시스 이론을 가장 적극 옹호하는 집단은 프랑스 과학자들이다. 프랑스는 세계에서 핵에너지에 가장 많이 의존하고 있는 국가다. 2005년 프랑스 과학한림원과 의학한림원의 합동 보고서는 기존 학계의 정설인 발암물질의 '선형 무역치(LNT, Linear No Threshold)' 모델에 반기를 들었다. LNT 모델은 발암물질의 경우 다른 독성물질과 달리 안전한 양(역치)이 없다는 것이다.

프랑스 과학자들은 100밀리시버트의 저농도 방사선과 관련한 과학적 발암 모델로서 무(無)역치 모델을 거부했다. 그들은 방사성물질의 양-반응관

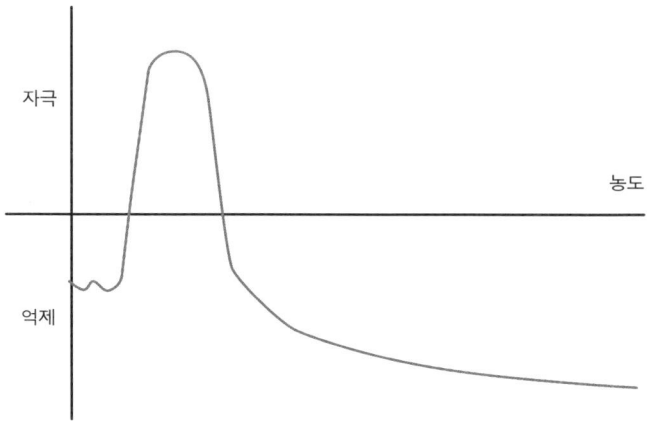

호메시스 이론을 설명해주는 양-반응곡선. 저농도에서 생체 자극이 이루어지고 고농도에서만 생체 억제가 이루어진다.

계에는 여러 종류가 있으며 표적 조직, 방사선량, 개인 민감 요인 등 여러 변수에 따라 달라질 수 있다고 밝혔다. 그들은 조직의 형태나 나이의 영향뿐만 아니라 100밀리시버트 이하 또는 10밀리시버트 이하 등 저선량과 초저선량 등에 따라 면밀한 연구가 더 필요하다고 주장했다.

하지만 미국을 중심으로 한 세계 다른 국가의 과학자들은 프랑스 과학자들의 주장을 받아들이지 않고 있다. 미국 국립학술원 산하의 국가연구평의회(NRC)와 미국 의회가 만든 조직인 국가방사선방호및측정위원회, 그리고 유엔 전리방사선영향과학위원회(UNSCEAR)는 모두 방사선 호메시스가 확실하게 입증된 것이 아니라며 기존의 무역치 모델을 지지하고 있다. 저선량 효과는 고선량과 다르며 때론 완전히 다르다는 것은 받아들이지만 저선량 영향이 인체에 유익하다는 것은 매우 의문이라는 것이다.

현대 과학은 생체 메커니즘과 유전자와 환경 요인(빛, 방사선, 각종 독성물질, 발암물질 등)의 상호관계에 대해 아는 것보다 모르는 것이 더 많다. 예를

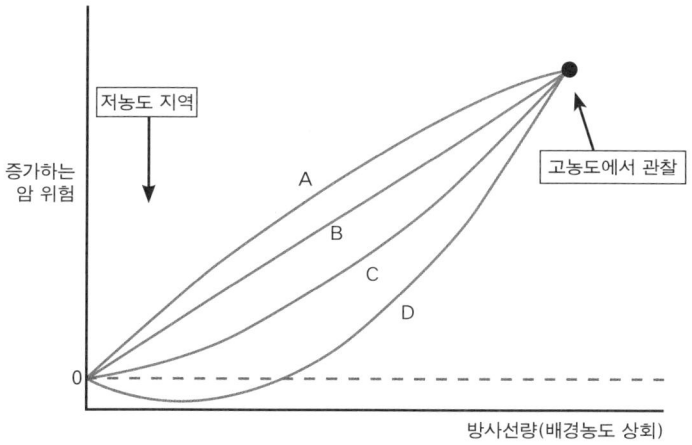

B가 선형무역치(LNT)모델이고 D가 호메시스 모델이다.

들면 미국 국립환경보건과학연구원의 과학자 리타 뉴홀드는 태아 발달기에 외래 에스트로겐인 디에틸스틸베스티롤이라는 환경호르몬에 비교적 고농도로 노출되면 어른이 되어서 체중 감소가 일어나고, 아주 적은 양에 노출되면 엄청나게 뚱뚱해진다는 연구 결과를 내놓았다.

또 다른 환경호르몬인 DEHP(디에틸헥실프탈레이트, 플라스틱을 말랑하게 만드는 가소제의 일종)란 프탈레이트에 저용량으로 노출되면 알레르겐에 대한 알레르기 반응이 증가하지만, 고용량에서는 아무런 영향이 없다는 연구도 있다. 이 연구가 완벽하게 입증된 것은 물론 아니다. 하지만 호메시스 이론과는 달리 저용량이 생체를 자극해 긍정적 효과를 내는 것이 아니라 매우 심각한 악영향을 가져올 수 있다는 연구 결과다.

이런 상황에서 당신이라면 어떤 행동을 취하겠는가? 당신이 정부의 책임자라면 어떤 정책을 펴겠는가? 저선량 방사선이 몸에 좋다는, 이른바 방사선 호메시스 이론이 타당성이 있다고 하자. 물론 현재까지는 아직 타당성을 확실하게 확보하지 못한 상태다. 이 이론에서 말하는 미량 또는 적절한 양이란 어디까지를 말하는가? 동물에서는 어느 정도 그 양이 드러났다고 하자. 물론 이도 현재 정확하지 않다. 그런데 동물과 사람은 다르다. 동물의 결과를 사람에게 그대로 적용하기에는 무리가 따른다. 또 위험하기도 하다.

일부 과학자, 특히 일부 국가의 과학자들이 주장하는 방사선 호메시스 이론을 그대로 받아들이는 것이 현명할까? 그래서 집집마다 미량의 방사선이 나오는 특수 기기장치를 두고 이를 건강 증진의 한 도구로 삼을 것인가? 아니면 불확실성이 있는 부분이므로 일단 방사선은 미량이라도 회피하는 행동이 올바른 것인가?

이런 선택을 해야 할 때가 온다면 나는 집에 이런 기기를 두지 않겠다. 운동과 적절한 식이 등 건강을 충분히 증진시킬 다른 방법이 얼마든지 있다. 또 우리는 어쩔 수 없이 일상생활에서 미량의 방사선에 노출되고 있다. 우주에서 오는 방사선, 태양에서 오는 방사선, 지구 토양에서 오는 방사선 (방사선 라돈 등) 등은 우리가 피하려고 해도 피할 수 없는 방사선들이다. 방사선 호메시스 이론이 진리든 아니든 이미 우리는 미량의 방사선에 노출되고 있는 것이다. 그런데 굳이 추가로 원전 사고로 나온 방사선을 방사능비, 방사능 오염 식품의 형태로 맞고, 먹어야 하는가?

위험 사회에서 살아가는 가장 현명한 방법은 잘 모르고 논란이 있는

새로운 방사능 위험 경고 표지. 과거와 달리 방사능 물질 노출을 피해 달아나라는 뜻이 담겨 있다.

문제에 대해서는 사전예방원칙에 따라 '돌다리도 두드리고 건너가는' 지혜와 '뛰기 전에 앞을 먼저 살펴보는' 자세를 겸비하는 것이다.

'후쿠시마'보다 더 위험한
당신 옆의 살인자!
라돈의 역습

 라돈은 담배 다음으로 폐암을 많이 유발하고 석면보다 위험한 물질인데도 거의 알려지지 않은 방사성물질이다. '라돈(Rn)' 하면 일반대중들이 가장 먼저 떠올리는 것은 라돈탕이다. 어떤 라돈 온천에서는 신경통이나 류머티즘관절염에 라돈탕이 좋다고 선전하고 있다. 심지어는 라돈 온천수가 몸에 좋다는 말에 이를 마시기도 한다.

 '원자력을 이해하는 여성 모임'이란 단체는 홈페이지 게시판에 다음과 같은 글을 올려놓았다.

 "국내 유명 온천 중에는 라돈 온천탕이 있으며, 건강에 좋다고 광고하는 경우를 본 적이 있을 것입니다. 라돈탕에 1~2시간 정도 들어가는 것은 건강상 해로운 문제점은 나타나지 않으며, 오히려 피부병 등과 같은 질환에는 라돈에서 방출된 베타방사선이 피부 병원균만 살균하므로 특효가 있습니다."

 라돈 온천탕이 건강에 좋다는 것은 이른바 방사선 호메시스 효과에 근거한 것으로, 10여 년 전부터 미국, 독일, 오스트리아, 체코 등 일부 유럽 국가 그리고 일본에서는 라돈이 풍부한 온천을 치료 보조 수단으로 사용하고 있다.

라돈 온천 치료의 뿌리는 100년이 넘는 역사를 지니고 있다. 1906년 체코의 야키모프에서는 방사성 온천수가 치료에 이용됐으며 이보다 훨씬 전에 일본 돗토리현 미사사 온천과 오스트리아 가스타인 온천 등에서 라돈이 풍부한 온천이 질병 치료에 이용됐다.

지하수에는 라돈이 상당량 포함되어 있을 가능성이 지표수보다 상대적으로 높으며 라돈 온천은 특히 물속에 라돈이 많이 포함돼 있다고 보면 된다. 물속의 라돈은 기체가 되어 밖으로 나오기 때문에 라돈 온천탕에는 실내 라돈 농도가 높을 가능성이 있다.

그렇다면 라돈 농도가 높은 온천에서 온천욕을 즐기는 것이 우리의 건강에 정말 도움이 될까? 라돈을 포함해 방사선이나 방사성물질, 그리고 모든 유해물질이 실제 우리에게 얼마나 해로운가는 얼마나 많이 노출되느냐에 달려 있다. 다시 말해 노출(피폭) 농도와 시간에 비례한다고 보면 된다.

목욕시간은 대개 1~2시간 이내이기 때문에 크게 염려할 정도는 아니다. 하지만 매일 또는 하루가 멀다 하고 라돈이 많은 온천욕을 즐긴다면 건강에 해로울 수 있다. 만약 라돈기체가 동굴 등에 많다고 해도 1년에 몇 차례 출입하거나 관람하는 것은 건강에 별 영향을 끼치지 않는다고 보면 된다.

유럽을 중심으로 이루어진 류머티즘 라돈 치료 요법은 실제로 치료 효과가 있는지, 있다면 어떤 작용에 의한 것인지는 아직 불확실하다. 라돈뿐만 아니라 다른 방사성물질에도 소량 노출되면 유익한 효과를 얻을 수 있다는 이른바 방사선 호메시스에 관한 상당한 연구 자료가 나와 있다.

하지만 만약 저선량의 방사선이 인체에 유익한 효과가 있다면 그것은 방사선 자체 때문이라기보다는 방사선에 의해 만들어진 이온의 영향일 수도 있다. 아직 미량 방사선의 건강 유익 효과가 확실히 입증된 것은 아니지만 라돈이 폐암을 유발하는 등 방사선이 암과 깊은 연관이 있다는 것은 의심할 여지가 없다.

라돈이 방사성물질이므로 라돈 농도가 높은 지하수를 식수로 사용할 경우 해로운 것은 아닌가 하고 불안해할 수 있다. 라돈과 불안정한 라돈이 붕괴되면서 생기는 폴로늄 같은 그 자핵종(子核種 또는 딸핵종)이 내는 알파 입자는 투과력이 매우 약해 음식물 자체에 흡수되므로 인체 조직이 피폭 받는 양은 매우 적다. 따라서 물속의 라돈 농도가 높지만 않다면 걱정할 필요가 없다.

라돈이라는 원소는 흙이나 암석 등 자연계의 물질 중에 함유된 우라늄(또는 토륨)이 연속 붕괴하면 라듐(Ra)이 되고 이 라듐이 붕괴할 때 생성된다. 라돈은 불활성 기체 형태의 무색, 무취의 방사성 가스로 반감기가 3.8일로 매우 짧다. 천연에 존재하는 기체 중에서 가장 무거운 원소이며 또한, 불활성이므로 다른 물질과 화학적으로 반응하지 않으나 방사선을 내는 성질이 있다.

라돈은 세계보건기구와 미국 환경청 등이 흡연 다음으로 폐암을 많이 유발하는 주요 원인 물질로 규정하고 있다. 국제암연구소는 라돈을 담배연기, 석면, 벤젠과 더불어 인체발암물질, 즉 1군 발암물질로 분류했다. 미국에서는 폐암 환자 중 3~14퍼센트가 라돈 때문에 암에 걸리는 것으로 추정하고 있다. 라돈이 폐암에 영향을 미치는 비율은 국가마다 다를 수 있고 개인 차원에서 보면 천차만별이다.

라돈이 인체에 폐암을 유발하는 과정을 살펴보자. 토양 중의 라돈이 건물의 갈라진 틈, 배수관 등을 통해 실내에 유입되고, 라돈과 자핵종이 호흡을 통해 폐에 흡착되어 자연 붕괴되면서 알파선을 방출한다. 이 방사선은 폐조직에 지속적으로 손상을 주어 폐암을 발생시킨다. 물론 들이마신 공기 중 라돈이 모두 폐에 달라붙는 것은 아니고 대부분은 숨을 내쉴 때 다시 밖으로 나온다. 하지만 들이마신 라돈의 양이 많으면 많을수록 폐에 달라붙는 양도 많아진다. 라돈은 우리가 흡입만 하지 않으면 별 문제가 되지 않는다.

하지만 근래 지하나 반지하 등에서 생활하는 사람들이 크게 늘어났고 이들 주거공간이 환기가 제대로 이루어지지 않는 경우가 많다. 따라서 건물의 지반 등에서 공기 중으로 스며든 라돈 기체가 집적되어 농도가 높아질 경우 라돈과 그 자핵종을 계속 호흡하게 되어 방사선 피폭으로 인한 폐암 유발 위험이 커질 수 있다.

미국 환경보호청은 미국인 가운데 연간 2만 명가량이 라돈의 누적에 의한 폐암으로 숨지는 것으로 추정하고 있으며, 이는 대기오염에 의한 사망 위험보다 10배 이상 높고 음주 운전에 의한 사망자보다도 높다고 한다. 이에 따라 미국 환경보호청은 건물 보수가 필요한 조치 기준으로 공기 1리터당 4피코퀴리를 정하고 있으며, 2~4피코퀴리의 경우도 되도록이면 보수를 하도록 권장하고 있다.

흡연과 라돈은 나쁜 방향으로 시너지 효과를 낸다. 흡연과 석면이라는 두 위험에 동시에 노출될 경우 폐암의 위험이 엄청나게 높아지듯이, 흡연과 라돈도 이와 똑같이 폐암 위험을 크게 높인다.

유럽에서 이루어진 연구를 보면 비흡연자의 경우 공기 1리터당 0, 100, 400베크렐의 라돈에 노출됐을 경우 폐암 위험도가 1.0, 1.2, 1.6으로 나타났으나 하루에 15~24개비의 담배를 피우는 흡연자의 경우 같은 농도의 라돈에 각각 노출됐을 경우 폐암 위험도가 26, 30, 42로 높아졌다.

우리나라의 다중이용시설과 학교 실내 공기 중 라돈 권고기준은 1리터

흡연자의 경우 라돈에 의한 인체 영향

라돈 농도 (리터당)	폐암 발생률 (100명당)	다른 사고와의 위험도 비교	조치 사항 (금연 후)
20피코퀴리	260명	익사사고 위험의 250배	즉시 주택 수리
10피코퀴리	150명	화재사고의 200배	즉시 주택 수리
8피코퀴리	120명	돌연사의 30배	즉시 주택 수리
4피코퀴리	62명	자동차 사고의 5배	즉시 주택 수리
2피코퀴리	32명	독성물질 사고의 6배	즉시 주택 고려
1.3피코퀴리	20명	평균 실내 라돈 농도	현재 농도 유지
0.4피코퀴리	3명	평균 실내 라돈 농도	현재 농도 유지

비흡연자의 경우 라돈에 의한 인체 영향

라돈 농도 (리터당)	폐암 발생률 (100명당)	다른 사고와의 위험도 비교	조치 사항
20피코퀴리	36명	익사사고 위험의 35배	즉시 주택 수리
10피코퀴리	18명	화재사고의 20배	즉시 주택 수리
8피코퀴리	15명	돌연사의 4배	즉시 주택 수리
4피코퀴리	7명	자동차 사고의 1배	즉시 주택 수리
2피코퀴리	4명	독성물질 사고의 1배	즉시 주택 고려
1.3피코퀴리	2명	평균 실내 라돈 농도	현재 농도 유지
0.4피코퀴리	-	평균 실내 라돈 농도	현재 농도 유지

(자료: epa.gov)

당 4피코퀴리(1리터당 1피코퀴리는 1세제곱미터당 37베크렐에 해당)이다. 하지만 이런 공공시설이나 학교보다 라돈 오염도가 높을 수 있는 주택에 대해서는 이런 기준이 설정돼 있지 않다. 이 농도의 실내 공간에서 평생 생활하면 흡연자의 경우 1,000명 중 62명이 폐암에 걸릴 위험이 있으며 비흡연자의 경우 그 위험이 10분의 1로 줄어든다.

라돈은 지하수, 토양, 암반뿐만 아니라 건축자재에서도 나올 수 있다. 일반적으로 건축자재로 인한 라돈 노출량은 전체 노출량의 2~5퍼센트가량으로 크게 문제가 될 정도는 아니라고 이야기한다.

하지만 때론 문제가 될 수도 있다. 국립환경과학원이 지난 2010년 한 해 동안 국내에서 시판되는 석고보드를 대상으로 라돈 방출량을 조사한 결과 일부 제품에서는 매우 많은 라돈이 나오는 것을 확인했다. 또 환경과학원은 시중에 유통 중인 17종의 석고보드를 대상으로 라돈 함량과 라돈 방출량을 조사한 결과 인산부산석고를 원료로 사용한 제품이 배연탈황석고를 사용한 제품보다 라돈 방출량이 25배나 높은 사실을 확인했다. 특히 1개 제품은 국내 환경마크와 유럽연합 기준을 초과해 방사능이 우려될 정도였다. 석고보드는 비료공장, 화력발전소 등의 산업 공정에서 발생하는 부산물을 원료로 생산하는데 크게 인산부산석고, 배연탈황석고 등으로 구분한다. 석고보드는 취급과 시공이 편하고 불에 타지 않는 장점 때문에 주택의 벽체나 학교, 사무실 등의 천장재로 많이 사용된다.

환경과학원에서는 소비자들에게 제품 선택 때 신중할 것을 권고했지만 이는 소비자의 선택의 문제가 아니라 이런 제품 자체가 시장에서 발을 붙이지 못하도록 정부가 관리하는 것이 더 중요하다. 라돈은 눈에 보이지도 않고 맛과 냄새도 없어서 소비자가 석고제품의 문제점을 잘 파악할 수가 없다.

우리나라에서는 한국원자력안전기술원이 1999~2005년 전국 주택, 아파트 등 주거지 3,500곳을 대상으로, 2009~2010년 공공건물 1,100곳과 다중이용시설 330곳을 대상으로 각각 실내 공기 라돈 농도를 조사한 바 있다.

주택의 경우 영국 등 선진국의 권고값인 1세제곱미터당 200베크렐을 웃도는 경우가 나와 충북 1,350, 서울 1,055, 인천 530 등의 지역별 최고값을 보였지만, 평균 농도는 모든 시도에서 권고치 이하였다. 만약 이런 권고값 농도(준위)에서 평생을 살아간다면 100명 중 1명은 폐암에 걸릴 위험이 있다.

라돈의 농도는 주택 조사에서 계절별로는 여름이 가장 낮았고 겨울이 가장 높았다. 겨울철에는 여름에 견줘 환기를 자주 하지 않기 때문으로 풀이된다. 지역별로는 충북과 강원도가 다른 지역보다 라돈 농도가 높았으며, 한옥이나 양옥 단독주택이 아파트에 견줘 라돈 농도가 2배가량 더 높았다. 이는 단독주택의 경우 집 주위에 토양이 많아서인 듯하다. 또 한옥과 양옥은 건축 연도가 오래될수록 라돈 농도가 높았는데 이는 노후한 가옥의 경우 바닥이나 벽 등에 틈이 생겨 지반 밑의 토양이나 암반으로부터 라돈이 스며들어왔을 가능성이 있는 것으로 분석됐다. 아파트의 경우 오래된 것일수록 라돈 농도가 낮았는데 이는 최근 지어진 것일수록 이중 창문을 설치한 곳이 많고 창문의 밀폐 상태가 좋아졌기 때문으로 판단된다.

공공건물이나 다중이용시설의 경우 권고값을 웃돈 사례를 찾아보기 어려웠다. 그런데 강원도와 충북의 공공건물 경우 연평균은 113~119베크렐로 권고값의 절반 수준이었지만 이를 초과하는 일수가 각각 20퍼센트와 14퍼센트나 됐다.

한편 환경부는 2010년 지질 특성상 자연 방사성물질의 함량이 높을 것으로 예상되는 전국 화강암 계통의 지역을 대상으로 우라늄과 라돈의 농도를 조사했다. 전국 104개 시·군·구 314개 마을 상수도 원수 등에 대해 우라늄, 라듐의 농도를 조사한 결과 우라늄은 16개 지점(5.1퍼센트), 라돈은 56개 지점(17.8퍼센트)이 미국의 먹는 물 제안치를 웃돈 것을 나타났다고 발표한 바 있다. 이런 상수도물(지하수)을 장기간 마실 경우 건강에 해로울 수 있고 이런 물로 집안에서 빨래를 하거나 세수, 목욕을 하고 음식을 만들 경우에도 라돈에 상당량 노출될 수 있다.

우리나라에서는 아직 라돈의 위험성에 대한 일반인들의 인지도가 낮다. 이 때문에 전국 차원의 대규모 주택 라돈 조사 등이 아직 진행되지 않고 있으며 국가 차원의 라돈 위험 예방 대책 수립과 예산 지원도 미약한 편이다. 그 결과 라돈이 우리나라 사람들의 건강과 생명에 어떤 정도의 영향을 끼치는지에 대한 조사·분석이 미국, 영국 등 선진국처럼 제대로 이루어지지 않고 있다.

라돈은 지역과 자신이 살고 있는 거주 형태, 개인의 생활습관에 따라 노출 정도가 크게 차이 나므로 가까운 시일 안에 대규모의 실태 조사와 함께 지역별, 주거 형태별 라돈 저감 대책과 행동지침 등이 나와야 할 것이다.

• 라돈 위험에서 벗어나기 위한 10계명 •

1. 되도록이면 지하 공간에서 생활하는 것을 삼간다.
2. 환기를 잘해 실내 오염물질을 공간 밖으로 내보낸다.
3. 오래된 건물의 바닥이나 벽 등의 균열 여부를 살피고, 있다면 즉각 수리한다.
4. 창문을 열어두기 어려운 겨울철, 실내 환기에 특히 신경을 쓴다.
5. 집 안(특히 지하) 라돈 농도를 측정해 문제가 있는 수준인지 파악한다.
6. 아침에는 항상 환기를 시켜 밤사이 축적됐을 수도 있는 라돈을 내보낸다.
7. 정부가 운영 중인 라돈정보센터 등을 통해 라돈에 대한 정확한 지식을 습득한다.
8. 라돈 노출로부터 안전한 농도는 없다. 더 낮을수록 위험도 더 낮다
9. 라돈은 흡연과 상승작용을 일으키므로 담배를 즉각 끊는다.
10. 라돈가스는 자연적인 것이라 하더라도 실내 라돈이 증가하는 것은 자연적이 아니므로 건축 때 이를 고려해야 한다.

노원구 방사능!
그것보다 더 위험한 문제는?
공포 부추기는 정부

서울 노원구 주택가 도로에서 인체에 악영향을 줄 만한 양의 방사성물질이 검출된 사건은 주민들을 불안에 떨게 하는 것은 물론이고 보는 시각에 따라 충격적일 수도 있는 일이다.

하지만 이 사건에 대한 정부의 대응은 매우 안이했다. 한국원자력안전기술원(KINS) 관계자는 "특별히 우려할 수준은 아니다", "위해도는 거의 없다"며 주민들을 안심시키기에 급급했다. 2011년 11월 2일 현장에 도착한 KINS 방재환경부의 한 선임연구원은 미리 대기하던 취재진에게 조사과정을 간단하게 설명하며 "방사선량으로 보면 미미하기 때문에 주민을 소개하거나 통제할 정도는 아니다"라고 밝혔다.

그의 이런 발언은 물론 틀린 말은 아니다. 하지만 그렇다고 해서 이 정도의 수치가 주민들의 건강에 아무런 영향을 주지 않는 것은 아닐 터이다. 위험 소통에 무언가 아쉬움이 남는 부분이다.

그렇다면 전문가들은 일반인이 극도로 위험을 느끼는 방사성물질과 관련한 위해성 평가와 그 소통을 어떻게 해야 할까?

"방사능의 세기는 거리의 제곱에 반비례해 줄어든다"는 말로 주민들과 위해도 소통을 할 것이 아니라 도로 위에서 방사능 수치를 측정하는 것과 동시에 가장 가까운 주택가에서 살고 있는 주민들이 어느 정도의 방사능에 노출되는 수준인지를 계산해 말해주는 것이 좋다.

만약 방사선이 나오는 아스팔트가 10년 전에 시공돼 도로 옆 주민들이 하루 24시간씩 10년 동안 줄곧 노출됐다면 어느 정도의 방사선에 피폭될 수 있는지, 지금 이 정도의 수치가 나온다면 1년 전, 5년 전, 10년 전에 노출됐을 방사능 수치는 어느 정도인지를 모의 분석해 이를 바탕으로 주민들에게 위해성 여부와 정도를 설명해주어야만 한다.

주민들은 예상치 못한 곳에서 방사성물질이 다량 나온다는 사실 자체만으로 불안에 떨게 마련이다. 어느 누구도 이런 식으로 방사선에 노출될 수 있다는 것을 배우지 않았고 매스컴이나 그 어디에서도 이런 이야기를 해주지 않았기 때문에 더욱 그러하다.

더구나 노원구 방사능 사건은 전문가나 정부나 연구기관이 아닌 후쿠시마 핵발전소 대참사 이후 방사능 문제에 매우 민감해진 한 시민이 방사선 측정장치를 직접 구입해 이곳저곳을 다니며 방사능 오염 여부를 측정하다 우연히 발견해 불거진 것이다.

일반시민의 이런 행동은 정부에 대한 불신이 그 배경에 깔려 있다. 정부가 할 일을 방기하고 있기 때문에 자녀의 건강을 염려한 아버지가 직접 나서 이런 문제를 제기한 것이다. 주민들로서는 세금을 냈는데도 아무 일을 하지 않은 정부보다는 주변에 방사성물질이 있다는 사실을 알려준 그에 대해 더 신뢰를 가질 수 있다.

이 사건은 다행히 방사능 오염의 원인(아스팔트)을 바로 찾아내 이를 재

방사성물질이 검출된 노원구 주택가 아스팔트에서 한 환경단체 활동가가 방진마스크와 방진복을 입고 샘플을 채취하고 있다.

빨리 제거함으로써 그 충격이 확산되지 않고 조기에 수습되는 국면으로 흘렀다. 하지만 아스팔트를 걷어내는 것만으로 사건이 끝나지 않는다. 왜 아스팔트가 다량의 방사성물질에 오염됐는가를 밝혀내야 한다. 방사성물질에 오염된 곳은 더 없는지, 또 어떤 경우에 이와 유사한 일이 벌어질 수 있는지를 면밀히 조사해 이런 사건이 생기지 않도록 하는 것이 중요하다.

우리는 우주방사선이나 건축자재, 토양, 암반 등에서 자연적으로 나오는 라돈과 같은 자연 방사선뿐만 아니라 의료용 또는 산업용으로 쓰이는 다양한 인공 방사성물질에서 나오는 방사선의 위험에 노출돼 있다. 비파괴검사나 연구실에서 실험용으로 쓰이는 방사성 동위원소, 엑스선이나 컴퓨터단층촬영장치(CT) 같은 핵의학 진단 장치와 암 치료용 방사성물질 등이 넘쳐나고 있다.

이러한 인공 방사성물질을 정부나 연구기관, 병원, 민간회사 등이 얼마나 안전하게 사용하고 관리하며 폐기 처분하는지 알 수 없다. 인공 방사성물질인 세슘137이 검출된 이번 사건은 한마디로 이런 곳에서 방사성물질이 안전하게 관리되지 않고 있다는 것을 뜻한다.

후쿠시마 핵발전소 대참사로 악몽 같은 나날을 보내고 있는 일본에서도 2011년 10월 중순 도쿄의 주택가에서 고방사성물질이 검출돼 처음에는 후쿠시마 핵발전소 사고 때문이 아니냐는 불안감에 떨었으나 긴급 조사 결과 부근 주택의 마루 밑에 있던 방사성 라듐이 담긴 병이 그 원인으로 밝혀진 사건이 있었다.

10월 13일 한 개인 주택의 마루 밑에서 방사성 라듐이 담긴 높이 약 7~8센티미터, 폭 5~6센티미터의 낡은 병 3~4개를 발견했는데, 이는 직전 세타가야구의 조사에서 서울 노원구 월계동 도로에서 측정된 방사능 농도와 엇비슷한 시간당 2.707마이크로시버트의 고방사능이 검출돼 '핫 스팟(주변보다 방사능 수치가 높은 지점)' 논란을 일으킨 도로 부근에 있었다.

주택 마루 밑에서 심하게 썩고 흙이 묻은 나무상자를 발견했고 안에는 라듐이 담긴 병이 들어 있었다. 병 안의 방사선량은 측정기 검출 한도(시간당 30마이크로시버트)를 넘은 것으로 알려졌다. 방사성물질을 철저하게 관리한다고 자부하는 선진국에서도 이런 어처구니없는 일이 발생하고 있는 것이다.

다음에 소개하는 멕시코와 미국의 방사성물질 오염 사고 역시 예기치 못했던 곳에서부터 방사능 문제가 터질 수 있음을 보여주는 사례라 할 수 있다.

1984년 미국에서는 레스토랑의 철제 의자와 테이블이 방사성물질에 오염된, 정말 희한한 사건이 벌어졌다. 사건의 발단은 이랬다.

1977년 멕시코 유아라스의 한 병원에서 암 치료용으로 방사성 동위원소인 코발트60을 미국에서 구입했다. 그런데 이 병원에는 방사성물질을 다룰 수 있는 전문가가 없었고 6,100개의 코발트60 펠릿을 넣은 캡슐은 병원 창고에 들어가 버렸다. 방사능의 총량은 400퀴리였다.

펠릿 한 알이 갖고 있는 방사선 피폭량은 약 5센티미터 떨어진 곳에서 시간당 25라드(흉부엑스선 촬영 때 받는 방사선량의 약 1,000배)였다. 발암성 등 장기적 영향은 별도로 하더라도 사람이 시간당 100라드의 방사선을 쬐면 백혈구의 감소, 염색체의 파괴가 일어나고, 시간당 450라드를 전신에 쬐게 되면 50퍼센트는 즉사한다고 알려져 있다.

1983년 11월 이 병원에 근무하는 전기기사 빈센테 소텔로와 그 동료는 상사의 명령으로 코발트60 캡슐을 창고에서 꺼냈다. 그들은 캡슐을 트럭 짐받이에 싣고 그 위에서 캡슐을 찢어 은색의 코발트60 펠릿을 꺼냈다. 그들은 아무런 의문도 품지 않고 그것들을 폐품 수집업자의 쓰레기 처분장으로 가지고 가서 9달러에 팔아치웠다. 쓰레기 처분장으로 급히 가는 도중 트럭 짐받이에서 몇 개의 펠릿이 길바닥에 떨어졌다.

폐품 수집 업자에게 넘겨진 수천 개의 코발트60 펠릿 중 극히 일부는 땅속에 묻히거나 어딘가에 섞여 들어가 행방불명이 됐지만, 대부분은 다른 고철과 함께 제철 공장에 보내졌다.

300퀴리의 방사성 코발트가 2개의 공장에서 처리되어 철강제품에 들어갔다. 한 공장에서는 방사성물질로 오염된 철을 테이블과 의자를 만드는 데 썼고 완제품은 멕시코뿐만 아니라 미국에까지 수출됐다. 다른 한 공장에서는 이 철을 사용해 5,000톤의 건축자재를 만들었고 이 또한 멕시코 국내 수요뿐만 아니라 미국으로 수출됐다. 약 600톤의 방사성물질에 오염된 제철품이 미국으로 수출됐다.

차후 상황을 파악한 미국 정부와 멕시코 정부는 협력해 오염된 모든 테이블 등 집기를 회수했으며 오염된 철제를 사용해 건축된 건물들을 부수고 자재를 회수했다. 멕시코 정부는 전기기사의 트럭을 격리하고 미국에서 방사성물질 탐사용 헬리콥터를 빌려 쓰레기 처리장, 고속도로를 철저히 탐색해 코발트60 펠릿을 회수했다.

이렇게 사고는 일단락됐지만 10명이 고방사선에 노출돼 중상을 입었고 많은 사람들이 다양한 피해를 입은 것으로 추정됐다. 방사성물질에 대한 무지와 부주의, 그리고 철저하지 못한 안전관리가 엄청난 손실과 인명 피해까지 가져올 수 있다는 사실을 극명하게 보여준 사례다.

물론 정부나 일부 핵 전문가는 미국과 멕시코에서 벌어진 이런 사례는 오래전의 일이고 국내에서는 이 같은 사건이 결코 일어나지 않을 거라고 말할지도 모른다. 하지만 방사성물질을 다루는 국내 실태를 보면 제2의 서울 주택가 고방사성물질 검출 사건이 결코 일어나지 않는다는 보장을 할 수 없다.

방사성물질을 다루는 산업현장, 특히 비파괴검사를 하는 업체에서는 노동자들이 방사성물질이 담긴 비파괴검사기를 아무 데나 방치해서 어떤 경우에는 고방사선에 노출돼 암에 걸려 숨지거나 고 피폭으로 중상을 입고 있다. 현대중공업으로부터 비파괴검사를 의뢰받은 하청업체에서 최근 2년간 노동자 3명이 백혈병과 골수이형성증후군 발병으로 산재 승인을 받았고 1명 또한 추가로 혈액 이상 증세를 보이고 있는 사실이 2011년 국정 감사에서 문제가 된 적이 있다.

또 지난 2004년 연간 방사선 피폭량이 20밀리시버트 이상인 56명 중 48명이 비파괴업체 종사자인 것으로 정부 조사에서 드러나 비파괴업체 노동자의 피폭 문제가 심각하다는 사실이 입증되었다. 이들은 대개 안전교육을 제대로 받지 않는 것으로 드러났다.

가장 중요하다고 할 수 있는 자신의 안전 문제도 소홀히 할 정도이면 사용하다 남은 방사성물질을 법 규정에 따라 완벽하게 안전 처리하는지에 대해서도 의문이 들 수밖에 없다.

서울 노원구 주민 방사능 피폭 문제가 불거지자 박원순 서울시장은 "인근 주민들의 불안 해소 차원에서 따로 역학 조사를 벌이겠다"고 밝혔다. 이에 따라 단국대 하미나 교수(예방의학)팀이 역학 조사와 건강 조사를 실시했다. 2012년 6월 발표된 조사 결과를 보면 방사선 오염도로를 통행한 기간과 주당 통행횟수를 기준으로 도로 방사선 피폭자 수를 평가한 결과 조사 대상자 8,875명 중 63.1퍼센트에 해당하는 5,598명이 피폭된 것으로 나타났다. 피폭인구를 성별로 보면 여성이 3,290명으로 남성 2,308명에 비해 많았으며, 연령이 증가할수록 피폭인구도 증가했다. 평균 피폭기간은 4.96년이었다. 전체 피폭자 5,598명의 평균 누적 피폭량은 0.393밀리시버트였다. 개인별 누적 피폭량을 평가한 결과 5~10밀리시버트는 41명이었고, 10밀리시버트 이상인 사람은 61명이었다. 여성이 남성보다 많았고, 대부분이 성인이었다. 10밀리시버트 이상 노출군에서는 갑상선 이상자가 증가하는 경향이 있다는 연구 보고가 있다. 월계동 지역에서 누적 노출량이 이 기준을 초과한 사람 61명과 5~10밀리시버트의 누적 노출량은 보인 41명에 대해서는 앞으로 주의 깊은 추적관리가 필요하다고 연구팀은 결론 내렸다.

다시 말해 노원구 방사능 아스팔트 인근 지역주민들의 방사능 피폭 정도는 심각한 것은 아닐지라도 일부 사람에게는 건강에 악영향을 끼칠 수 있는 수준이었다는 것이다.

노원구 방사능 아스팔트 사건은 대한민국에서 위험은 언제 어디서 나타날지 모른다는 사실을 우리에게 새삼 일깨워주는 계기가 되었다. 다시 말해 한순간이라도 방심할 수 없는 위험 사회에 우리가 살고 있다는 것을 각인시켜준 사건이었다. 위험은 곧 생명의 위협이다. 우리가 먹고 숨 쉬는 것은 생명을 유지하기 위해서다. 따라서 우리는, 그리고 사회와 국가는 생명과 건강을 위해 최선을 다해야 한다. 무지 때문에 죽어가는 일, 생명이 위험에 처하는 일, 건강을 잃는 일은 물론 없어야 할 것이다. 또한 위험을 알면서도 대수롭지 않게 여기거나 생명과 건강의 가치를 다른 것에 견주어, 예를 들면 돈에 견줘 후순위로 돌린다면 그것만큼 어리석은 일도 없다. 따라서 국가는 빈부귀천과 남녀노소를 가리지 않고 모든 국민과 위험과 관련한 효과적인 소통을 해야 하며, 이를 위한 제도적 장치 마련과 비용을 아끼지 말아야 한다.

위험 소통에 투자하는 사회, 위험 소통의 중요성을 아는 사회, 위험 소통을 이해하는 사회, 위험 소통이 원활하게 이루어지는 사회야말로 진정한 선진 사회이다. 위험 소통을 게을리 하거나 위험 소통을 대수롭지 않은 것으로 여길 때 위험은 증폭된다. 이런 위험 증폭 사회는 인간의 생명과 존엄을 최고의 가치로 생각지 않는 후진 사회이다. 대한민국도 이제 위험 증폭 사회에서 벗어나 위험 축소 사회, 즉 선진 위험 소통 사회를 향해 나아가야 할 때가 됐다.

방사선에 대한 오해와 진실

☐ 방사선 조사 식품에는 방사선이나 방사성물질이 남아 있을 수 있다?

☞ 방사선 조사 식품은 식품 속의 유해미생물이나 해충 등을 죽이기 위해, 또는 마늘 등 발아농산물이 싹을 틔우지 않도록 하기 위해 방사선을 일정량 쬐어 멸균 처리 등을 한 식품을 말한다. 마늘, 양파 등 발아 농산물과 건조식품 등에 대해 우리나라를 비롯해 주요 선진국들이 이러한 식품보존법 또는 멸균법을 쓰고 있다. 세계보건기구도 다수 식품에 대해 이를 허용하고 있다.

하지만 방사선 조사 식품에 대해 일부 환경단체나 소비자단체들이 유해 가능성을 내세워 식품에 대한 방사선 조사를 반대하고 있다. 여기에 영향을 받아, 방사선 조사 식품이 인체에 유해할 가능성이 있으니 이를 구입하지 않겠다는 일반인도 많다.

결론적으로 말해 방사선 조사 식품에는 방사선이나 방사성물질이 없다. 붕어빵이라고 해서 그 속에 붕어가 들어 있는 것이 아닌 것과 마찬가지다. 일반시민들은 방사선과 방사성물질에 대한 구분을 잘 하지 못하고 혼동하고 있다. 방사선은 물질과 만나 투과하거나 흡수되어 영향을 끼치고 사라지고 만다. 방사선 조사 식품은 방사성물질 제로 식품이다.

☐ 방사선은 외부의 방사능 물질에 우리 몸이 노출돼 이 물질이 방출하는 방사선을 쬘 때만 비로소 문제가 된다?

☞ 이는 순전히 잘못된 지식이다. 물론 외부의 방사능 물질, 즉 방사선 선원(線源)이 들어 있는 비파괴검사기에 무방비로 노출될 경우, 핵폭탄이나 핵발전소 폭발이나 방사성물질 누출 사고, 방사선 치료기나 진단영상장치 등에 의한 피폭 등이 인체에 크고 작은 악영향을 끼치는 것은 분명하다.

하지만 방사선은 인체 외부의 방사능 물질에서 방출되는 방사선뿐만 아니라 방사성물질이 공기나 음식으로 직접 또는 먼지 등에 달라붙어 몸속에 들어올 경우에도 악영향을 받을 수 있다. 외부 방사능 물질의 경우 이를 제거하면 그 위험이 사라지지만 몸속에 들어온 방사성물질의 경우 갑상선, 폐 등 인체 여러 장기에 흡수돼 방사성물질로서 수명을 다할 때까지 방사선을 뿜어내므로 줄곧 인체에 영향을 준다. 특히 반감기가 긴 방사성물질이 많다면 매우 치명적이다.

우리가 방사능 물질 오염 지역을 조사하거나 방문할 때 우주복처럼 몸을 완전히 감싸고 특수 호흡마스크를 쓰는 까닭은 방사능 물질에서 나오는 피폭을 차단하기 위한 것이 아니라(이런 복장으로 알파선과 같은 일부 방사선만 차폐를 할 수 있을 뿐 감마선 등은 차폐가 불가능하다) 바로 피부에 방사성물질이 달라붙거나 공기 중 방사성물질이 호흡을 통해 인체 안으로 들어오는 것을 막기 위한 것이다. 우리가 방사성물질에 오염된 식품(식물성 및 동물성)을 사전 검사하고, 오염됐을 경우 유통을 금지해 먹지 않도록 하는 것도 바로 방사성물질이 몸속에 축적되는 것을 막기 위해서다.

□ 방사선은 엑스선 촬영장치 등 일부 의료진단·치료장치를 사용하거나 핵발전소 사고 등의 경우에만 피폭될 가능성이 있고, 일상생활 속에서는 피폭될 위험성이 전혀 없다?

☞ 그렇지 않다. 인간은 태어나는 순간, 아니 엄마 뱃속에 있을 때부터 방사선 피폭을 받는다. 태양과 우주에서 방사선을 방출하고 있기 때문이다. 또 지구의 지표면에도 우라늄 등 방사능 물질이 있다. 다만 이런 우주 방사선 등 자연 방사선은 대부분 인체에 치명적인 영향을 줄 정도는 아니어서 우리가 두려워할 필요는 없다. 하지만 비행기를 타고 고공에서 오랫동안 일하는 항공기 승무원이나 조종사는 상대적으로 방사선을 많이 쬐고 있고 토양에 자연 방사성물질(라돈 등)이 많은 곳에 사는 주민이나 라돈가스가 많이 나오는 지역의 주택 또는 지하에서 환기 등을 제대로 하지 않을 경우 폐암 위험 등에 놓일 수 있다. 또 방사성물질이 상당량 녹아 있는 지하수 등을 장기간 마실 경우에도 방사선 피폭의 위험이 있다. 하지만 이런 일상생활 속 방사선 피폭은 알아차리기 쉽지 않다. 인간의 눈과 귀 코, 혀로는 방사성물질과 방사선을 감지할 수 없기 때문이다.

방사능은 불안정한 원소의 원자핵이 스스로 붕괴하면서 그 내부로부터 방사선을 방출하는 성질을 말한다. 이러한 성질을 지닌 원자핵을 방사성 핵종이라고 하며, 이 핵종을 지닌 물질을 방사성물질이라고 한다. 따라서 방사성물질은 방사선을 내는 물질을 뜻한다.

1895년 뢴트겐이 엑스선을 발견한 이후 우리는 방사성물질과 방사선의 존재를 알아차렸다. 하지만 방사성물질과 방사선은 지구가 탄생하기 전, 그러니까 지구에서 40억 년 전 생명이 처음 나타나고 500만 년 전 인간이 진화하기 전부터 이미 존재했다.

방사선은 크게 두 종류로 나눌 수 있는데 하나는 라디오파, 마이크로파, 가시광선을 포함하는 전자기파이며, 다른 하나는 엑스선과 감마선 등을 포함하는 핵 방사선이다. 또한 생물학적 영향에 따라 전리(이온화) 및 비전리(비이온화) 방사선과 같은 두 개의 다른 범주로 나누기도 한다.

전자기 방사선을 주파수 또는 파장의 용어를 사용해 설명하는 것과 달리, 핵 방사선은 방사성 입자가 부딪치는 물체에 흡수되는 에너지가 얼마나 되는지, 흡수량 또는 에너지단위로 측정된다. 크게 다섯 가지로 구분하는데 알파선, 베타선, 감마선, 엑스선, 중성자 입자가 있다.

알파선은 원자핵에서 나온다. 질량이 크고 두 개의 양전하를 지니고 있어 자신들이 부딪치는 어떤 원자와도 재빨리 반응한다. 알파선은 아무런 투과력이 없기 때문에 종이 한 장으로도 막을 수 있다. 따라서 사람의 피부를 통과하지 못한다. 하지만 이 입자가 상처 난 피부, 호흡, 경구섭취 등을 통해 몸 안으로 흡수되면 유해성이 매우 높아진다.

베타선은 스트론튬이나 인과 같은 어떤 원소의 불안정한 원자의 핵에서 방출되는 고에너지 전자다. 이들 입자는 피부를 투과할 수 있고 상피와 상피 밑 부분까지 손상을 줄 수 있다. 알루미늄 판으로 막을 수 있다.

감마선은 빛(광자)이다. 일반적으로 파장이 짧고 에너지가 높다. 투과력이 커서 밀도가 높은 납이나 콘크리트를 재료로 두꺼운 벽을 쌓아서 막아야 한다.

엑스선은 전자 또는 중성자처럼 원자보다 작은, 즉 원자를 구성하고 있는 아원자 입자이다. 자외선보다 파장이 짧은 전자기파의 일종으로 분류하기도 한다. 발견자의 이름을 따 뢴트겐선으로도 불리는 엑스선은 파장이 짧은 빛이기 때문에 물질을 잘 통과한다. 엑스선의 회절을 이용하여 물질의 구조를 결정하거나 조영제를 사용하여 인체 내부의 이상을 알아보는 등 응용 범위가 매우 넓다. 부품이나 용접 부분에 엑스선 촬영을 실시해 부품, 용접 부위의 무결점을 검사하는 데 이용할 수도 있다. 또한 공항에서는 수하물의 내부를 살펴보기 위해 엑스선을 쪼아 투영함으로써 위험물질이나 무기 등을 검색할 수 있다.

중성자 입자는 핵분열 반응 때 원자가 쪼개져 원자의 핵에서 나오는 하나의 중성자가 빛처럼 나아가는 방사선이다. 핵폭탄 폭발 때 나오는 방사선이므로 일상생활이나 핵발전소 사고 등과 관련해서는 염려하지 않아도 된다.

방사선은 인체에 치명적인 악영향을 줄 수 있다. 핵폭발이나 핵발전소 폭발과 같은 중대 사고나 실수로 의료용 방사선기기, 비파괴검사기의 방사선에 다량 노출될 경우 급성 방사선 증후군이 생긴다. 우리나라에서도 1980년대 초 카이스트 대학원생이 방사선을 이용해 실험을 하는 곳에서 방사선장치가 가동 중인 줄 모르고 장시간 다른 실험을 하다 방사선에 다량 피폭되어 1주일만에 숨진 사례가 있었다. 이처럼 온몸 혹은 신체 많은 부분이 과량의 방사선에 피폭되면 30일 이내에 조직이나 장기가 심한 장해를 입게 된다. 피폭선량에 따라 나타나는 증상이 다르기는 하겠지만 뇌혈관계, 위장관계, 조혈기계 등에 다양한 증상이 나타난다. 장기에 이상 증상이 나타나기 전, 즉 피폭 후 2일까지는 무기력하고 메스꺼움, 식욕감퇴, 구토, 설사와 같은 위장관계 증상이 먼저 발생한다.

인체 국소 부위가 방사선에 피폭됐을 때도 이상 증상이 나타나는데 피폭 양이 적을 때는 머리카락이 빠지기 시작하고(방사선 치료를 받은 암 환자들에서 많이 볼 수 있는 증상) 피폭 양이 많을 때는 피부에 물집이 생기거나 궤양 및 괴사 현상이 발생한다.

생식기에 방사선이 피폭되면 정자가 정상인보다 적게 생기거나 여성의 경우 월경이 사라지며 성욕 감퇴 등이 온다. 과량 피폭되면 아예 불임이 된다.

눈은 소량의 방사선 피폭으로도 백내장이 올 수 있으며 과량 피폭되면 치명적인 폐섬유증이 유발될 수 있다. 이 밖에도 방사선에 노출되면 단백뇨, 신부전증, 빈혈, 고혈압 등이 올 수도 있다. 임신부가 방사선을 많이 쬐면 태아가 잘 자라지 않고 선천성 기형아를 낳을 위험성이 높아지고 선천성 대사 장애를 안고 태어나거나 심할 경우 태아가 사망할 수 있다.

본문 사진 출처

p.29 ⓒ 전미혜
p.40 ⓒ Aleksandra P.
p.88 ⓒ Christian Nielsen
p.144 ⓒ 연합통신
p.97, p.100, p.105, p.112, p.121, p.368, p.385 ⓒ 최예용
p.148 (cc) Alexis Duclos
p.221, p.335 ⓒ 안종주
p.274 ⓒ 도박중독예방치유센터
p.298 ⓒ 노동안전보건교육센터
p.322 ⓒ 프레시안(최형락)
p.359 (cc) Simon Ledingham

이 책에 사용된 도판은 대부분 저작권자의 동의를 얻었지만,
일부는 저작권협의를 진행 중에 있음을 알립니다.

위험 증폭 사회

1판 1쇄 찍음 2012년 11월 30일
1판 1쇄 펴냄 2012년 12월 7일

지은이 안종주

주간 김현숙
편집 변효현, 김주희
디자인 이현정, 전미혜
영업 백국현, 도진호
관리 김옥연

펴낸곳 궁리출판
펴낸이 이갑수

등록 1999. 3. 29. 제300-2004-162호
주소 110-043 서울시 종로구 통인동 31-4 우남빌딩 2층
전화 02-734-6591~3
팩스 02-734-6554
E-mail kungree@kungree.com
홈페이지 www.kungree.com
트위터 @kungreepress

ⓒ 안종주, 2012. Printed in Seoul, Korea.

ISBN 978-89-5820-245-5 03300

값 18,000원